国家社会科学基金重点项目"贸易隐含碳与中国的减排潜力及政
国家社会科学基金重点项目"碳中和、碳达峰约束下
及贸易结构优化研究"（项目编号22AC
华东师范大学精品力作培育项目（项目编号2020ECNU—JP004）

全球价值链、贸易隐含碳与中国的减排潜力研究

杨来科◎著

吉林大学出版社
·长　春·

图书在版编目（CIP）数据

全球价值链、贸易隐含碳与中国的减排潜力研究 / 杨来科著. -- 长春：吉林大学出版社，2023.8
ISBN 978-7-5768-2172-7

Ⅰ. ①全… Ⅱ. ①杨… Ⅲ. ①制造工业－二氧化碳－废气排放量－研究－中国 Ⅳ. ① F426.4 ② X510.6

中国国家版本馆 CIP 数据核字（2023）第 188280 号

书　　名：全球价值链、贸易隐含碳与中国的减排潜力研究
QUANQIU JIAZHILIAN、MAOYI YINHANTAN YU ZHONGGUO DE JIANPAI QIANLI YANJIU
作　　者：杨来科
策划编辑：卢　婵
责任编辑：卢　婵
责任校对：单海霞
装帧设计：三仓学术
出版发行：吉林大学出版社
社　　址：长春市人民大街 4059 号
邮政编码：130021
发行电话：0431-89580028/29/21
网　　址：http://www.jlup.com.cn
电子邮箱：jldxcbs@sina.com
印　　刷：武汉鑫佳捷印务有限公司
开　　本：787mm × 1092mm　1/16
印　　张：15.25
字　　数：220 千字
版　　次：2023 年 8 月　第 1 版
印　　次：2023 年 8 月　第 1 次
书　　号：ISBN 978-7-5768-2172-7
定　　价：75.00 元

前　言

中国作为世界第二大经济体，虽然单位碳排放在减缓，但碳排放总量仍占据全球高位。根据英国石油公司（BP Amoco）的数据显示，2015—2021 年全球二氧化碳排放量增速大体上呈现出先减后增的趋势。中国仍然是世界上最大的碳排放国家。截至 2021 年我国碳排放量为 10, 523 百万 t，占全球碳排放总量的 45%。同时，由于我国工业发展相较欧美国家起步较晚，经济发展仍需大量消耗化石能源，因此我国的碳排放量呈现逐年上升的趋势，这对我国被征收碳关税时的地位十分不利。

2020 年 9 月 22 日，国家主席习近平在第七十五届联合国大会一般性辩论上，提出了我国要努力争取 2060 年前实现碳中和的目标。这意味着从 2020 年到 2060 年年间，我国的碳排放增量要从每年的 160 亿 t 降低到几乎为零。这些承诺无疑将成为今后我国发展战略及规划编制的重要约束性条件。如何衡量这一约束对我国经济及贸易的影响？我国的减排潜力能否实现这样的承诺？这些都是我国政府急需回答的问题。

自 20 世纪 90 年代以来，得益于通信和运输等服务业的自由化，越来越多的公司将拆分的生产链条向世界范围内散布。这一改变促成了全球价值链的形成和中间品贸易的繁荣，并反过来对碳排放的跨国转移产生影响。垂直专业化分工使得一种产品的生产分割在不同的国家，这样生产一种产品的二氧化碳排放也被分布在不同的国家，从而形成了一个全球碳排放链。

那么，我国参与国际贸易、嵌入全球价值链究竟在多大程度上影响了二氧化碳排放？区域性或分行业的二氧化碳排放量有什么特异性？参与全球价值链对我国的技术提升和产品复杂度的提升有什么效果？国际间的多边努力对全球价值链的构成会产生什么影响？它又会怎样进一步影响碳排放和全球气候变化？这些问题都引起了国内外学术界的广泛关注。

本书运用多种分析方法鉴别了我国在全球价值链上的位置及其变化，分析了我国的贸易结构及技术升级与全球价值链的关系，并对我国参与国际分工及全球价值链所产生的环境影响做了测度，以期为国家进行价值链管理和环境规制提供决策依据。

本书是研究团队多年来在贸易与环境领域深耕研究的结晶。杨来科教授自 2005 年开始关注国际贸易与气候变化问题的相关研究，多年来已经具有非常深厚的研究积累，形成了相当丰富的研究成果。无论是在理论上还是在政策层面，都取得了良好的积累。

本书共分为 12 章，分别从我国的全球价值链地位的测度、全球价值链地位对出口产品质量、技术复杂度和技术创新的影响，以及我国的减排潜力与政策模拟等方面进行研究。通过研究，本书得出了以下结论：

第一，从整体来看，随着我国融入全球价值链的深度增加，我国对世界主要国家的出口贸易增加值隐含碳呈现上升趋势，说明在国际贸易快速发展的同时，贸易隐含碳排放量也在日益增加，且贸易碳排放成本逐年增加，表明我国出口贸易的环境成本逐步上升。

第二，从行业分布来看，我国出口贸易增加值隐含碳在不同行业的排放成本差异显著。我国的资本密集型制造业和知识密集型制造业，不仅贸易增加值隐含碳排放量位居最前列，而且增长速度也领先于其他行业；我国的公共服务业和劳动密集型服务业由于其竞争力限制和行业的低碳性特点，其出口贸易增加值隐含碳排放量低于其他行业且增长缓慢。

第三，从全球区域价值链的角度分析，我国以相对上游位置嵌入以东亚为主的发展中国家价值链，以相对下游位置嵌入发达国家制造业价值链。我国为主要进口国提供制造业中间品和零部件为主，在获得较高贸易增加值的同时付出了较大的环境代价。

第四，与全球主要经济体相比，我国具有较大的减排潜力，且体现了很强的阶段性。1990—2017 年间，我国二氧化碳减排潜力的增长速度远远高于二氧化碳排放量的增长。我国减排潜力为 50.82%，几乎是全球 73 个主要经济体的两倍。因此，我国应当进一步加大减排控碳的力度，加强以能源密集型产业为主的产业结构转型，避免成为全球价值链上污染产业和工序的目的地。

第五，减排原因分解表明，我国二氧化碳排放综合效率远低于全球平均水平，甚至远低于新兴市场国家。尽管技术进步推动了碳排放效率的快速增长，但效率变动的大幅度降低抑制了我国二氧化碳排放效率的提升。因此，我国需要在不断加快低碳技术进步促进生产技术前沿面的前移，也需要注意提升低碳技术的国内配置效率，从而将巨大的减排潜力从理论变为现实。

本书的主要特色与创新有以下几个方面：

首先，本书基于已有的关于贸易隐含碳和碳排放效率测度的研究主要有二：基于传统贸易统计的测度和基于增加值贸易的测度。前者只反映了嵌入 GVC（全球价值链）的环境代价而没有反映隐含碳带来收益，后者仅反映了制造业嵌入 GVC 的收益而没有反应其环境成本。本书将上述研究相结合，将价值链生产长度的研究拓展到微观企业层面，综合测度我国制造业嵌入 GVC 的贸易隐含碳效率，避免了前述两种方法的缺点，保证了测度的客观性和可靠性。

其次，本书在多边减排协调和减排政策模拟方面，运用 CGE（可计算一般均衡方法）进行政策模拟一国模型较多，多国模型较少。本书构建一个以我国为中心的多国动态 CGE 模型，用以模拟不同减排政策的减排、增长、结构和社会福利效应。与以往研究相比，本研究使得经济对减排政策冲击的反馈动态化，可以科学评估减排政策组合的综合效果。

再次，本书提出随着多个全球多区域投入产出表（MRIO）的编制和计算机运算能力的提升，MRIO 模型目前被越来越多地采用。但可比价格连续时间的 MRIO 仍然是国内外本研究领域的一个弱项。本书基于已有 MRIO 表，运用 RAS、交叉熵法（CE）、CGE 历史基线模拟等方法构建覆盖全球的连续时间可比价格的投入产出表，更加精确地揭示在 GVC 背景下随时间变化的我国二氧化碳排放责任归属。。

最后，本书在对增加值分解的基础上发展了已有文献中常用的测算方法，从而可以衡量国内生产、传统贸易和 GVC 贸易三种价值链生产长度，一定程度上克服了单纯以进出口比例作为权重衡量整体上下游度测算方法的不足，拓展了微观企业价值链生产长度方面的研究。

杨来科

2023 年 8 月

目　录

第一章 导 言

一、研究背景及意义

第二次世界大战结束后，随着经济全球化的快速发展，国际贸易与分工体系经历了从水平型到垂直型，再到网络化的发展历程。传统意义上的国内生产体系逐渐趋于分割化（fragment）、切片化（sliced）和碎片化，从而使全球价值链（glohal value chain，GVC）得以在世界范围内形成并不断发展。特别是20世纪90年代以来，随着通信、运输和信息等服务业的自由化，物流网络在全球范围内获得了前所未有的飞速发展。越来越多的跨国公司为了追求成本最小化和垂直分工收益最大化，开始将拆分的生产链条向世界范围内散布。这一变化直接促成了跨国公司主导的全球价值链分工这一生产形式的形成，引发了中间产品贸易的繁荣发展，并反过来对碳排放的跨国转移产生影响。世界银行的统计数据显示，从1950年到2017年，全球贸易额大幅增长了33倍。贸易对世界经济的贡献度也不断提升，全球贸易占世界GDP的比重从5.5%增长到21%。同时，人类经济活动带来的全球气候变化已经引起广泛关注，全球温室效应气体（green house gas，GHG）排放量大幅上升。在温室效应气体中，二氧化碳（CO_2）排放贡献了GHG排放量的80%左右。2017年全球二氧化碳（CO_2）排放总量是1960年的排放量的近三倍，达到284.6%（World Bank，2018）。

近半个世纪以来，随着垂直专业化分工的不断深入和演进，一种产品的生产可以分布在不同的国家（地区）。这样，生产一种产品时所排放的二氧化碳（CO_2）也被分布在不同的国家，进而形成了一个全球碳排放链。在这种背景下，传统的贸易统计方法难以准确反映各国参与国际分工的获益程度，也难以准确描述和测度我国在全球排放链中的地位。如何更好而科学地衡量和测度我国参与国际分工及全球价值链的程度，确定我国在全球价值链上的地位及其变化，这关系到我国产业升级及贸易政策的调整方向。本书试图采用价值链分解的方法对全球碳排放链进行分解，从而了解我国在全球碳排放链中的地位和作用，追溯我国的碳排放来源和去向。同时，从增加值贸易的角度分析我国贸易隐含碳的产地和流向，为我国政府调整贸易产业结构及确定国际气候谈判立场和策略提供理论依据和数据支撑。

国际多边减排协调和国内减排行动对中国经济影响巨大，需要定量评估和综合衡量各种减排行动的利弊得失。欧盟、美国等发达国家（地区）极力推动对没有采取减排行动的国家征收边境税调节（BTA），如果付诸行动，中国制造或将面临高达 26% 的边境调节税。国际国内产业发展及贸易环境的变化给我们提出了许多值得研究和思考的问题。

在 2015 年的联合国巴黎气候大会（COP21）上，中国政府承诺到 2030 年使二氧化碳排放量达到绝对峰值。同时，单位 GDP 碳排放要比 2005 年下降 60% ~ 65%。2020 年 9 月 22 日，国家主席习近平在第 75 届联合国大会一般性辩论上提出，中国要努力争取在 2060 年前实现碳中和。这意味着从 2020 年到 2060 年这 40 年间，中国的碳排放增量要从每年的 160 亿 t 降低到几乎为零。这些承诺比我国在 2009 年哥本哈根气候大会上的承诺更高也更加刚性。该目标势必成为今后我国政府发展战略及规划编制的重要约束性条件。如何衡量这一约束对我国经济及贸易的影响？如何对这些约束性条件进行分解？我国的减排潜力能否实现这样的承诺？这些都是我国政府急需回答的问题。本书将试图通过定量测度我国不同产业、不同省区市的减排潜力，制定我国各行业和各省域（省级行政区域，下同）的合理减排目标，共同分担减排压力，实现在既定目标框架下减排成本最小化。

二、研究思路和方法

本书的研究思路：首先，从行业、省域和国际等角度对中国制造业嵌入全球价值链的环境效率（贸易隐含碳效率）进行评估。接着，对嵌入全球价值链的背景下中国制造业贸易隐含碳效率的关键因素进行分析，并定量分析其作用机理。最后，模拟并比对中国制造业贸易隐含碳减排的最优实现路径（见图 1.1）。

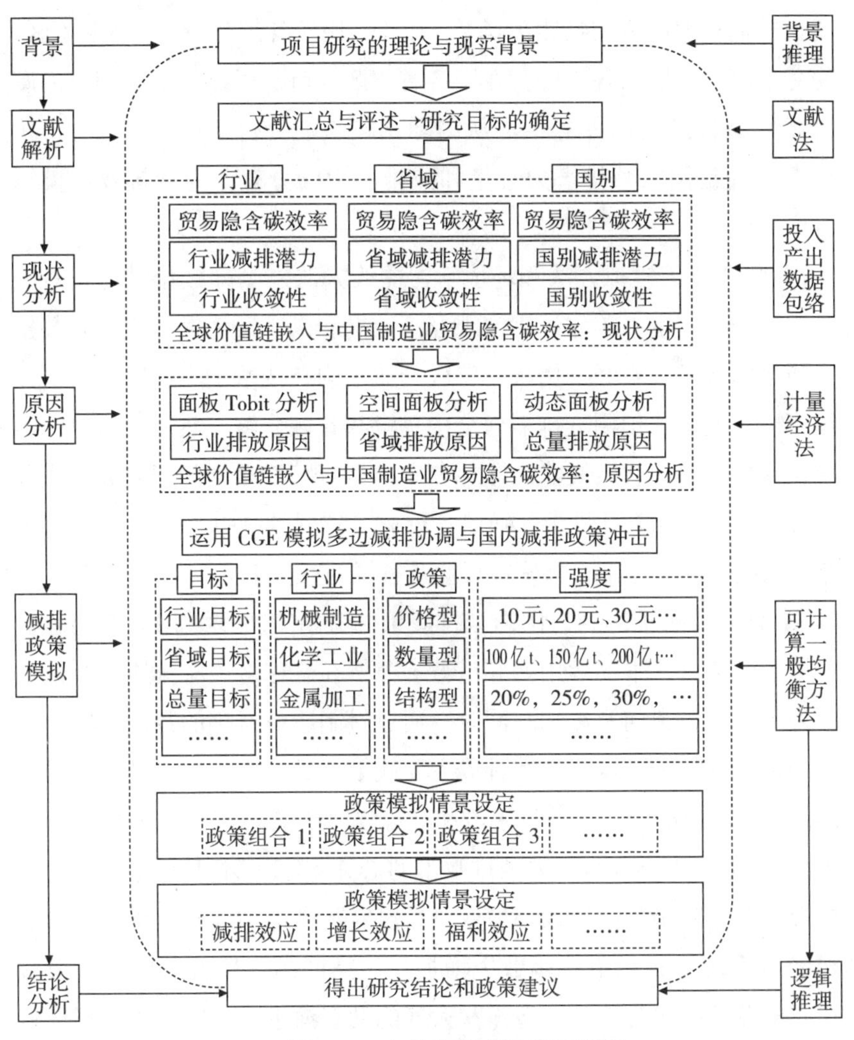

图 1.1 本书的研究思路演进图

本书拟采用的方法主要包括多区域投入产出法（MRIO）、动态面板数据方法（GMM、panel VAR、panel threshold 或者 panel VEC）、空间面板数据方法（spatial panel data analysis）、半参时变因子方法、数据包络方法（DEA）以及可计算一般均衡（CGE）方法。这些方法主要基于 MATLAB、STATA、OxMetrics、EViews 和 GAMS 等软件进行。具体来讲，在不同部分采用的方法大致如下：

（1）运用基于松弛变量的非径向、非角度的 SBM-DDF（非径向、非导向基于松弛测度的方向性距离函数）模型，比较各细分行业、各省（区、市）的减排潜力，比较各细分行业、各省（区、市）以及各主要国家的碳排放效率和减排潜力的差异性。从国际比较、细分行业、省（区、市）比较的角度确定国家减排潜力总量和减排潜力的分布，为减排政策模拟提供目标方向。

（2）结合情景模拟方法和环境学习曲线方法来测度减排潜力和对减排目标进行分解。本书首先运用宏观经济数据和未来经济发展规划等数据预测中国全国和各省域经济增长、三次产业结构和技术进步速度等基本参数，运用情景模拟法预测减排潜力全国总量和省域分解。然后，构建中国各省域、各行业的二氧化碳排放与人均 GDP 等经济变量之间的对数形式或者斯坦福 -B 型环境学习曲线，确定各行业、省域的减排潜力，加总获得全国范围的减排潜力总量，并确定行业及省域的减排潜力。

（3）对多边减排协调与国内减排政策的分析则主要采用博弈论分析和政策情景模拟法。本书运用博弈论方法分析在全球多边减排协调及谈判背景下各国的政策走向及影响。同时，通过对制造业减排的数量手段、价格手段、结构调整和区域联合减排等主要政策工具的减排效应进行情景模拟，设计合理的目标行业、减排手段和减排强度情景。

（4）多边减排协调与国内减排政策的 CGE 模拟。本书首先设定 CGE 模型框架，在生产函数中加入环境变量，设定污染治理成本并将污染影响反馈至经济系统中；在消费函数中增加“污染产品”反映居民的环境偏好，在要素循环中包含森林、海洋和大气的动态演进。其次，根据资金流量表、海关数据、财政税收数据、国际收支平衡表、环境年鉴、中国的投入产出表和世界投入产出数据库（WIOD）等相关数据编制宏观 SAM（social accounting matrix，社会核算矩阵），然后再根据自上而下的原则编制细化的 SAM，并运用交叉熵（CE）法实现 SAM 的平衡。最后，运用 CGE 模型模拟不同减排政策组合情景的减排效应、增长效应、结构调整效应、收入分配效应和社会福利效应，运用量化的方式比较不同减排情景下对中国经济的短期和中长期影响。

三、本书的主要内容

本书的研究目标在于解决四个核心问题：①中国制造业嵌入全球价值链产生了何种环境影响？对中国二氧化碳排放产生了什么样的趋势性影响？②这些环境影响的作用机理是什么？贸易隐含碳的来源结构及流向如何？③中国制造业减排的潜力是怎样的？从行业和省域角度来看，最优路径是什么？④在国际减排约束越来越刚性的情况下，不同的减排政策和承诺对中国的经济及贸易会产生何种影响？

本书的研究从以下五个方面展开：

第一部分：中国在全球价值链上的嵌入度、位置及演变趋势。自 20 世纪 90 年代以来，全球价值链分工模式成为经济全球化的新常态。本部分通过跨国投入产出分析的角度，研究中国参与全球价值链的程度，中国在全球价值链上的嵌入位置、嵌入度及演变趋势。本部分的研究是后续分析增加值贸易隐含碳的基础。

第二部分：全球价值链嵌入对中国出口产品技术复杂度、创新水平提升和出口产品结构的影响。全球价值链的形成使国际分工变得更加细密，而这种深化可能会产生两种效应：一是提高本国产业的技术水平、产品技术复杂度和提升产业结构，最终改善本国在全球价值链上的地位；二是导致一些发展中国家被困在价值链低端，一直从事附加价值率低、科技含量少的产品的生产和出口。本部分主要分析中国在参与全球价值链的过程中技术水平提升和创新价值链的延展，以及贸易政策尤其是中间品关税对中国技术水平创新和技术复杂度的影响。

第三部分：全球价值链嵌入对中国增加值贸易隐含碳及其排放效率的影响。本部分的研究是本书的重点，研究内容主要包括三个方面：①投入产出表的构建与更新。使用中国的投入产出表和国民经济核算数据，构建或更新连续时间可比价格的全国和各省（区、市）的投入产出表。同时，运用 WIOD 等全球主要 MRIO 表，得到全球可比价格投入产出表序列。②出口贸易品要素投入和产出的估算。基于固定资产投资、能源消耗等数据，运用永续盘存、IPCC（联合国政府间气候变化专门委员会，Intergovernmental Panel on Climate Change）2006 等方法估算资本存量、二氧化碳排放量。通过单区域投入产出法（SRIO），得到中国制造各细分行业、各省域贸易隐含碳。同时，使用全球可比价格投入产出表序列，估算世界各主要国家各行业出口品的国内要素投入和产出。③贸易隐含碳效率的测算、分布和收敛性检验。基于前述数据基础，使用非参数据包络方法，测算中国各省（区、市）、各细分行业和世界各国贸易隐含碳 Malmquist-Luenberger（马尔姆奎斯特 - 伦贝格）效率。使用非径向、非导向、基于松弛变量的 SBM-DDF 模型，比较各细分行业、各省（区、市）的减排潜力。

第四部分：国际贸易、中间品关税对中国技术水平提升及创新价值链的影响。作为世界第一大贸易国，特别是在制造业出口方面，中国占据着极其重要的地位。然而，长期以来我国的出口中加工贸易占据了相当大的比重，这使得大量依赖中间品进口成为我国外贸的主要特征。这种结构不仅对于我国在全球价值链上的地位有着重要的影响，而且对于我国技术水平的提高和出口产品质量的提升也至关重要。同时，中间品关税变化对我国的价值链生产长度及出口企业的创新价值链也会产生影响。这些因素与我国的结构转型、低碳贸易以及可持续发展息息相关。

第五部分：多边减排协调、政策冲击与中国制造业二氧化碳排放 CGE 模拟。本部分旨在研究国际多边气候措施对我国制造业碳排放的影响和冲击。①多边减排协调与国内减排政策的博弈论分析。通过博弈论方法，分析在全球多边减排协调的大背景下，各国实施国内减排政策的必要性，并探讨中国参与国际多边减排对于避免全球碳泄露、获得减排双重红利（double dividend）以及促进自身可持续发展的积极意义。②多边减排协调与国内减排政策情景设定。从理论角度分析数量手段、价格手段、结构调整和区域联合减排等主要政策工具的减排效应，并设计合理的目标行业、减排手段和减排强度情景。其中，多边减排主要是指边境税调节（BTA），国内减排措施则主要包括碳排放权交易、碳税、能源－产业－贸易结构调整、区域联合减排等。③多边减排协调与国内减排政策的 CGE 模拟。本部分构建了以中国为中心的多国动态 CGE 模型，通过模拟不同减排政策组合情景的减排效应、增长效应、结构调整效应、收入分配效应和社会福利效应，采用量化的方式比较不同减排情景下对中国经济的短期和中长期影响。

四、本书的边际贡献

（1）早期关于贸易隐含碳和碳排放效率测度方面的研究主要有两方面：基于传统贸易统计的测算和基于增加值贸易的测算。前者只反映了嵌入全球价值链的环境代价，而没有反映嵌入全球价值链所带来的收益；后者仅反映了中国制造业嵌入全球价值链的收益，而没有反映其环境成本。本书的研究将上述研究相结合，综合测度中国制造业嵌入全球价值链的贸易隐含碳效率，避免了前述两种方法的缺点，保证了测度的客观性和可靠性。

（2）目前在多边减排协调和减排政策模拟方面，运用 CGE 进行政策模拟一国模型较多，而多国模型则较少。即使使用多国模型，大多也过于简单。本书将构建一个以中国为中心的多国动态 CGE 模型，用于模拟不同减排政策的减排、增长、结构和社会福利效应。与以往研究相比，本书的研究更为深入，使得经济对减排政策冲击的反馈动态化，从而科学评估减排政策组合的综合效果。

（3）随着多个全球多区域投入产出表（MRIO）的编制和计算机运算能力的提升，MRIO 模型目前被越来越多地采用。但是可比价格连续时间的 MRIO 仍然是国内外本研究领域的一个弱项，目前只有 WIOD 提供了 1996—2009 年的可比价格的 MRIO 数据，并且更新不够及时，且覆盖国家以欧盟国家为主。本书基于已有 MRIO 表，运用 RAS①、交叉熵法（CE）②、CGE 历史基线模拟等方法构建覆盖全球的连续时间可比价格的投入产出表，更加精确地揭示在全球价值链背景下随时间变化的中国二氧化碳排放责任归属。

① RAS 法——又名适时修正法、双比例尺度法（Biproportional Scaling Method）。是指在已知计划期（预测期）的某些控制数据的条件下，修正原有投入产出表直接消耗系数矩阵，并据以编制计划期投入产出表的一种方法。（来源：MBA 智库）

② 交叉熵（Cross Entropy）是 Shannon 信息论中一个重要概念，主要用于度量两个概率分布间的差异性信息。（来源：CDSN 社区）

第二章 文献综述

二氧化碳排放的跨国转移以产品或服务为载体，全球价值链的形成为其跨国转移提供了有效途径。因此，有必要先对全球价值链理论的相关研究进行梳理和归纳。全球价值链理论的发展源于最初和价值链相关的理论——全球商品链理论（global commodity chain，GCC），由 Gereffi 和 Korzeniewicz（1994）两人归纳提出，阐释了商品体系内部供销网络的形成，并从商业角度对公司或者国家的发展战略问题做出解释。沿着这一思路，国际分工的发展逐渐产生了最具整合性的全球价值链理论（global value chain，GVC）。Krugman（1995）最早提出全球价值链这一概念，即“在国际生产网络中，各国通过参与产品生产的某一阶段获得增加值的过程”。Krugman 还提出了价值链各环节碎片化与重新整合的问题。此后，随着国际分工的迅速发展，国内外学者对全球价值链进行了大量研究。

一、国外研究现状

国外学者关于全球价值链的研究主要有两个方向：一是对全球价值链分工地位的量化研究，二是对量化后指标的应用研究。在这两个方向上，共发展出四大研究方向：

第一，关于全球价值链核算方法的研究。

随着全球价值链的不断发展，多个国家开始流转生产，共同完成某种产品的最终制造，国际分工的精细化和生产链条向全球的不断拓展，使得生产结构日趋复杂，也导致传统贸易统计方法难以准确反映各国参与全球价值链的真实情况。因此，对全球价值链框架下的测算方法提出了新的迫切要求。国际上已经有很多关于测算方法的研究，可以分为两类：一类从贸易增加值角度出发，是目前学术界广为应用的核算方法，其测算过程与指标已日渐成熟；另一类则从生产链长度出发，起步较晚于前者。

（1）全球价值链框架下的核算——增加值角度。

为了解决传统总值核算方法难以追踪全球经济活动中隐含要素转移和环境影响的问题，国外研究者对贸易形式识别和价值分类核算进行了相关研究。Leontief 和 Strout（1963）是最早对贸易和分工全球化进行考察的学者。以 Leontief 的方法为基础，Hummels（2001）提出了 HIY 法[①]，开创性地将进口中间品投入从国家总出口中分离，并用出口产品中投入的进口产品价值去定义狭义的垂直专业化（VS）。Hummels 的分离思想为后续贸易增加值分解研究提供了思路，对价值核算的进一步发展具有推动作用。然而，由于 VS 模型需要严格假定进口中间品和最终品各自在国内生产的中间品、最终品中比重一致，与现实情况不相符，后期研究不断在价值核算模型上做出改进，其中最广为应用的就是将贸易数据与投入产出表相结合对价值进行分解。

Johnson 和 Noguera（2012）对 Hummels 的假定进行了放松，构建了增加值出口率指标（VAX ratio）。该指标将增加值出口的概念限定在一个国家生产并最终由其他国家消费的增加值。研究采用 GTAP（global trade analysis project）数据库中的投入产出表对双边贸易增加值进行核算。研究

① HIY 方法首次定义了垂直专业化（vertical specializtion，简称为 VS），它是指用于生产出口产品的进口中间投入。HIY 方法基于投入产出表，将一国的出口分解为国内增加值和国外增加值，并第一次给出了垂直专业化的一般度量方法。参见潘文卿，李跟强. 垂直专业化、贸易增加值与增加值贸易核算——全球价值链背景下基于国家（地区）间投入产出模型方法综述［J］. 经济学报，2014，1（4）：188-207。

发现国家各部门在增加值出口率上存在显著差异。若以增加值数据测度，2004 年时中美贸易失衡将下降 30% ~ 40%。这也进一步证实了在全球价值链背景下，传统贸易统计方法因存在高估情况而不再适用。在此基础上，Timmer 等（2012）通过增加值向量和增加值矩阵的设定，将出口增加值分解为国内和国外两部分，给随后的国家总出口分解带来了重要启发。Koopman 等（2010）提出的总出口分解法也是在这一思路上的拓展。该方法以前人的研究为基础，在同一框架下对上述指标进行重新整合，并提出了 KWW 方法（附加值溯源分解法）。该方法将一国的总出口拆分为被其他国家消费的国内增加值、折返国内的增加值、国外增加值和重复计算四部分。同时，该方法构建了 GVC 分工地位和 GVC 参与度两大指标，用于评价一个国家或部门在全球价值链中的参与程度和所处位置。在后续研究中，Koopman 等根据出口产品最终价值的去向，进一步细化了上述四部分，形成了九大具体分类，从而实现了对一国总出口的彻底分解。目前，该方法被广泛应用于贸易增加值研究。虽然 Koopman 等将国家总出口进行了完全分解，但其分解仅停留在国家层面，未能细化至各部门。随后，Wang 等（2015）对 Koopman 的分解方法进行了拓展，不但将国家总出口的贸易增加值分解从国家层面拓展至部门层面，更是从单边层次向双边层次深化。

此外，尽管 Wang 等对增加值的分解与 Koopman 等的结果严格对应，并进一步实现了增加值的彻底分解，但是考虑到公式推导及解释太过复杂，Los 等（2016）提出了对增加值拆分的运算存在简化的必要。因此，在后续的提升与完善中，Wang 等（2017）在增加值分解法的基础上，从生产链长度层面出发，将增加值划分成纯国内部分、李嘉图贸易部分和全球价值链相关部分，为全球价值链测度指标的应用提供了新的思路。因此，未来几年，对简化后的增加值拆分成分的应用将是一个发展趋势。

贸易增加值分解研究的发展演变如表 2.1 所示。

表 2.1 贸易增加值分解研究的发展演变

方法	思路	模型	指标	文献
垂直化贸易测度	从总出口中分离出进出口增加值	单国投入产出模型	VS、VS1、VS1*、VAX	Hummels，Johnson
增加值出口分解	根据增加值出口的最终归宿和来源分解	多国投入产出模型	增加值向量、增加值分解矩阵	Timmer
总出口增加值分解	根据增加值的前向去向和后向来源分解总出口	世界投入产出模型	Koopman 等的分解法展开的九项指标、Wang 等的分解法展开的十六项指标	Koopman，Wang
增加值分解的提升	简化总出口增加值的分解成分	世界投入产出模型	Wang 等分解的三类	Los，Wang

（2）全球价值链框架下的核算——生产链长度角度。

全球价值链生产长度是对国家或部门在国际分工中参与情况进行测度的新型指标，相比以前的垂直专业化程度等更为准确。针对全球价值链生产长度的研究，Dietzenbacher 等（2007）较早地开展了对产品价值链长度的衡量方法研究，他们基于产业关联理论，使用平均生产步长（APL）指数估算了欧盟和亚洲主要经济体的价值链长度。随后，Romero 等（2009）也采用平均生产步长（APL）对生产分割以及经济复杂程度进行了衡量。而 Fally（2011）则将生产分割的长度定义为自生产至消费所经历的生产阶段个数，用产品生产序列中参与其中的工厂加权平均来表示。同时，利用美国 1949 年至 2002 年的投入产出表对其生产阶段数量进行测度，发现美国生产分割的长度具有向下发展的趋势。尽管 Fally 的测算方法优点突出，只需利用部门层面的数据就可反映出部门内企业在生产过程中的垂直联系，测算得到的产品价值链长度具有稳健性，不会因行业分类的详略而产生偏误；但是其研究范围仅局限于一个国家，忽略了美国是全球价值链的重要参与者这一事实。

沿着 Fally 的思路，Antras 等（2013）在开放的经济环境下对其研究方法进行了扩展。他们通过定义“上游度”的概念——某一行业中间产品成为最终产品前经历的生产阶段总数，并构建了上游度指标（upstreamness），以展现各行业在全球价值链中的所处位置。此外，该研究还对 2002 年美国及欧洲国家特定行业的上游度进行了计算。结果发现，这些国家行业的上游度存在显著差异，出口上游度指数对贸易流量具有不可忽视的影响。由于全球价值链生产长度指标可以从产品的垂直生产结构角度，定量描述一国或部门在全球价值链上的具体位置，故可对目前广泛应用的全球价值链分工地位指标进行补充。国际上对生产链长度进行了一定的测算研究。例如，Backer 等（2013）利用 OECD（经济合作与发展组织）的全球投入产出数据库分析了 OECD 国家产品的全球价值链长度和上游度的变动特征，并对食品、化工产品、电子产品等部门的全球价值链长度和上游度进行了案例研究。此外，通过测算，Chor 等（2014）发现，在过去二十几年中，随着参与国际分工程度的不断深化，中国企业通过进口上游产品，继而制造并出口相对下游的产品，拓展了全球生产链条中的生产阶段数。最近几年，Wang 等（2017）构建了平均生产长度和相对上游度指标对全球价值链嵌入的特点和方式重新进行描述。其中，前者被定义为增加值作为总产出时被计算的次数，同时对全球投入产出表中各国各行业进行核算后发现全球生产长度均被延长，并且因国家和行业的不同而呈现出不同的特征。

在全球价值链中，一方面，生产长度反映了各国各行业在全球价值链条中所处的位置，本质上是各行业生产技术水平的映射。产品生产长度的延长说明该行业的技术水平有所提高，因此在碳减排技术方面可能会有新突破，从而在这一延长过程中减少碳排放。例如，从传统机械设备到新一代低碳装备的转变，将会在日后使用这类清洁型设备生产时减少 CO_2 排放；但另一方面，在大量生产这些清洁型设备的过程中也会增加 CO_2 排放（TOYOTA，2015；Shohei Tokito，2018）。此外，产品生产长度的延长直接体现了各部门产品在生产过程中要经历更多的生产阶段，必然会涉及货物的流转，离不开交通运输。而 95% 以上的交通运输工具均使用化石能源，对二氧化碳的排放将产生极大影响。生产长度的延长以交通运输部门为载体，CO_2 的排放很有可能以与生产链条成正比的方式进行排放，在这一过程中显著增加碳排放程度（Song et al.，2019）。基于以上生产链长度对碳排放影响的不确定性，有必要考察价值链延长对碳排放的影响方向。然而，与上述相关的文献相对较少。

第二，关于全球价值链升级及其影响因素的研究。

在全球价值链升级及其影响因素的研究层面，Gereffi（1999）指出，价值链升级是以劳动密集型产业为主的经济体向技术更先进、获利能力更强的资本技术密集型产业转移的过程。价值链共有三种升级模式：流程升级、产品升级和功能升级（Humphrey et al.，2000）。2009 年，Stefano 和 Joachim（2009）沿着这三类模式对发展中国家实现全球价值链升级的路径进行了研究。但是，发展中国家长期从事低附加值活动，导致其难以实现全球价值链的升级（Lizbeth，2010）。具体而言，影响全球价值链升级的因素主要有环境规制（Poter，1991；Ambec et al.，2013）、人力资本（Caselli et al.，2006）、融资约束（Manova，2008；Manova et al.，2012）以及 OFDI（Brach et al.，2009；Niosi et al.，2010）等。其中，多数学者采用案例分析与实证检验相结合的方式，研究发现对外投资可以促进国家全球价值链升级，对外直接投资的全球价值链升级效应已经成为现阶段学界研究的热点。Shamel 和 Khalid（2014）对亚洲服装行业跨国公司进行研究后指出，对外投资有利于提升企业在全球价值链中的地位。Blyde（2014）则通过研究得出，OFDI 在全球范围内的分散生产将促进全球价值链的升级，在要素禀赋最优的国家生产，控制生产成本达到产业的升级。Pananond（2013）从全球价值链的角度对跨国企业本地子公司的国际扩张问题进行了研究，发现最初成立的为当地产业开展生产活动的子公司，为了摆脱长期处于最低附加值位置的处境，可以通过对外直接投资，在更为先进的国家采取本土化经营的战略，改善其在全球价值链中的相对外部地位。在此类研究中，国际学者普遍基于贸易增加值角度对国家的全球价值链分工地位进行衡量，作为全球价值链升级实证分析中的被解释变量；同时，大多数研究关注于国家层面的升级路径，由行业视角出发探索全球价值链融入路径的相关文献较少。

第三，关于全球价值链治理的研究。

由于长期占据价值链高附加值环节的发达国家和亟须实现全球价值链升级的发展中国家之间存在紧密的利益博弈，全球价值链治理问题一直是研究的重点（Gereffi，1994）。全球价值链治理是指通过制度安排和关系协调等非市场化机制或虚拟组织，实现生产分割、劳动分工、空间重构和价值分配（Humphrey et al.，2002），主要包括以质量、价格、劳动、环境及其适用范围为主的规则制定治理，以各类行为主体监测为主的监督裁决性治理，以规则咨询协助、政府代理执行等机构为主的执行性治理等三种治理类型（Kaplinsky et al.，2003）。根据跨国企业间协调能力强弱，可以将全球价值链治理模式划分为相对平等关系的网络型治理模式、控制主导战略价值环节的准层级治理模式和跨国公司及其分支机构降低交易费用的层级治理模式（Humphrey，2002）。发达国家和发展中国家的跨国企业都是通过参与片段化分解、空间重组、网络治理等价值链分工方式，在全球价值链的开放体系中不断重构自身核心竞争力，由此构成提升企业竞争优势和价值增值的动力来源。

第四，关于全球价值链框架下碳排放的研究。

关于贸易与环境之间的关系问题，国外学者已经进行了大量的理论和实证方向研究。Grossman 和 Kreuger（1991）指出，碳排放的影响主要依赖于三类因素：规模效应、结构效应以及技术效应。随后，这一理论得到了许多学者的验证，并作为贸易环境的主要分析框架广泛应用。近年来，在这一分析框架下的研究，主要集中于总出口贸易的规模效应（Sun et al.，2018；Kwesi et al.，2017）、本土企业内部调整的结构效应以及外资影响下的技术效应（Sondermann，2018；Tsekeris，2017；Yan et al.，2017；Trojette，2016）。其中，就技术效应而言，尽管通常认为技术进步对碳减排具有积极作用，但也有例外，因为可能在生产活动中使用更多的化石能源而增加碳排放（Yang et al.，2017；Yao et al.，2018）。虽然上述研究在新时代下对“三种效应”分析框架进行了拓展，但仍未将全球分工考虑在内。全球价值链的飞速发展导致不同国家或地区之间出现了资源利用和环境影响分离的情况，并对经济发展过程中的碳排放产生了明显影响。

全球价值链的不断发展，使得生态要素紧紧附着于产品中随国际贸易的进行而转移，但随之带来的生态后果也因产品生产和消费的分离而产生分割，导致经济活动与生态环境变化之间的联系更加复杂。其中跨区隐形转移的发生难以考察。然而，在全球价值链框架下，投入产出核算方法详细反映了各国之间的经济联系。该方法重新将已经发生分离的生产和消费活动黏合在一起，为环境影响的测度提供了有力工具。

当前，全球价值链框架下的碳排放研究主要集中在以下三方面：

（1）贸易隐含碳测算。

国外学者对全球价值链背景下的隐含碳测算主要经历了由两国到多国的变迁：Lopez 等（2014）将全球价值链中的隐含碳排放定义为出口、进口隐含碳差额，并测度了中国和西班牙两国的碳排放关系，结果发现 2005—2011 年西班牙对中国存在碳排放赤字。之后，为了突破两国间的碳排放关联局限，更多的研究者在上述基础上加入了投入产出分析，如 Meng 等（2018）基于世界投入产出表，利用多区域投入产出模型，对 41 个国家 35 个部门的增加值和碳排放进行了追踪。此外，在对贸易隐含碳进行测度时，由于加工贸易主要依靠劳动，生产过程中的碳排放要明显少于一般贸易，因此，在测算过程中对贸易形式进行区分就显得尤为重要。Xia 等（2015）对加工出口贸易中的隐含碳进行了测算，结果发现中国 2002 年至 2007 年的加工出口贸易结构不利于碳排放的降低，同时不同类型的对外贸易所得的贸易附加值与其引致的碳排放均不相同。基于上述思路，也有学者从微观企业角度出发，分别测算了内资和外资企业的贸易隐含碳。在对企业进行本国企业和外资企业划分的基础上，研究发现单位人民币隐含的中国外资企业的隐含碳要高于本国企业（Jiang et al.，2015）。

（2）各国碳排放责任的划分。

尽管联合国政府间气候变化专门委员会（IPCC）以及各国温室气体排放目录均从生产角度核算一个国家的碳排放量，但是也有学者认为应该遵循“谁消费谁分担”的原则，比如 Erickson 等（2012）提出依据消费者责任核算和分配碳排放，并对生产者和消费者如何分担碳排放责任进行了讨论。更重要的是，关于环境影响的消费者责任分摊的方法、概念与贸易增加值的研究工作是重叠的，这就使得在贸易增加值的拆分过程中明晰碳排放出处成为可能。Zhao 和 Yan（2014）采用多区域投入产出表和世界投入产出数据库（WIOD）的行业碳排放数据，构建了多区域投入产出模型，建立了以消费为基础的碳排放会计库存，分析了全球消费碳排放和国际碳排放的溢出效应，结果显示，2009 年全球以消费为主的碳排放量为 2.88 亿 t，其中由国际贸易产生的碳排放约占 20%，且较大部分来自中国、巴西、俄罗斯、印度、印度尼西亚、澳大利亚和土耳其等国家生产与出口的产品，这些产品较多被北美自由贸易区和欧元区国家消费，进一步表明作为生产者和消费者的各国其实都是碳排放的受益者，应该共同对全球环境的保护做出贡献。

（3）全球分工地位与碳排放之间的关系。

最后，国外学者对全球价值链和碳排放进行结合分析，发现参与价值链的过程不仅会对碳排放产生影响，国家在全球价值链中的参与水平和分工地位也是影响碳排放的重要原因。因此，出现了大量以全球价值链分工地位和参与度来衡量全球价值链嵌入程度，并进一步对全球价值链嵌入程度和碳排放之间关系进行分析的文献。Zhang（2017）等研究发现，全球价值链的不断发展带来的生产分割对全球减排影响显著。由最终产品的进出口而带来的环境影响在减弱，但各国因在国际分工中角色的不同而对国内环境影响差异显著。Meng 等（2018）将贸易增加值和贸易隐含碳这两条研究支线置于同一框架下进行了研究，结果发现一个国家碳排放的水平与方式在很大程度上受到其在全球价值链中参与程度和位置的影响。Sun 等（2019）通过定义碳排放效率——有效碳排放和实际碳排放之间的比率，对世界上 60 个国家 2000 到 2011 年的数据进行分析，发现碳排放效率和全球价值链地位指数具有明显的正相关关系。同时还发现，发展中国家通过促进全球价值链嵌入程度所获得的碳排放效率和减少的碳排放效果明显高于发达国家，提高技术密集型制造业在全球价值链中的地位所提高的碳排放效率远高于劳动密集型和资源密集型行业。

二、国内研究现状

国内学者在全球价值链框架下的研究，主要参考国外理论及模型，利用国内数据进行实证分析，以实现对中国具体情况的具体分析。研究内容大致可分为两类：对全球价值链的量化研究，以及与碳排放相关的分析。

第一，全球价值链框架下的量化研究。

与国外全球价值链框架下的核算发展相一致，越来越多的国内学者借鉴 Koopman 等（2010）和 Wang 等（2015）的国家总出口贸易增加值分解公式，开始在全球价值链核算框架下进行相关研究。例如程大中（2015）、王岚（2015）、闫云凤（2015）和吕越等（2017），推动了国内与全球价值链量化相关研究的完善。其研究内容主要集中在以下两方面：其一是对全球价值链分工地位指标的测算（尹伟华，2016；赖伟娟 等，2017），其二是关于全球价值链升级与影响因素的研究（王岚，2015；刘斌，2016；杨连星 等，2017）。

其中，关于全球价值链升级的研究，国内大多利用国际分工地位指数作为被解释变量，在全球价值链框架下实证分析与地位攀升有关的影响因素。刘斌等（2016）对中国制造业服务化与价值链升级进行了研究，结果发现制造业服务化显著提高了中国企业全球价值链的参与程度和分工地位。王岚和李宏艳（2015）则从嵌入位置和增值能力的视角，对中国制造业融入全球价值链的路径进行了研究，认为嵌入位置是决定中国融入全球价值链中分工地位的关键因素，而增值能力弱是制约中国制造业升级的主要因素。杨连星和罗玉辉（2017）研究发现 OFDI（对外直接投资）逆向技术溢出能显著促进中国全球价值链升级。丘兆逸（2017）则通过理论和实证研究发现发达国家碳规制降低了发展中国家全球价值链升级的动力和能力，阻碍了发展中国家全球价值链升级。

和国外研究类似，国内关于全球价值链分工地位指标的测算也分为两条支线：贸易增加值分解，以及生产长度角度。前者大多从贸易增加值视角出发，矫正以前应用传统贸易统计方法对我国相关对外贸易指标测算出现的偏差问题，如显性比较优势指数、外贸依存度等指标。而全球价值链生产长度的相关研究又分成两类：一类主要是对生产长度的比较测算及影响因素研究，如马风涛（2015）对我国制造业全球价值链长度进行测算分析，发现 1995 年至 2009 年制造业所有部门全球价值链均延长，而 2009 年至 2011 年价值链长度缩短，这与我国制造业部门上游度水平发展方向一致；倪红福等（2016）在 Fally 的基础上将其单国模型扩展成多区域投入产出模型，利用全球投入产出表将全球生产阶段数分解成国内、国际生产阶数两部分，并对中国参与国际分工的情况进行分析，发现中国的生产阶数阶段性明显，自加入 WTO 后，生产阶数迅速延长。相反地，美国、日本等发达国家的全球生产阶数缩短，制造业呈现向外迁移的趋势。闫云凤（2018）利用 2000—2014 年我国整体及各细分行业在全球价值链中的生产长度，对我国在全球价值链中的发展演进路径进行了分析。另一类考察了价值链长度与其他相关因素的关系，如郭沛等（2017）从国际分工角度考察全球价值链生产长度对我国各行业熟练与非熟练劳动力之间工资差距的影响，发现生产长度的缩短对工资差距缩小具有积极影响；吕越等（2019）通过对中国工业企业和世界投入产出数据库的合并，研究了我国制造行业国内价值链长度对企业创新的影响，得出价值链延长能够促进企业创新的结论。

第二，与碳排放相关的分析。

随着我国在全球价值链中嵌入程度的不断加深，在获得经济飞速发展的同时，也付出了沉重的环境代价，成为碳排放大国。近年来，全球价值链与碳排放相结合的研究不但能够清晰地划分出碳排放的来源和去向，而且为我国在全球价值链中寻找低碳发展的道路提供了有利条件。因此，国内学者对于全球价值链框架下的碳排放的研究日益增多。

首先，关于贸易隐含碳转移的研究方面，丘兆逸（2012）应用我国省级和行业面板数据，验证了国际垂直专业化导致污染工序向我国转移的情况。江洪（2016）分别采用金砖国家 1995 年、2000 年、2005 年和 2011 年的竞争型投入产出数据，将经济系统划分为 11 个部门，构建投入产出模型，测算了金砖国家对外贸易隐含碳，并进行对外贸易隐含碳影响因素行业结构分解。潘安（2017）则利用多区域投入产出模型对贸易隐含碳进行了测算，并以碳来源为依据从各增加值中分解出直接和完全碳排放量。巩爱凌等（2012）通过对我国1997年至2007年出口隐含碳进行分解，研究了全球价值链对于碳排放产生作用的三种效应：规模效应、基数效应和结构效应。他们发现规模效应是出口隐含碳增加的主要原因。盛斌等（2017）还验证了垂直外商直接投资对东道国产生的环境影响正是借由这三种效应传导的。

其次，关于碳排放影响因素的研究，郑国姣和杨来科（2015）基于进口非竞争投入产出模型，考察了垂直专业化水平对贸易隐含碳的影响。研究发现，垂直专业化率的提高促使我国对外贸易隐含碳排放增加。闫云凤和黄灿（2015）基于我国全球价值链分工地位，追踪了我国碳排放产生的国别和部门差异。王玉燕等（2015）构建了中国融入全球价值链的节能减排效应研究框架，利用工业行业面板数据进行实证分析，发现我国工业行业融入全球价值链的程度逐渐上升，且呈现出显著的节能减排效果。其中，高低能耗排放组之间存在明显差异。王向进等（2018）利用我国2000年至2014年的数据，从制造业服务化角度探讨了我国制造业服务化的环境效应。研究发现，制造业服务化能够促进产业结构升级，对行业碳排放水平的降低具有积极作用。戴翔（2016）以产品内分工和贸易为研究视角，分析了我国出口贸易污染密集度的影响因素，研究发现我国出口贸易增长具有环境福利效应，能显著降低出口贸易污染密集度。

最后，目前国内对于全球价值链与碳排放之间关系的研究已经迅速增多。杨飞等（2017）利用我国1995年至2009年33个行业的数据，研究了全球价值链嵌入对污染排放的影响。他们发现，当全球价值链嵌入程度低于门槛值时，污染转移会大于技术进步的减排效应；等于门槛值时，两种效应相抵消；而一旦超越门槛值，技术进步的减排效应将大于污染转移，对污染物排放的降低产生促进作用。潘安（2017）基于世界投入产出表的研究，发现较低的分工地位使中国贸易隐含碳水平较高，同时全球价值链参与程度越高，贸易隐含碳规模也越大。陶长琪等（2019）将全球价值链分工地位与隐含碳放在同一维度上，探讨了二者的影响机制，结果显示全球价值链分工地位与参与度对进出口隐含碳排放强度的作用方向截然相反。吕延方等（2019）在充分考虑中间投入结构系数和污染排放系数的基础上，对我国对外贸易隐含碳进行了测度，并揭示了全球价值链参与度与贸易隐含碳之间的非线性关系。

三、评述与总结

通过比较国内外的研究，可以发现，在全球价值链和贸易隐含碳的研究方面，国外的学者起步更早。在研究方法方面，国内学者紧跟国际步伐，国内外研究领域内投入产出法都是主流。在研究内容方面，国内学者更倾向于对中国情况进行分析。

在梳理全球价值链理论发展的过程中，可以发现其核算方式逐渐划分为增加值核算和生产长度核算两类。增加值核算经历了垂直专业化、增加值出口分解、总出口增加值分解和简化四个阶段，发展日趋完善，碳排放的关联研究较多。而生产长度核算则仍以具体测算及影响因素等基本分析为主，与其他因素的关联分析相对较少，特别是与碳排放相关联的分析较为缺乏。在全球价值链和碳排放层面，全球价值链主要从规模效应、结构效应和技术效应三大途径对碳排放强度产生影响，其中最主要的影响途径是规模效应。此外，全球价值链和碳排放之间的非线性关系也被广泛证实。而从全球价值链与碳排放的实证研究上看，其发展脉络与核算标准和全球价值链核算标准的更新基本一致，但是，相对于全球价值链核算而言，全球价值链与碳排放的关联性研究仍在初期阶段，特别是对生产链长度视角而言。

可以进一步研究的方向可能在于：

（1）越经典的理论越简单，尽管 Wang 等（2017）实现了对增加值的彻底分解，但其拆分的16部分太过于复杂。重点应放在对拆分结果的应用上。在后续提升阶段，Wang等从生产长度的角度划分出纯国内部分、李嘉图贸易部分以及全球价值链相关部分，可以探究一国在全球价值链的参与过程中，上述3部分的变化特征、与分工地位等之间的发展联系、与碳排放之间的关联，以及探析每一部分在国家经济发展过程中的重要程度。

（2）在全球价值链中，随着产品生产长度的延长，一方面说明各部门产品在生产过程中要经历更多的生产阶段，需要投入更多的中间产品，从而增加了碳排放程度。另一方面，生产长度是国家各行业在全球价值链条所处位置的反映，本质是各行业生产技术水平的映射。生产长度延长，说明这一行业的技术水平有所提升，在碳减排技术上可能有新的突破，进而在这一延长过程中减少碳排放。

基于以上生产链长度对碳排放影响的不确定性，以及此类文献较为缺乏的情况，有必要考察国内价值链延长对我国碳排放的影响方向。

（3）在全球价值链升级的研究方向上，对外直接投资与价值链升级的关系已成为热点问题。大量的研究聚焦于外商直接投资和碳排放之间的关系。如今中国走出去的企业愈发增多，中国对外直接投资的上涨又会对碳排放产生怎样的影响，也需要进一步考察。

第三章　全球价值链背景下中国贸易增加值隐含碳分布特征

一、引言

随着世界各国经济贸易的融合发展和国际分工的不断深入，各个国家地区都融入全球价值链（GVC）体系中。在全球价值链体系下，以传统贸易总量进行统计存在跨境贸易总量的重复计算和双边贸易规模扩大统计失真的情况。正如WTO（世界贸易组织）前总干事拉米所说，贸易测度应当考虑贸易增加值（WTO，2011）。在此背景下，贸易增加值被正式提出以消除总值贸易造成的统计幻象。

近年来，中国在国际贸易中扮演着“污染避难所”的角色，承受着重大环境压力。中国出口贸易深度嵌入全球区域价值链，带来了合意产出（贸易增加值）的同时，也带来了非合意产出（贸易隐含碳）。贸易过程中，中间产品跨境次数越多，国际贸易活动生产同一单位产品产生的碳排放越多（孟渤 等，2016）。

因此，单独的贸易增加值和单独的贸易隐含碳无法全面反映中国出口在全球价值链中的贸易利益和成本，只有将两者结合测算一个贸易增加值的贸易隐含碳排放才能衡量出中国出口贸易的利弊得失。贸易增加值隐含碳概念的衡量方法和运用将有助于中国实现增加值贸易隐含碳排放最小或者确定碳排放总量下贸易增加值最大化，为中国的全球价值链治理和低碳贸易的发展提供决策依据。

二、文献综述

目前，关于贸易增加值隐含碳的研究，国内外学术界主要从三个方面展开：

第一，对贸易增加值核算法的研究。Hummels 等（简称 HIY）（2001）首次提出了测算一国直接及间接增加值出口的方法，运用投入产出方法考察一国出口中包含的进口成分（VS）以及一国出口中作为中间品被其他国家进口的成分（VS1），提出了系统测度一国垂直专业化率的方法。Wang 等（2009）通过将国内价值增值分解为直接价值增值出口和间接价值增值出口，形成了贸易增加值框架的雏形。Stehrer 等（2010）将一国进出口同时纳入世界投入产出框架，考察了一国在附加值下的单边贸易规模和贸易净额，拓展了贸易利益的衡量指标。Koopman 等（2010，2014）和 Wang 等（2013）基于国家间投入产出表，根据出口贸易的增加值来源和最终去向的不同，构建了一个统一的测度全球价值链的理论分析框架，并剖析出了传统贸易统计重复计算部分，建立了增加值出口和总值出口之间的联系。王直等（2015）将国际贸易流按照产品的价值来源、最终吸收地和吸收渠道进行区分测算，在传统国际贸易统计和全球价值链增值之间建立了一一对应的分解框架。

第二，对贸易隐含碳与贸易增加值的研究。传统关于贸易隐含碳的研究并未引入贸易增加值核算法。随着全球价值链理论框架的逐步完善，多区域投入产出模型（MRIO）已成为当前测算贸易隐含碳的主流方法。该模型考虑了各国中间投入系数和碳排放强度系数的异质性，根据各国各部门的投入产出关系分析出生产某一产品导致的全球碳排放。基于此，闫云凤和黄灿（2015）将中国在全球碳排放链条中的地位进行分割，追踪了碳排放原因并追溯了碳排放流向的部门特征。Zhao 等（2014）、赵玉焕和刘娅（2015）基于投入产出模型，分别计算了中国和俄罗斯的对外贸易隐含碳排放量。国内外学者在 MRIO 基础上拓展研究了一系列双边贸易隐含碳，如中美贸易（闫云凤和常荣平，2017；潘安，2018）、中日贸易（张冰冰和李祎雯，2018；潘安和吴肖丽，2018）、中澳贸易（Ten et al., 2013）。孟渤等（2016）、Meng 等（2018）基于隐含碳追溯和测算体系，采用 WIOD 中 1995 年至 2009 年数据，详细解释了该核算体系的三个框架。研究发现，中国通过贸易途径创造的增加值比不经由任何贸易途径仅在国内产业链中创造增加值环境成本更高。

第三，对全球价值链测度指标与碳排放关系的研究。李斌和彭星（2011）通过构建联立方程模型实证分析了中国对外贸易碳排放的影响因素。研究发现，中国处于全球价值链分工模式的低端环节，参与全球价值链分工是造成二氧化碳排放量增加的重要因素。钱志权和杨来科（2016）运用 MRIO–SDA 跨期比较法对 1995 年至 2005 年中国对东亚地区出口隐含碳进行了比较。研究表明，中国参与东亚地区的垂直分工增加了中国隐含碳排放，而且出口结构变化、规模扩张不断加剧了这一趋势。王向进等（2017）采用 2005 年至 2014 年中国制造业 28 个细分行业面板数据，运用出口复杂度指数实证检验制造业出口结构转型的效应，发现出口结构转型对制造业碳排放不具有显著的直接效应。该研究将制造业按照技术研发强度和能源消耗强度不同进行分组对比研究，结果显示，对于高技术行业、中高技术行业和高能耗行业来说，结构效应更加明显。总体而言，产业结构是限制制造业碳减排最主要的原因。

基于此，本书试图在以下两方面尝试进行突破。一方面，明确提出了贸易增加值隐含碳的概念。贸易增加值隐含碳是用价值链路径上每创造一个单位的贸易增加值所产生的贸易隐含碳排放量来衡量的。另一方面，利用 R 软件编程分解出中国出口贸易增加值隐含碳的国别和行业的分布特征，从两个维度全面展示中国增加值出口贸易环境成本。

三、理论模型与数据来源

（一）理论模型

本章的理论模型基于王直等（2015）提出的 WWZ 方法（总贸易核算法）。如表 3.1 所示，设世界共有 G 个国家，每个国家有 N 个部门。其中，$\boldsymbol{Z}^{sr}$ 表示 s 国生产的被 r 国使用的中间投入品；$\boldsymbol{Y}^{sr}$ 表示 s 国生产的被 r 国使用的最终产品；$\boldsymbol{X}^{s}$ 表示 s 国总产出。

表 3.1　国家间投入产出表

投入	产出		中间使用				最终使用				总产出
			A 国	B 国	…	ROW	A 国	B 国	…	ROW	
			1,…,N	1,…,N	…	1,…,N					
中间投入	A 国	1，…，N	$\boldsymbol{Z}^{AA}$	$\boldsymbol{Z}^{AB}$	…	$\boldsymbol{Z}^{AR}$	$\boldsymbol{Y}^{AA}$	$\boldsymbol{Y}^{AB}$	…	$\boldsymbol{Y}^{AR}$	$\boldsymbol{X}^{A}$
	B 国	1，…，N	$\boldsymbol{Z}^{BA}$	$\boldsymbol{Z}^{BB}$	…	$\boldsymbol{Z}^{BR}$	$\boldsymbol{Y}^{BA}$	$\boldsymbol{Y}^{BB}$	…	$\boldsymbol{Y}^{BR}$	$\boldsymbol{X}^{B}$
	…	…	…	…	…	…	…	…	…	…	…
	ROW	1，…，N	$\boldsymbol{Z}^{RA}$	$\boldsymbol{Z}^{RB}$	…	$\boldsymbol{Z}^{RR}$	$\boldsymbol{Y}^{RA}$	$\boldsymbol{Y}^{RB}$	…	$\boldsymbol{Y}^{RR}$	$\boldsymbol{X}^{R}$
	增加值		$\boldsymbol{VA}^{A}$	$\boldsymbol{VA}^{B}$	…	$\boldsymbol{VA}^{R}$					
	总投入		$\boldsymbol{X}^{A}$	$\boldsymbol{X}^{B}$	…	$\boldsymbol{X}^{R}$					

注：ROW 表示世界其他国家地区。

s 国向 r 国出口的分解公式如下：

$$
\begin{aligned}
E^{sr} = & (\boldsymbol{V}^{s}\boldsymbol{B}^{ss})'\#\boldsymbol{Y}^{sr} + (\boldsymbol{V}^{s}\boldsymbol{L}^{ss})'\#(\boldsymbol{A}^{sr}\boldsymbol{B}^{rr}\boldsymbol{Y}^{rr}) \\
& + (\boldsymbol{V}^{s}\boldsymbol{L}^{ss})'\#(\boldsymbol{A}^{sr}\sum_{t\neq s,r}^{G}\boldsymbol{B}^{rt}\boldsymbol{Y}^{tt}) + (\boldsymbol{V}^{s}\boldsymbol{L}^{ss})'\#(\boldsymbol{A}^{sr}\boldsymbol{B}^{rr}\sum_{t\neq s,r}^{G}\boldsymbol{Y}^{rt}) + (\boldsymbol{V}^{s}\boldsymbol{L}^{ss})'(\boldsymbol{A}^{sr}\sum_{t\neq s,r}^{G}\sum_{u\neq s,r}^{G}\boldsymbol{B}^{rt}\boldsymbol{Y}^{tu}) \\
& + (\boldsymbol{V}^{s}\boldsymbol{L}^{ss})'\#(\boldsymbol{A}^{sr}\boldsymbol{B}^{rr}\boldsymbol{Y}^{rs}) + (\boldsymbol{V}^{s}\boldsymbol{L}^{ss})'\#(\boldsymbol{A}^{sr}\sum_{t\neq s,r}^{G}\boldsymbol{B}^{rt}\boldsymbol{Y}^{ts}) + (\boldsymbol{V}^{s}\boldsymbol{L}^{ss})'\#(\boldsymbol{A}^{sr}\boldsymbol{B}^{rs}\boldsymbol{Y}^{ss}) \\
& + (\boldsymbol{V}^{r}\boldsymbol{B}^{rs})'\#\boldsymbol{Y}^{sr} + (\boldsymbol{V}^{r}\boldsymbol{B}^{rs})'\#\boldsymbol{A}^{sr}\boldsymbol{L}^{rr}\boldsymbol{Y}^{rr} + (\sum_{t\neq s,r}^{G}\boldsymbol{V}^{t}\boldsymbol{B}^{ts})'\#\boldsymbol{Y}^{sr} + (\sum_{t\neq s,r}^{G}\boldsymbol{V}^{t}\boldsymbol{B}^{ts})'\#\boldsymbol{A}^{sr}\boldsymbol{L}^{rr}\boldsymbol{Y}^{rr} \\
& + (\boldsymbol{V}^{s}\boldsymbol{L}^{ss})'\#(\boldsymbol{A}^{sr}\sum_{t\neq s}^{G}\boldsymbol{B}^{rs}\boldsymbol{Y}^{st}) + (\boldsymbol{V}^{s}\boldsymbol{B}^{ss} - \boldsymbol{V}^{s}\boldsymbol{L}^{ss})'\#(\boldsymbol{A}^{sr}\boldsymbol{X}^{r}) \\
& + (\boldsymbol{V}^{r}\boldsymbol{B}^{rs})'\#\boldsymbol{A}^{sr}\boldsymbol{L}^{rr}\boldsymbol{E}^{r*} + (\sum_{t\neq s,r}^{G}\boldsymbol{V}^{t}\boldsymbol{B}^{ts})'\#\boldsymbol{A}^{sr}\boldsymbol{L}^{rr}\boldsymbol{E}^{r*}
\end{aligned}
\tag{3.1}
$$

其中，V^s 表示 s 国增加值系数，$V^s = VA^s / X^s$；A^{sr} 表示 r 国对 s 国直接消耗系数矩阵，$A^{sr} = Z^{sr} / X^r$；E^s 表示 s 国出口总额，$E^s = \sum_{r \neq s}^{G} A^{sr} X^r + \sum_{r \neq s}^{G} Y^{sr}$；$L^{ss}$ 表示 s 国内的里昂惕夫逆矩阵；B 表示直接消耗系数 A^{sr} 的里昂惕夫逆矩阵；# 代表矩阵的点乘；t 和 u 指的应该是经过两次或两次以上边境的中间品贸易时候，不同于 r 国的 t 国和 u 国。

对公式（3.1）中的各项分别进行中文解读，详见表 3.2。

表 3.2　双边贸易出口增加值分解

缩写	分解公式对应	含义
（1）DVA	1 ~ 5	出口国的国内增加值
DVA_FIN	1	最终出口的国内增加值
DVA_INT	2	直接被进口国生产国内最终需求吸收的中间出口的国内增加值
DVA_INTREX	3 ~ 5	被进口国生产向第三国出口而吸收的中间出口
（2）RDV	6 ~ 8	返回并被本国吸收的国内增加值
（3）FVA	9 ~ 12	出口国的国外增加值
MVA	9，10	出口隐含的进口国增加值
OVA	11，12	出口隐含的第三国增加值
FVA_FIN	9，11	最终品出口的国外增加值
FVA_INT	10，12	中间品出口的国外增加值
（4）PDC①	13 ~ 16	出口重复计算

（二）指标测度

贸易增加值隐含碳是用价值链路径上每创造一个单位的贸易增加值所产生的贸易隐含碳排放量来衡量的。因此，贸易增加值隐含碳模型需要具备两个要素，即出口贸易碳排放和出口贸易增加值。

① PDC 含义：纯粹的重复计算项（PDC）。这是由中间品贸易多次跨越边境所致。这些中间品贸易，按海关统计理念（所有的跨国贸易交易都应计算），因而出现在官方贸易统计之中。从生产功能角度看，这些中间品贸易类似于国内产业间的交易，作为中间使用从总产出中扣除，从而得到分产业的增加值，各产业增加值之和即 GDP。显然，这些中间品贸易没有形成任何国家的 GDP（各产业增加值之和）或最终需求。

测算出口隐含贸易碳排放要通过三个步骤进行。首先，为匹配 WIOD（2016）最新数据，采用碳排放能源使用等比例法更新制造业各行业碳排放数据至 2014 年。其次，采用基于贸易流的隐含碳排放分解框架，测算出各国各行业的出口碳排放。最后，结合贸易增加值核算法，计算贸易增加值隐含碳，即每一贸易增加值对应的出口贸易隐含碳排放。

1. 直接碳排放系数测算

对贸易隐含碳排放进行分解需要令各国各行业的直接碳排放系数的行业分类与 WIOD 中的行业分类一致。因此，本书参考王文举等（2011）和 Wiebe 等（2012）的能源投入和碳排放等比例法，将 WIOD 中“炼焦成品油”行业的中间产出在各国各行业的货币比例关系分解到各国的二氧化碳总碳排放量上，则直接碳排放系数表示为

$$F_{sj}=\frac{P_{sj}}{X_{sj}}=\frac{P_s Z_{sj}}{X_{sj}\sum_{j}^{N} Z_{sj}} \tag{3.2}$$

其中，F_{sj} 表示 s 国 j 行业的直接碳排放量系数；P_{sj} 表示 s 国 j 行业的碳排放量；X_{sj} 表示 s 国 j 行业的总产出；P_s 表示 s 国的碳排放总量；Z_{sj} 表示 s 国 j 行业对世界各国“炼焦成品油”行业的消耗量。

2. 出口贸易碳排放测算

设 $\boldsymbol{F}^s$ 表示 s 国各行业直接碳排放系数的 $1\times N$ 行向量。根据 Meng 等 .（2018）的推导，s 国出口至 r 国的碳排放量为

$$\begin{aligned}P(E^{sr})=&\underbrace{(\boldsymbol{F}^s\boldsymbol{B}^{ss})^{\mathrm{T}}\#\boldsymbol{Y}^{sr}}_{(1)}+\underbrace{(\boldsymbol{F}^s\boldsymbol{L}^{ss})^{\mathrm{T}}\#\boldsymbol{A}^{sr}\boldsymbol{B}^{rr}\boldsymbol{Y}^{rr}}_{(2)}\\&+\underbrace{(\boldsymbol{F}^s\boldsymbol{L}^{ss})^{\mathrm{T}}\#\left\{(\boldsymbol{A}^{sr}\boldsymbol{B}^{rr}\sum_{t\neq s,r}^{G}\boldsymbol{Y}^{rt})+(\boldsymbol{A}^{sr}\sum_{t\neq s,r}^{G}\boldsymbol{B}^{rt}\boldsymbol{Y}^{tt})+(\boldsymbol{A}^{sr}\sum_{t\neq s,r}^{G}\sum_{u\neq s,t}^{G}\boldsymbol{B}^{rt}\boldsymbol{Y}^{tu})\right\}}_{(3)}\\&+\underbrace{(\boldsymbol{F}^s\boldsymbol{L}^{ss})^{\mathrm{T}}\#\boldsymbol{A}^{sr}\sum_{t\neq s,r}^{G}\boldsymbol{B}^{rt}\boldsymbol{Y}^{ts}}_{(4)}+\underbrace{(\boldsymbol{F}^r\boldsymbol{B}^{rs})^{\mathrm{T}}\#\boldsymbol{Y}^{sr}}_{(5)}+\underbrace{(\boldsymbol{F}^r\boldsymbol{B}^{rs})^{\mathrm{T}}\#\boldsymbol{A}^{sr}\boldsymbol{L}^{rr}\boldsymbol{Y}^{rr}}_{(6)}\\&+\underbrace{(\sum_{t\neq s,r}^{G}\boldsymbol{F}^t\boldsymbol{B}^{ts})^{\mathrm{T}}\#\boldsymbol{Y}^{sr}}_{(7)}+\underbrace{(\sum_{t\neq s,r}^{G}\boldsymbol{F}^t\boldsymbol{B}^{ts})^{\mathrm{T}}\#\boldsymbol{A}^{sr}\boldsymbol{L}^{rr}\boldsymbol{Y}^{rr}}_{(8)}\end{aligned} \tag{3.3}$$

其中，路径（1）是隐含在最终产品出口的本国碳排放，被进口国消费；路径（2）是隐含在中间产品出口的本国碳排放，被进口国消费；路径（3）是隐含在中间产品出口的本国碳排放，被第三国消费；路径（4）是隐含在中间产品出口的本国碳排放，折返被本国消费；路径（5）是隐含在最终产品出口中，进口国的二氧化碳排放；路径（6）是隐含在中间产品出口中，进口国的二氧化碳排放；路径（7）是隐含在最终产品出口中，第三国的二氧化碳排放；路径（8）是隐含在中间产品出口中，第三国的二氧化碳排放。

3. 贸易增加值隐含碳排放测算

结合式（3.1）和式（3.3），可以得到贸易增加值隐含碳为

$$\mathrm{PV}(E^{sr}) = \frac{P(E^{sr})}{\mathrm{DVA}(E^{sr})} \tag{3.4}$$

其中，DVA（E^{sr}）表示国家 s 出口到国家 r 的贸易增加值；$\mathrm{PV}(E^{sr})$ 表示国家 s 出口到国家 r 的贸易增加值隐含碳，即每单位贸易增加值碳排放成本水平。该值越大表示该国付出的碳排放成本越高，不利于本国碳减排；该值越小表示该国付出的碳排放成本越低，则有利于碳减排。

（三）数据来源与说明

本书采用欧盟框架研究计划 WIOD 项目组编制的世界投入产出表（WIOTs）作为基础数据。WIOTs 的最新版本涵盖了 1995 年至 2014 年，包括 27 个欧盟成员国以及其他 13 个主要的新兴工业化国家和发展中国家和地区。这 40 个国家（地区）的总产出占全球总产出的比重超过了 85%，具有很好的代表性。直接碳排放系数指标测算中需要采用的一国的碳排放总量来自 World Bank（世界银行）数据库。

根据 WIOD 提供的行业数据，将 56 个行业分为了八大类，即农业初级产品、知识密集型制造业、资本密集型制造业、劳动密集型制造业、知识密集型服务业、资本密集型服务业、劳动密集型服务业和公共服务业八大类（见表 3.3）。

表 3.3 行业分类

农业初级产品	知识密集型制造业	资本密集型制造业	劳动密集型制造业	知识密集型服务业	资本密集型服务业	劳动密集型服务业	公共服务业
农作物生产及相关活动	化学原料及其制品	其他非金属矿产制品	纺织、服装及皮革制品	保险、再保险及养老金	内陆及管道运输	污水处理、废弃资源废旧材料回收	卫生及社会工作
林业与伐木业	电气设备	基础金属制品	木材加工及编织制品	金融保险的辅助服务	水路运输	批发（不含汽车和摩托车）	其他公共服务
渔业和水产养殖	机械制造	人工制造金属	橡胶及塑料制品	法律、会计及管理咨询	航空运输	零售（不含汽车和摩托车）	境外组织及团体活动
采掘业	摩托车及挂车制造	石油、炼焦和核燃料加工	家具制品其他制造业	计算机编程、咨询及相关信息服务	电力煤气供给	汽车摩托车的批发零售维修	公共管理国防及社会保险
	交通设备	造纸及纸制品		金融服务	水的收集处理供给	建筑业	教育
	基本医药品及医药制剂	印刷及音像制品		建筑设计、工程设计及技术测试	仓储及其他运输辅助业	住宿及餐饮业	
	电子及光学设备	食品、饮料及烟草制品		科研活动	邮政及快递业	私人雇佣服务业	
	机械设备的修理安装			广告及市场研究	出版业		
				其他专业科学技术服务	影视、影音及广播		
				管理及相关支持服务	通信业		
					房地产业		

资料来源：樊茂清和黄薇（2014）、张杨和欧阳峣（2016）

四、中国贸易增加值隐含碳分布特征

（一）国别特征

为突出中国贸易增加值隐含碳的国别分布特点，本章选取了出口贸易量在世界前 15 位的国家和地区作为贸易标的国（地区），测算中国对其出口贸易增加值隐含碳（见表 3.4）。

表 3.4　2000 年至 2014 年中国出口贸易增加值隐含碳的国别（地区）分布（t/ 美元）

出口国家（地区）	2000 年	2005 年	2010 年	2014 年
美国	312.50	687.27	1 039.72	1 312.72
中国台湾地区	420.65	807.28	1 188.69	1 403.05
德国	315.32	659.63	996.66	1 251.41
日本	319.48	680.77	1 050.76	1 270.61
法国	296.88	642.29	948.30	1 194.30
英国	310.58	649.31	977.14	1 224.44
韩国	358.09	800.95	1 165.62	1 409.88
意大利	334.25	721.44	1 043.89	1 341.40
荷兰	369.63	768.03	1 049.67	1 244.81
加拿大	321.02	668.55	996.15	1 239.58
西班牙	342.03	707.60	1 044.46	1 319.38
比利时	350.11	759.39	1 113.49	1 436.05
土耳其	379.14	850.54	1 324.77	1 653.91
印度	465.31	970.80	1 398.31	1 791.54
墨西哥	348.89	756.74	1 088.37	1 363.83

在 2000 年至 2014 年间，中国出口贸易增加值隐含碳的国别（地区）分布如图 3.1 所示。第一，整体来看，中国对世界主要国家的出口贸易增加值隐含碳呈现逐年上升趋势，说明在国际贸易快速发展的同时，中国贸易隐含碳排放量也日益增加。此外，贸易增加值的碳排放成本也逐年增加，表示中国出口贸易环境成本逐步上升。第二，从高碳排放成本的国家（地区）来看，中国出口贸易增加值隐含碳最大的国家是印度，其平均贸易增加值隐含碳高达 1 156.49 t/ 美元。同时，中国对印度出口的贸易增加值隐含

碳的增长显著，年增速达 19%。其次是土耳其，虽然其平均贸易增加值隐含碳为 1 052.09 t/ 美元，但中国对土耳其出口的贸易增加值隐含碳增长速度位居第一，年均增速高达 22.4%。除印度和土耳其之外，中国出口贸易增加值隐含碳排放最多的地区（国家）依次是中国台湾地区和韩国。2000 年至 2014 年期间，中国对台湾地区和韩国的出口贸易增加值隐含碳平均值为 954.91 t/ 美元和 933.63 t/ 美元。值得关注的是，中国对台湾地区和韩国的出口贸易增加值隐含碳经过 2010 年的快速增长之后便进入缓慢增长期。例如，台湾地区在 2000—2010 年间年均增长率为 16.59%，而在 2010 年至 2014 年间年均增长率仅为 3.6%。这可能与中国在 2010 年后制造业大量出口导致较高的出口贸易增加值相关。这表明自 2009 年金融危机后，中国制造业出口贸易稳固发展，制造业竞争优势增加，在一定程度上调整了东亚地区制造业分工的“雁形”布局。第三，从低碳排放成本的国家（地区）来看，中国出口贸易增加值隐含碳最小的国家地区依次是法国、英国、加拿大和德国，均集中在发达国家，中国对其出口贸易增加值隐含碳的年均值为 770.44 t/ 美元、790.37 t/ 美元、805.75 t/ 美元及 806.32 t/ 美元。值得一提的是美国，虽然美国是中国出口贸易第一大伙伴国，即出口贸易增加值较高，但是其出口贸易主要为高碳型的中高端制造业，因此产生的碳排放也较高。故而其出口贸易增加值碳排放均低于欧洲等发达国家。

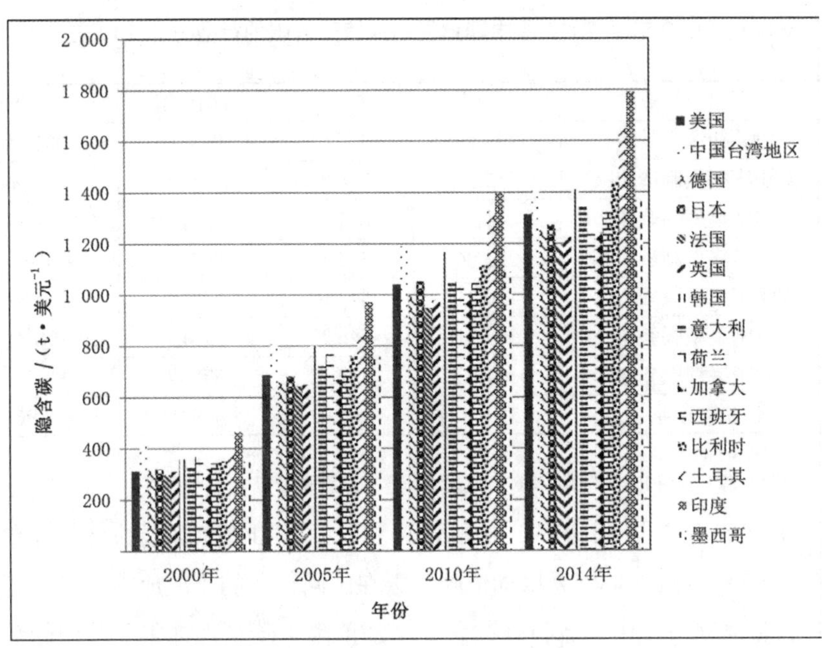

图 3.1 2000 年至 2014 年中国出口贸易增加值隐含碳的国别（地区）分布

总之，中国出口贸易增加值隐含碳对于主要的贸易伙伴国（地区）都呈现逐年增长的趋势，这说明碳排放的贸易成本在不断加大。同时，中国对于发展中国家尤其是东亚地区的出口贸易增加值隐含碳较大，而对于发达国家的出口贸易增加值隐含碳较小，表明中国向发展中国家出口的中间产品多使用大量资源和劳动力的非环境友好型中间产品，在生产制造过程中消耗能源对环境造成影响。而向发达国家出口的多为组装成品，生产环节消耗较少资源，因此产生较小的环境影响。这也从侧面反映了中国以上游位置嵌入以东亚为主的发展中国家价值链，并且以下游位置嵌入发达国家制造业价值链。

（二）行业特征

根据表 3.3 的行业分类，本章测算出中国出口贸易增加值隐含碳的八大行业分布（见表 3.5）。

表 3.5　2000 年至 2014 年中国贸易增加值隐含碳的行业分布（t / 美元）

中国出口行业	2000 年	2005 年	2010 年	2014 年
农业初级产品	247.99	576.61	908.94	1 082.88
知识密集型制造业	352.59	776.20	1 126.54	1 407.96
资本密集型制造业	421.30	881.43	1 346.89	1 749.33
劳动密集型制造业	253.06	522.64	803.95	981.96
知识密集型服务业	150.21	543.60	822.39	1 003.81
资本密集型服务业	303.31	746.29	1 024.11	1 198.31
劳动密集型服务业	331.03	511.70	578.46	693.70
公共服务业	223.36	365.92	479.99	558.96

资料来源：利用 R 软件根据 WIOD 数据库计算得出。

在 2000 年至 2014 年间，中国出口贸易的增加值隐含碳的行业分布如图 3.2 所示。中国出口贸易增加值隐含碳在不同行业的排放成本差异显著。第一，整体来看，中国各行业的贸易增加值隐含碳呈现逐年上升的趋势。特别是资本密集型制造业和知识密集型制造业的出口贸易碳排放成本增长最快，而劳动密集型服务业的贸易增加值隐含碳增长最为缓慢。从各个行业的趋势图可以看出，各行业在 2000 年至 2010 年间增长迅速，但是经过 2010 年后增速减缓。这可能与我国在 2009 年金融危机后进行的产业升级有关，从而一定程度上降低了贸易碳排放。第二，从高碳排放成本的行业来看，中国出口贸易增加值隐含碳最大的行业是资本密集型制造业和知识密集型制造业。这可能是因为资本密集型制造业多为高排放的大中型工业企业，而知识密集型制造业多为高耗能的高端产业。此外，作为世界主要的制造业出口国，中国对美国等主要贸易伙伴国的出口集中在高耗能的资本密集型制造业和知识密集型制造业上。第三，从低碳排放成本的行业来看，中国出口贸易增加值隐含碳最低的行业为公共服务业、劳动密集型服务业和劳动密集型制造业。这是因为我国公共服务业的发展水平较低，所以公共服务业的出口贸易隐含碳处于各行业的最低水平。我国具备丰富的劳动力资源，在劳动密集型服务业和劳动密集型制造业上处于比较优势水平，其出口贸易增加值较大，并且劳动密集型服务业和制造业均属于低碳型产业，从而形成出口贸易增加值隐含碳较低的状况。

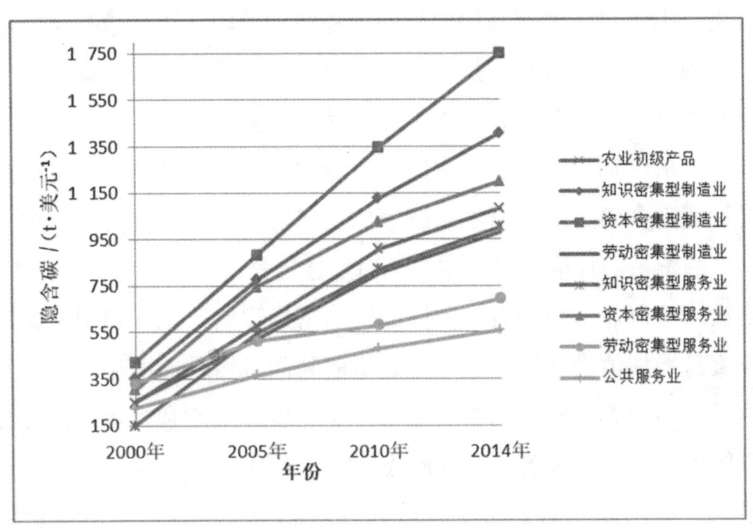

图 3.2 2000 年至 2014 年中国出口贸易增加值隐含碳的行业分布（t / 美元）

总体来说，中国各行业的出口贸易增加值隐含碳都呈现逐年上升的趋势。资本密集型制造业和知识密集型制造业的出口贸易增加值隐含碳增长速度最快，而公共服务业和劳动密集型服务业则增长速度最慢。高碳排放和高耗能的资本密集型制造业不仅增长速度最快，而且其贸易增加值隐含碳排放量也位居第一，这说明我国在制造业出口迅速发展的同时也付出了较大的环境代价。此外这也从侧面反映出中国制造业位于全球价值链的中上游位置，为进口国提供大量的制造业中间品和零部件，但低碳环保型的服务业则处于全球价值链相对下游位置。

五、本章小结

本章基于贸易增加值的价值链生产体系，运用贸易增加值核算法和碳排放结构分解模型，提出了贸易增加值隐含碳的核心概念，并测算了中国出口主要贸易伙伴国的贸易增加值隐含碳排放量以及中国各行业对全球出口的贸易增加值隐含碳排放量。从国别和行业两个维度展示了中国贸易增加值隐含碳的分布特征。研究发现：

首先，中国对主要贸易伙伴国的贸易增加值隐含碳排放量逐年增长，同时，中国各行业的贸易增加值隐含碳也逐年增长，伴随中国各产业尤其制造业的大量出口，中国贸易增加值环境成本逐年增高。

其次，从国别分布来看，中国对发展中国家，特别是东亚地区的出口贸易增加值隐含碳远高于对发达国家的出口贸易增加值隐含碳。中国出口东亚国家的贸易增加值环境成本高于对发达国家的出口。

再次，从行业分布来看，中国的资本密集型制造业和知识密集型制造业不仅贸易增加值隐含碳排放量位居最前列而且增长速度也领先于其他行业。由于公共服务业和劳动密集型服务业竞争力限制和行业低碳性特点，其出口贸易增加值隐含碳排放量较低且增长缓慢。

最后，中国以相对上游位置嵌入以东亚为主的发展中国家价值链，以相对下游位置嵌入发达国家制造业价值链。中国为主要进口国提供制造业中间品和零部件，在获得较高贸易增加值的同时也付出了较大的环境代价。

第四章　全球价值链下区域价值链嵌入与贸易增加值碳排放

一、引言

当今全球价值链（global value chain，GVC）分工已成为各国参与国际贸易的主要模式。但实际上，大多产品和服务都是由区域性的价值链产生（闫云凤 等，2018）。Baldwin（2012）提出了区域价值链概念（regional value chain，RVC），并指出跨国产品各价值创造环节的全球化特征并不明显，更多地呈现出区域化特征。所有涉及国际贸易活动的区域性价值链网络对接到一起，才构成了全球价值链。因此，研究一国嵌入区域价值链（RVC）的特征比其嵌入全球价值链的特征更有意义。

Ricard 和 Patricia（2018）明确划分了世界区域价值链。相关研究表明，因国家地缘关系，全球贸易主要生产链产生于20世纪80年代的北美、欧洲和东亚地区，伴随这些地区区域内贸易的蓬勃发展及地区性贸易协定的签署，在全球生产链中确立了北美地区、欧盟地区及东亚地区的三大区域性价值链。同时，区域性的价值链组成依据不仅包括地理位置和贸易协定，还包括相近的经济发展水平和消费模式（Backer et al.，2018）。因此，同为新兴经济体的金砖国家区域价值链也成为全球价值链中的重要组成。

2014 年中国制造业出口贸易国外增加值为 2 806.6 亿美元，其中增加值来源占比最多的贸易区域为：东亚地区占比 26%；欧盟地区占比 11.2%；北美地区占比 9.6%；金砖地区占比 7.1%。[①] 中国制造业增加值主要产生于区域性价值链中，形成嵌入“北美 RVC、欧盟 RVC、东亚 RVC、金砖 RVC”四大区域价值链为主的贸易格局，与世界主要区域价值链一致。

中国在国际贸易中扮演着“污染避难所”的角色，中国制造业贸易深度嵌入全球区域价值链带来了贸易增加值合意产出的同时，也带来了贸易隐含碳非合意产出（钱志权，2019）。贸易过程中中间产品跨境次数越多，国际贸易活动生产同一单位产品会产生更多的碳排放（孟渤 等，2016）。只有在价值链的背景下明确界定出口为谁排放、排放地在哪里和测算出单位增加值的碳排放成本，中国才能准确评估环境成本并且正确应对相应的减排责任。

二、文献综述

目前，关于全球区域价值链及中国的贸易增加值碳排放的研究，国内外学术界主要从三个方面展开。

第一，基于全球价值链视角下的碳排放测度研究。传统关于贸易隐含碳的研究并未引入贸易增加值核算法。随着全球价值链理论框架的逐步完善，多区域投入产出模型（MRIO）成为当前测算贸易隐含碳的主流方法，该模型根据各国各部门的投入产出关系分析出生产某一产品导致的全球碳排放（Koopman et al.，2010；闫云凤 等，2015；赵玉焕 等，2015）。然而，上述研究无法实现对贸易隐含碳的来源地、排放地和贸易渠道的区分。因此，Meng 等（2018）在 Wang 等（2013）与 Koopman 等（2014）的研究基础上，将总贸易核算法引入贸易隐含碳测算研究中，构建了一个全面的碳

① 利用 R 软件根据 WIOD 数据库计算得出。

排放核算体系，以追溯和测度在全球价值链中不同国家不同部门的碳排放水平，该碳排放结构分解模型为测算碳排放成本提供理论依据。

第二，全球及区域价值链嵌入度的衡量研究。价值链嵌入度研究主要从两个不同视角切入。一方面，从贸易增加值视角测度价值链嵌入。Hummels 等（2001）最早提出垂直专业化分工指数（VSS）来表示一国嵌入价值链程度。在此基础上，Koopman、王直和魏尚进等提出了能够全面分解出口贸易流向及来源的 WWZ 分解法，并对一国价值链分工地位和嵌入程度进行衡量（Koopman et al.，2008；Koopman et al.，2011；2014；Wang et al.，2013）。无论是 VSS 指数还是 WWZ 分解体系，都是通过分析一国出口贸易增加值的构成来评估价值链的嵌入度。另一方面，从生产链长度视角测度价值链嵌入。Fally（2011；2012）提出贸易产品生产长度的概念，构建了衡量产品价值链长度的统计指标。Antras 等（2012；2013）构建了上游度指标反映特定行业在价值链中所处位置高低，以弥补贸易增加值价值链地位指数无法解释资源型国家高地位、低获利的悖论。Wang 等（2017a，b）突破性地贸易增加值核算法，从全球生产链视角出发，研究一国不同类型贸易活动的生产长度所占比重，重新构建全球价值链参与程度指数，从而具体量化不同地区不同部门的价值链嵌入程度。根据以上理论，董虹蔚和孔庆峰（2018）以及潘文卿和赵颖异（2019）初步探讨了金砖区域贸易竞争性互补性和我国国家价值链的区域特征。从生产链角度测算价值链参与度，为构建区域型价值链嵌入度指标提供了科学的量化方法。

第三，价值链分工与贸易碳排放的关系研究。这方面的前期研究基础来自 Grossman 和 Krueger（1993）的研究。该研究发现环境污染与经济增长存在倒“U”形关系，即环境库兹涅茨曲线，该曲线是由环境的规模效应、结构效应和技术效应之间不同程度的影响相互作用而形成的。Grossman 和 Krueger 的研究为价值链与碳排放两者内在联系的研究奠定了方法论基础。之后，这方面的实证文献大量出现。李斌和彭星（2013）通过构建联立方程模型，实证分析了中国对外贸易碳排放的影响因素，研究发现参与全球价值链分工是导致二氧化碳排放量增加的重要因素。张红霞等（2018）

以贸易增加值核算法下的全球价值链分工地位指数为核心解释变量，通过实证检验发现制造业价值链分工地位上升有利于减少碳排放。刘会政等（2018）进一步将全球价值链分工地位指数分为前向关联模式和后向关联模式，得出前向关联减少碳排放，而后向关联增加碳排放的结论。侯方淼等（2018）从环境的直接和间接影响效应两方面进行分析，将价值链嵌入与贸易碳排放影响的机制探讨推进一步。吕延方等（2019）运用面板平滑转换模型研究并揭示了全球价值链参与度与贸易隐含碳之间的非线性关系。

三、指标说明与数据来源

（一）区域价值链嵌入度指数的构建

区域价值链参与度是指一国的 GVC 生产活动中 RVC 生产活动所占的比重，反映了在全球价值链中，区域价值链内各国贸易合作的紧密程度，体现了区域价值链分工合作对于该国在全球价值链生产活动的重要程度。一国对某区域价值链嵌入度越大，就表示该国在全球价值链生产中越倾向于与此区域内的国家进行贸易合作。

根据 Wang 等（2017a，b）结合多区域投入产出表（G 个国家，每个国家 N 个行业）平衡条件，总产出表示为

$$\boldsymbol{X}=\boldsymbol{AX}+\boldsymbol{Y}=\boldsymbol{A}^{\mathrm{D}}X+\boldsymbol{Y}^{\mathrm{D}}+\boldsymbol{A}^{\mathrm{F}}X+\boldsymbol{Y}^{\mathrm{F}}=\boldsymbol{A}^{\mathrm{D}}X+\boldsymbol{Y}^{\mathrm{D}}+\boldsymbol{E} \tag{4.1}$$

将（4.1）式整理可得：

$$\boldsymbol{X}=(1-\boldsymbol{A}^{\mathrm{D}})^{-1}\boldsymbol{Y}^{\mathrm{D}}+(1-\boldsymbol{A}^{\mathrm{D}})^{-1}\boldsymbol{E}=\boldsymbol{LY}^{\mathrm{D}}+\boldsymbol{LE}=\boldsymbol{LY}^{\mathrm{D}}+\boldsymbol{LY}^{\mathrm{F}}+\boldsymbol{LA}^{\mathrm{F}}X \tag{4.2}$$

其中，$\boldsymbol{X}$ 为总产出矩阵；$\boldsymbol{A}^{\mathrm{D}}$ 是 $GN\times GN$ 对角矩阵，表示国内投入产出系数矩阵；$\boldsymbol{A}^{\mathrm{F}}$ 是 $GN\times GN$ 非对角矩阵，表示国外投入产出系数矩阵，$\boldsymbol{A}^{\mathrm{F}}=\boldsymbol{A}-\boldsymbol{A}^{\mathrm{D}}$；$\boldsymbol{Y}$ 是 $GN\times 1$ 列向量，表示最终产品使用；$\boldsymbol{Y}^{\mathrm{D}}$ 表示国内最终使用的列向量；$\boldsymbol{Y}^{\mathrm{F}}$ 表示国外最终使用的列向量，$\boldsymbol{Y}^{\mathrm{F}}=\boldsymbol{Y}-\boldsymbol{Y}^{\mathrm{D}}$；$\boldsymbol{E}$ 表示总

出口列向量；$\boldsymbol{L}=(1-\boldsymbol{A}^{\mathrm{D}})^{-1}$ 是 $GN \times GN$ 对角矩阵，表示本国里昂惕夫逆矩阵。

根据（4.2）式推导出一国总增加值生产分解为

$$\begin{aligned}\hat{\boldsymbol{V}}\boldsymbol{BY} &= \hat{\boldsymbol{V}}\boldsymbol{LY}^{\mathrm{D}} + \hat{\boldsymbol{V}}\boldsymbol{LY}^{\mathrm{F}} + \hat{\boldsymbol{V}}\boldsymbol{LA}^{\mathrm{F}}\boldsymbol{BY} \\ &= \underbrace{\hat{\boldsymbol{V}}\boldsymbol{LY}^{\mathrm{D}}}_{(1)\text{V-D}} + \underbrace{\hat{\boldsymbol{V}}\boldsymbol{LY}^{\mathrm{F}}}_{(2)\text{V-RT}} + \underbrace{\hat{\boldsymbol{V}}\boldsymbol{LA}^{\mathrm{F}}\boldsymbol{LY}^{\mathrm{D}}}_{(3)\text{V-GVC-S}} + \underbrace{\hat{\boldsymbol{V}}\boldsymbol{LA}^{\mathrm{F}}(\boldsymbol{BY}-\boldsymbol{LY}^{\mathrm{D}})}_{(4)\text{V-GVC-C}}\end{aligned} \tag{4.3}$$

其中，$\boldsymbol{B}=(1-\boldsymbol{A})^{-1}$ 是 $GN \times GN$ 矩阵，表示全球里昂惕夫逆矩阵；$\boldsymbol{V}=V_{\mathrm{a}}\hat{X}^{-1}$ 表示增加值系数向量，V_{a} 为各国各行业的增加值。由式（4.3）归纳出一国总增加值生产分解框架，如图 4.1 所示。

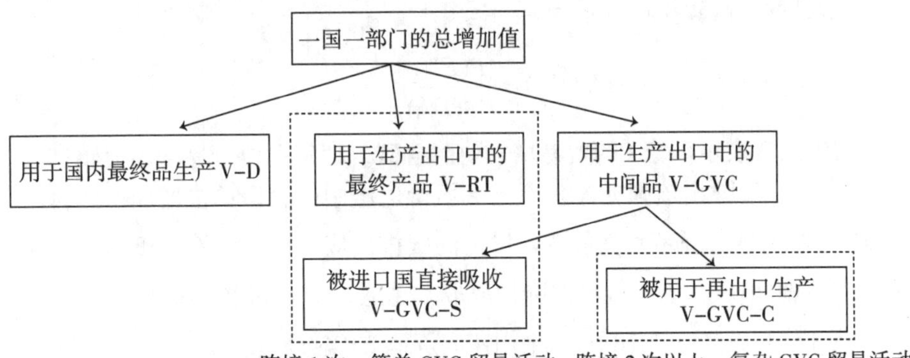

图 4.1　增加值的价值链生产体系框架

资料来源：根据 Wang 等（2017a，b）整理得出。

由此可知，一国的 GVC 活动可分解为国内生产消费、最终品出口生产消费、跨境一次的简单 GVC 生产活动以及跨境两次以上的复杂 GVC 生产活动。区域价值链嵌入程度由一国 GVC 生产活动中 RVC 生产活动所占比重来表示。据此，构建区域价值链嵌入度指标为

$$\text{RVC\_S}=\frac{\sum_{\text{RVC}}(\hat{\boldsymbol{V}}\boldsymbol{LY}^{\mathrm{F}}+\hat{\boldsymbol{V}}\boldsymbol{LA}^{\mathrm{F}}\boldsymbol{LY}^{\mathrm{D}})}{\sum_{\text{GVC}}(\hat{\boldsymbol{V}}\boldsymbol{LY}^{\mathrm{F}}+\hat{\boldsymbol{V}}\boldsymbol{LA}^{\mathrm{F}}\boldsymbol{LY}^{\mathrm{D}})} \tag{4.4}$$

$$\text{RVC\_C}=\frac{\sum_{\text{RVC}}\left[\hat{\boldsymbol{V}}\boldsymbol{L}\boldsymbol{A}^{\text{F}}(\boldsymbol{B}\boldsymbol{Y}-\boldsymbol{L}\boldsymbol{Y}^{\text{D}})\right]}{\sum_{\text{GVC}}\left[\hat{\boldsymbol{V}}\boldsymbol{L}\boldsymbol{A}^{\text{F}}(\boldsymbol{B}\boldsymbol{Y}-\boldsymbol{L}\boldsymbol{Y}^{\text{D}})\right]} \tag{4.5}$$

RVC_S 表示简单 GVC 嵌入度，即出口国的传统贸易活动和跨境一次的中间品贸易活动对某一贸易区域的增加值占出口国的全球贸易增加值的比重。RVC_C 表示复杂 GVC 嵌入度，即出口国的跨境两次以上的中间品贸易活动对某一贸易区域的增加值占出口国的全球贸易增加值的比重。

（二）贸易增加值碳排放指数的构建

贸易增加值碳排放表示为

$$\text{PV}(E^{sr})=\frac{P(E^{sr})}{VA(E^{sr})} \tag{4.6}$$

$\text{PV}(E^{s})$ 表示国家 s 的贸易增加值隐含碳，即每单位贸易增加值碳排放成本水平，反映出该国在嵌入不同区域价值链中，获得单位增加值所付出的环境成本。该值越大表示该国付出的碳排放成本越高，不利于本国碳减排。该值越小表示该国付出的碳排放成本越低，则有利于碳减排。

根据 Meng 等（2018），s 国出口至 r 国的碳排放量为

$$\begin{aligned}
P(E^{sr})=&\underbrace{(\boldsymbol{F}^{s}\boldsymbol{B}^{ss})^{\text{T}}\#\boldsymbol{Y}^{sr}}_{(1)}+\underbrace{(\boldsymbol{F}^{s}\boldsymbol{L}^{ss})^{\text{T}}\#\boldsymbol{A}^{sr}\boldsymbol{B}^{rr}\boldsymbol{Y}^{rr}}_{(2)}\\
&\underbrace{+(\boldsymbol{F}^{s}\boldsymbol{L}^{ss})^{\text{T}}\#\left\{(\boldsymbol{A}^{sr}\boldsymbol{B}^{rr}\sum_{t\neq s,r}^{G}\boldsymbol{Y}^{rt})+(\boldsymbol{A}^{sr}\sum_{t\neq s,r}^{G}\boldsymbol{B}^{rt}\boldsymbol{Y}^{tt})+(\boldsymbol{A}^{sr}\sum_{t\neq s,r}^{G}\sum_{u\neq s,t}^{G}\boldsymbol{B}^{rt}\boldsymbol{Y}^{tu})\right\}}_{(3)}\\
&\underbrace{+(\boldsymbol{F}^{s}\boldsymbol{L}^{ss})^{\text{T}}\#\boldsymbol{A}^{sr}\sum_{t\neq s,r}^{G}\boldsymbol{B}^{rt}\boldsymbol{Y}^{ts}}_{(4)}+\underbrace{(\boldsymbol{F}^{r}\boldsymbol{B}^{rs})^{\text{T}}\#\boldsymbol{Y}^{sr}}_{(5)}+\underbrace{(\boldsymbol{F}^{r}\boldsymbol{B}^{rs})^{\text{T}}\#\boldsymbol{A}^{sr}\boldsymbol{L}^{rr}\boldsymbol{Y}^{rr}}_{(6)}\\
&\underbrace{+(\sum_{t\neq s,r}^{G}\boldsymbol{F}^{t}\boldsymbol{B}^{ts})^{\text{T}}\#\boldsymbol{Y}^{sr}}_{(7)}+\underbrace{(\sum_{t\neq s,r}^{G}\boldsymbol{F}^{t}\boldsymbol{B}^{ts})^{\text{T}}\#\boldsymbol{A}^{sr}\boldsymbol{L}^{rr}\boldsymbol{Y}^{rr}}_{(8)}
\end{aligned} \tag{4.7}$$

根据王直等（2015），可知 s 国出口至 r 国的国内增加值为

$$
\begin{aligned}
VA(E^{sr}) = & (V^{s}B^{ss})^{\mathrm{T}} \# Y^{sr} + (V^{s}L^{ss})^{\mathrm{T}} \# A^{sr}B^{rr}Y^{rr} \\
& + (V^{s}L^{ss})^{\mathrm{T}} \# A^{sr}\sum_{t\neq s,r}^{G} B^{rt}Y^{tt} + (V^{s}L^{ss})^{\mathrm{T}} \# A^{sr}B^{rr}\sum_{t\neq s,r}^{G} Y^{rt} \\
& + (V^{s}L^{ss})^{\mathrm{T}} \# A^{sr}\sum_{t\neq s,r}^{G}\sum_{u\neq s,t}^{G} B^{rt}Y^{tu} + (V^{s}L^{ss})^{\mathrm{T}} \# A^{sr}B^{rr}Y^{rs} \\
& + (V^{s}L^{ss})^{\mathrm{T}} \# A^{sr}\sum_{t\neq s,r}^{G} B^{rt}Y^{ts} + (V^{s}L^{ss})^{\mathrm{T}} \# A^{sr}B^{rr}Y^{ss}
\end{aligned}
\tag{4.8}
$$

（三）数据来源

本书使用欧盟框架研究计划 WIOD 项目组编制的世界投入产出表（WIOTs）作为基础数据。WIOTs 的最新版本涵盖的时间为 1995 年至 2014 年，包括了 27 个欧盟成员国、其他 13 个主要的新兴工业化国家以及发展中国家和地区，这 40 个国家（地区）的总产出占世界总产出的比重超过了 85%，具有很好的代表性。直接碳排放系数指标测算中需要采用的一国的碳排放总量来自 World Bank 数据库。

根据 WIOD 提供的行业数据，本书将 56 个行业分为农业初级产品、知识密集型制造业、资本密集型制造业、劳动密集型制造业、知识密集型服务业、资本密集型服务业、劳动密集型服务业和公共服务业八大类。行业分类如表 4.1 所示。

表 4.1　行业分类

农业初级产品	知识密集型制造业	资本密集型制造业	劳动密集型制造业	知识密集型服务业	资本密集型服务业	劳动密集型服务业	公共服务业
农作物生产及相关活动	化学原料及其制品	其他非金属矿产制品	纺织、服装及皮革制品	保险、再保险及养老金	内陆及管道运输	污水处理、废弃资源废旧材料回收	卫生及社会工作
林业与伐木业	电气设备	基础金属制品	木材加工及编织制品	金融保险的辅助服务	水路运输	批发（不含汽车和摩托车）	其他公共服务
渔业和水产养殖	机械制造	人工制造金属	橡胶及塑料制品	法律、会计及管理咨询	航空运输	零售（不含汽车和摩托车）	境外组织及团体活动
采掘业	摩托车及挂车制造	石油、炼焦和核燃料加工	家具制品其他制造业	计算机编程、咨询及相关信息服务	电力煤气供给	汽车摩托车的批发零售维修	公共管理国防及社会保险
	交通设备	造纸及纸制品		金融服务	水的收集处理供给	建筑业	教育
	基本医药品及医药制剂	印刷及音像制品		建筑设计、工程设计及技术测试	仓储及其他运输辅助业	住宿及餐饮业	
	电子及光学设备	食品、饮料及烟草制品		科研活动	邮政及快递业	私人雇佣服务业	
	机械设备的修理安装			广告及市场研究	出版业		
				其他专业科学技术服务	影视、影音及广播		
				管理及相关支持服务	通信业		
					房地产业		

资料来源：樊茂清和黄薇（2014）、张杨和欧阳峣（2016）。

四、全球区域价值链的嵌入与中国贸易增加碳排放

（一）中国对全球区域价值链嵌入度的测算结果

表 4.2、图 4.2 和图 4.3 展示了 2000 年至 2014 年中国各行业对于欧盟区域价值链的嵌入度。结果显示：①简单嵌入度中，公共服务业和知识服务业分别以 24.46% 和 23.79% 的平均占比位居前两位，表明中国的服务业尤其是公共服务业和知识服务业以简单 GVC 活动为主与欧盟地区产生贸易联系，以较低位置嵌入欧盟区域价值链，这与中国服务业较低的整体发展水平有关。其中，公共服务业在 2000 年至 2014 年间对欧盟地区的简单嵌入度呈现明显下降趋势，这与各国为保障国家安全设置贸易壁垒有一定关系。②复杂嵌入度中，劳动制造业以 37.05% 的占比位居第一，表明中国凭借充裕的劳动力资源以复杂 GVC 活动出口欧盟地区，嵌入欧盟地区相对上游位置。紧随其后的是资本服务业、知识服务业和知识制造业，其复杂嵌入度占比均在 33% 到 35% 之间，说明中国制造业服务业以资本要素和人力资本为主导，在对欧盟地区的出口贸易中具备一定的竞争优势。③整体上，中国出口欧盟地区的复杂嵌入度均显著高于其简单嵌入度，说明中国各行业的竞争力逐渐增强，以更多的复杂 GVC 活动嵌入欧盟地区。农业无论简单嵌入度还是复杂嵌入度均远小于其他行业的占比，表明中国在农产品出口方面的竞争优势远低于欧盟地区。

表 4.2　中国对欧盟区域价值链的嵌入度（单位：%）

简单嵌入度								
年份	农业	知识制造业	资本制造业	劳动制造业	知识服务业	资本服务业	劳动服务业	公共服务业
2000	1.73	11.78	9.61	8.21	19.57	12.35	11.71	42.75
2005	1.22	13.80	12.53	12.66	27.78	14.56	16.01	24.30
2010	1.39	17.17	12.24	14.65	24.86	14.97	14.71	16.22
2014	1.31	16.81	12.15	12.71	22.96	13.73	13.74	14.55

续表

复杂嵌入度								
年份	农业	知识制造业	资本制造业	劳动制造业	知识服务业	资本服务业	劳动服务业	公共服务业
2000	8.55	31.53	34.74	35.63	32.66	34.34	30.56	28.83
2005	7.38	36.77	35.75	39.99	36.42	36.47	35.33	31.54
2010	7.18	33.05	30.84	37.26	33.36	34.21	30.18	31.15
2014	6.40	32.26	30.08	35.31	34.04	33.84	30.17	32.92

资料来源：利用 R 软件根据 WIOD 数据库计算得出。

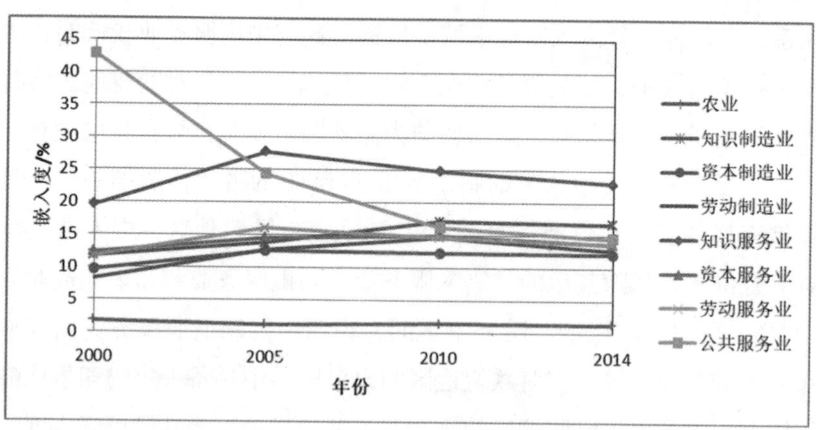

图 4.2　中国对欧盟区域价值链的简单嵌入度

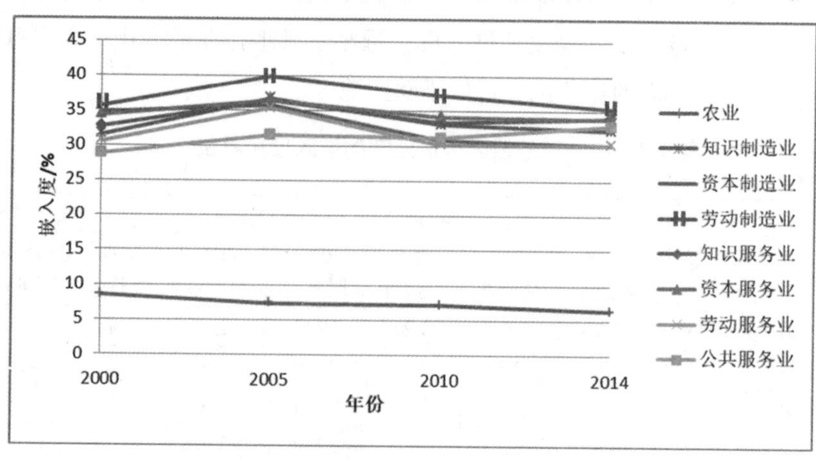

图 4.3　中国对欧盟区域价值链的复杂嵌入度

表 4.3、图 4.4 和图 4.5 展示了 2000—2014 年中国各行业对于北美区域价值链的嵌入度。结果显示：①简单嵌入度中，农业平均占比领先，为 67.05%，其次是资本服务业占比 42.62%，资本服务业均以大中型基础设施建设为主，中国对于北美地区较高的简单嵌入度说明中国在基础设施的先进技术掌握上仍需进一步提升。劳动制造业的北美地区简单嵌入度虽然在 2005 年有显著下滑但随后快速攀升，其平均占比 40.17% 位居第三，表明中国依靠自身丰富的劳动力资源处于北美地区制造业的组装生产环节，嵌入北美区域价值链的下游位置。②复杂嵌入度中，农业平均占比同样远高于其他行业，其次平均占比最高的行业是资本服务业和公共服务业，分别为 21.45% 和 20.76%，而占据中国主要出口产品的制造业的复杂嵌入度占比均小于服务业，说明中国制造业对于北美地区尤其是美国虽然出口贸易量巨大但处于低端出口环节，仍以相对下游位置嵌入北美区域价值链。③整体上，中国各行业对北美区域的简单嵌入度均高于复杂度嵌入，说明中国与北美地区尤其是美国的贸易多以简单 GVC 活动为主，是以相对较低位置嵌入北美区域价值链。同时，无论是简单嵌入度还是复杂嵌入度，制造业各行业的平均占比小于服务业，说明中国制造业在大量出口北美地区的贸易表象下实际只嵌入北美区域价值链较低地位。

表 4.3　中国对北美区域价值链的嵌入度（单位：%）

简单嵌入度								
年份	农业	知识制造业	资本制造业	劳动制造业	知识服务业	资本服务业	劳动服务业	公共服务业
2000	73.33	27.25	24.90	39.71	25.64	40.64	34.89	19.14
2005	62.63	22.63	22.30	31.61	19.62	41.44	27.42	29.21
2010	62.56	25.14	30.20	40.25	25.81	42.74	36.25	40.85
2014	69.67	26.43	36.15	49.11	33.49	45.65	41.93	47.95
复杂嵌入度								
年份	农业	知识制造业	资本制造业	劳动制造业	知识服务业	资本服务业	劳动服务业	公共服务业
2000	56.99	13.40	18.27	18.66	20.71	20.71	20.55	24.70
2005	56.13	12.98	17.89	17.29	18.19	22.60	17.67	21.61
2010	53.05	13.63	17.83	17.10	18.80	21.26	17.79	19.04
2014	54.12	14.08	16.51	15.94	18.49	21.21	17.97	17.71

资料来源：利用 R 软件根据 WIOD 数据库计算得出。

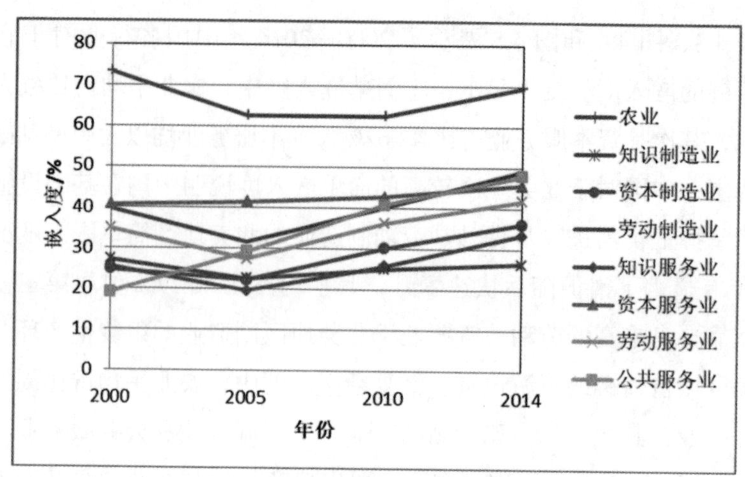

图 4.4　中国对北美区域价值链的简单嵌入度

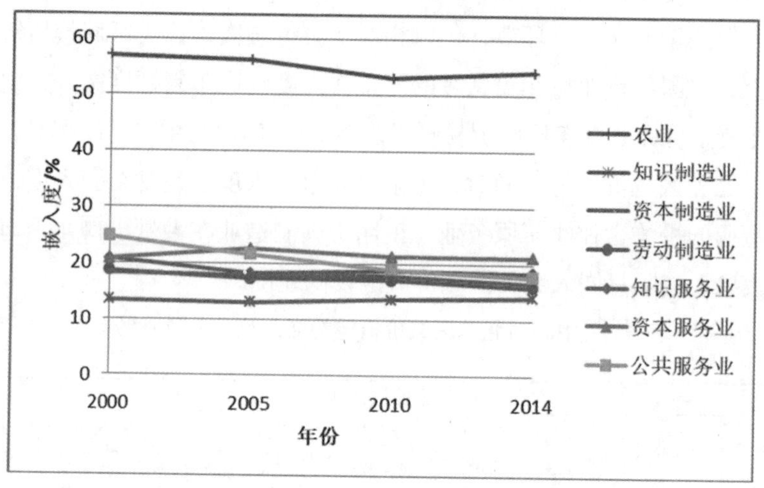

图 4.5　中国对北美区域价值链的复杂嵌入度

表 4.4、图 4.6 和图 4.7 展示了 2000 年至 2014 年中国各行业对于东亚区域价值链的嵌入度。结果显示：①简单嵌入度中，平均占比最高的是知识制造业和资本制造业，分别为 40.31% 和 38.95%，表明中国制造业主要以简单 GVC 活动出口东亚地区国家。此外，制造业各行业的简单嵌入度均高于服务业各行业，这再次表明了中国制造业深刻嵌入东亚制造业分工体系的“雁形”模式。②复杂嵌入度中，平均占比最高的同样也是知识制

造业和资本制造业，分别为 30.66% 和 23.73%。这表明中国制造业在以简单 GVC 活动嵌入东亚地区的同时，也以复杂 GVC 活动参与东亚地区制造业分工。复杂嵌入度相对小于简单嵌入度的占比，这说明中国制造业在价值链高端环节仍有上升空间和需求。③总体来说，中国知识制造业和资本制造业等高端制造业深度嵌入了该价值链，并在该价值链的各个环节发挥着重要作用。同时，中国制造业在高端零部件生产环节的贸易竞争力和价值链嵌入地位仍有提升的空间。

表 4.4　中国对东亚区域价值链的嵌入度（单位：%）

简单嵌入度								
年份	农业	知识制造业	资本制造业	劳动制造业	知识服务业	资本服务业	劳动服务业	公共服务业
2000	9.53	43.70	44.09	33.95	34.71	30.37	32.08	23.65
2005	7.95	43.38	43.03	36.67	32.34	25.12	30.49	25.99
2010	7.95	39.06	37.17	29.30	26.97	23.83	23.92	22.59
2014	6.17	35.08	31.50	23.03	22.56	22.17	19.66	17.46
复杂嵌入度								
年份	农业	知识制造业	资本制造业	劳动制造业	知识服务业	资本服务业	劳动服务业	公共服务业
2000	8.86	38.38	27.62	25.19	27.58	25.94	27.00	26.29
2005	6.92	29.66	22.55	18.80	22.60	19.46	21.49	20.87
2010	9.22	28.46	22.35	18.24	21.80	19.40	20.34	22.13
2014	9.45	26.14	22.41	16.77	21.25	17.73	17.97	19.57

资料来源：利用 R 软件根据 WIOD 数据库计算得出。

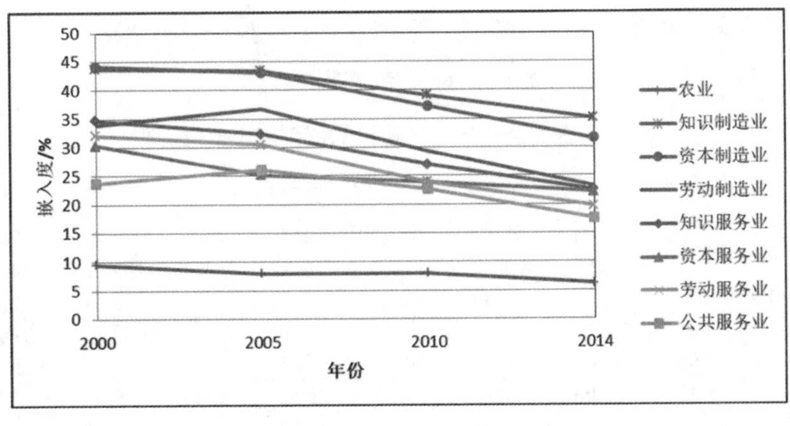

图 4.6　中国对东亚区域价值链的简单嵌入度

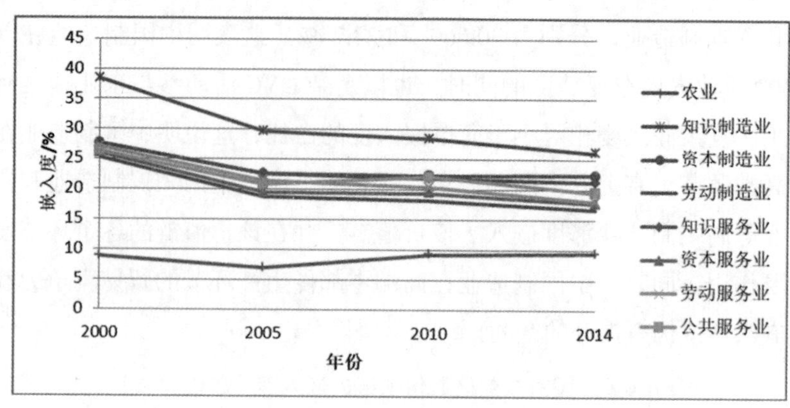

图 4.7 中国对东亚区域价值链的复杂嵌入度

表 4.5、图 4.8 和图 4.9 展示了 2000 年至 2014 年中国各行业对金砖区域价值链的嵌入度。结果显示：①简单嵌入度中，农业和知识服务业以 8.73% 和 4.80% 的平均占比位居前两位，表明中国的农业和服务业尤其知识服务业嵌入金砖区域价值链下游地位。主要原因是巴西和俄罗斯是世界的主要农产品出口大国，竞争力强于中国。印度的服务业竞争优势也高于中国。②复杂嵌入度中，劳动制造业和资本制造业以 4.34% 和 3.72% 的较高平均占比嵌入金砖区域价值链，表明中国凭借充裕的劳动力资源以复杂贸易活动为主出口金砖国家，嵌入金砖区域价值链前端位置，以资本和劳动力为主的制造业相较于其他金砖国家具备较强竞争优势。③总体而言，中国各行业对金砖地区不同模式的嵌入度均在 10% 以下，这与金砖国家相似的资源禀赋和较高的贸易相似度有关。中国制造业以相对上游位置嵌入金砖地区价值链，而农业和服务业以相对下游位置嵌入。

表 4.5 中国对金砖区域价值链的嵌入度（单位：%）

简单嵌入度								
年份	农业	知识制造业	资本制造业	劳动制造业	知识服务业	资本服务业	劳动服务业	公共服务业
2000	9.53	43.70	44.09	33.95	34.71	30.37	32.08	23.65
2005	7.95	43.38	43.03	36.67	32.34	25.12	30.49	25.99
2010	7.95	39.06	37.17	29.30	26.97	23.83	23.92	22.59
2014	6.17	35.08	31.50	23.03	22.56	22.17	19.66	17.46

续表

复杂嵌入度								
年份	农业	知识制造业	资本制造业	劳动制造业	知识服务业	资本服务业	劳动服务业	公共服务业
2000	8.86	38.38	27.62	25.19	27.58	25.94	27.00	26.29
2005	6.92	29.66	22.55	18.80	22.60	19.46	21.49	20.87
2010	9.22	28.46	22.35	18.24	21.80	19.40	20.34	22.13
2014	9.45	26.14	22.41	16.77	21.25	17.73	17.97	19.57

资料来源：利用 R 软件根据 WIOD 数据库计算得出。

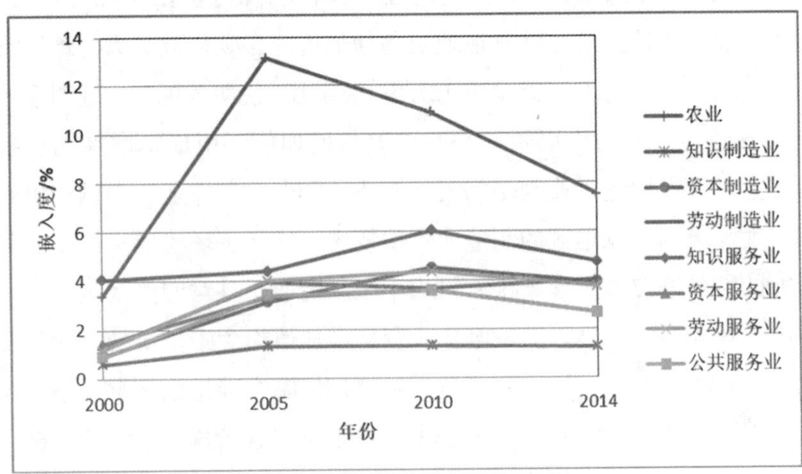

图 4.8 中国对金砖区域价值链的简单嵌入度

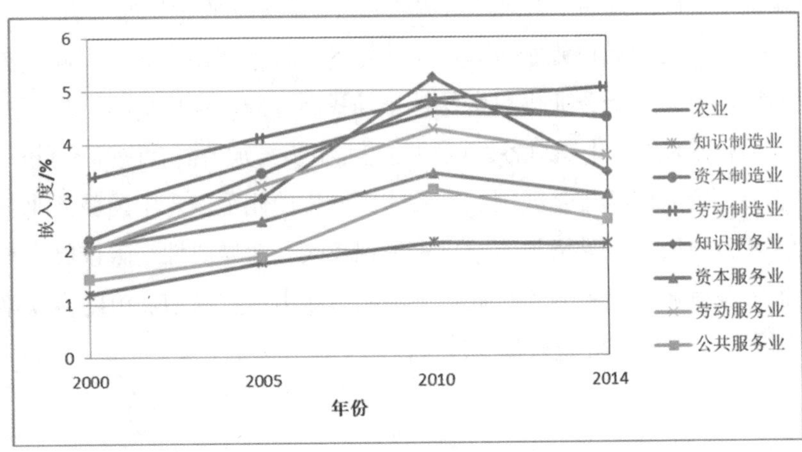

图 4.9 中国对金砖区域价值链的复杂嵌入度

（二）中国嵌入各区域价值链的贸易增加值碳排放

表 4.6、图 4.10 ~ 图 4.17 展示了中国八大行业对全球四大区域价值链的贸易增加值隐含碳排放量。结果显示：①中国农业贸易增加值隐含碳排放最大的是欧盟和北美地区，其年平均排放为 853.23 t / 美元和 704.10 t / 美元。由于欧盟和北美地区的农产品贸易较为发达，因此中国农业出口欧盟和北美的贸易增加值较低致使其碳排放成本较高。②中国知识制造业贸易增加值隐含碳排放最大的是金砖地区，其年均排放量达 1 150.32 t / 美元。同时中国资本制造业和劳动制造业贸易增加值隐含碳排放最大的地区都是东亚，分别为 1 188.21 t / 美元和 727.79 t / 美元。说明我国制造业对金砖、东亚等发展中国家的出口贸易是我国贸易增加值环境成本增加的重要因素，尤其以大中型重工业为主的资本制造业和劳动制造业，中国均以较高的嵌入度参与到东亚地区的制造业价值链中，增加了环境成本。③服务业各行业的贸易增加值隐含碳排放量均小于制造业，且对四大区域的碳排放成本的行业异质性明显。知识服务业贸易增加值隐含碳排放最大的是北美地区，为 630 t / 美元；资本服务业贸易增加值隐含碳排放最大的是东亚地区，为 932.48 t / 美元；劳动服务业贸易增加值隐含碳排放最大的是金砖地区，为 680.10 t / 美元；公共服务业贸易增加值隐含碳排放最大的是欧盟地区，为 523.82 t / 美元。中国对东亚地区的资本服务业碳排放成本明显较高，这与我国稳固的基础设施水平和对东亚地区的技术输出有关。因此，实现东亚地区的资本型服务业出口贸易减排是我国服务业出口贸易减排的主要途径。④总体来说，中国对各区域的制造业贸易增加值隐含碳高于服务业，制造业出口贸易碳减排是我国贸易整体碳减排的侧重点。中国服务业对于四大区域价值链的贸易增加值隐含碳呈现较大行业异质性，碳排放成本较高的资本服务业最大来源为东亚。中国制造业出口贸易增加值隐含碳排放较大的来源包括东亚和金砖等发展中国家（地区）。

表 4.6　中国嵌入各区域价值链的贸易增加值碳排放（单位：t / 美元）

	年份	农业	知识制造业	资本制造业	劳动制造业	知识服务业	资本服务业	劳动服务业	公共服务业
欧盟	2000	NaN	330.82	381.93	270.05	146.74	286.19	291.69	NaN
	2005	538.22	735.15	780.51	542.99	533.88	875.68	177.88	NaN
	2010	950.06	1 042.74	1 267.39	807.40	809.58	968.23	279.17	484.83
	2014	1 071.39	1 303.49	1 648.17	976.73	1 021.75	1 116.86	376.48	562.81
北美	2000	247.99	352.59	421.30	253.06	150.21	303.31	331.03	223.36
	2005	576.61	776.20	881.43	522.64	543.60	746.29	511.70	365.92
	2010	908.94	1 126.54	1 346.89	803.95	822.39	1 024.11	578.46	479.99
	2014	1 082.88	1 407.96	1 749.33	981.96	1 003.81	1 198.31	693.70	558.96
东亚	2000	244.63	603.27	288.21	255.34	NaN	227.37	167.43	NaN
	2005	272.08	996.34	641.78	552.43	NaN	847.17	232.33	NaN
	2010	394.47	1 346.09	1 216.60	776.18	NaN	600.07	704.18	NaN
	2014	696.75	1 655.58	1 401.09	901.16	NaN	934.76	1 616.45	NaN
金砖	2000	229.99	399.10	537.95	290.17	145.12	412.36	164.55	221.62
	2005	551.02	763.38	1 069.94	620.85	507.71	920.47	266.39	363.81
	2010	799.31	1 203.87	1 355.50	932.31	760.36	1 121.58	333.36	484.42
	2014	834.77	1 346.31	1 789.45	1 067.82	963.80	1 275.49	408.65	562.81

资料来源：利用 R 软件根据 WIOD 数据库计算得出。NaN 表示其贸易增加值为 0。

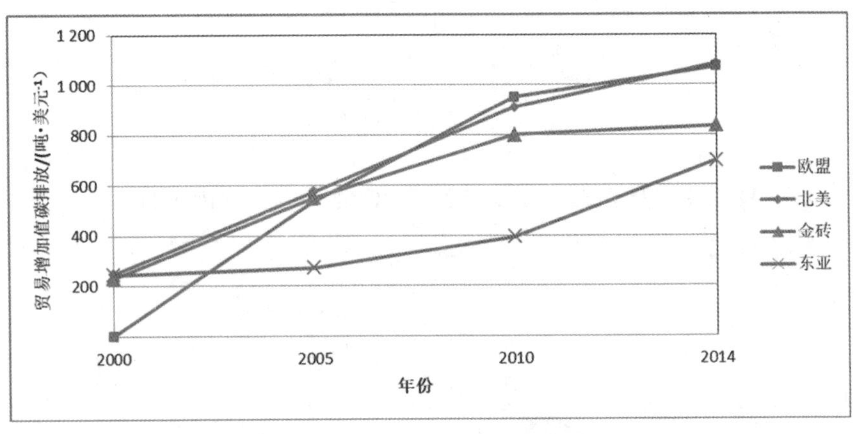

图 4.10　农业嵌入各区域价值链的贸易增加值碳排放

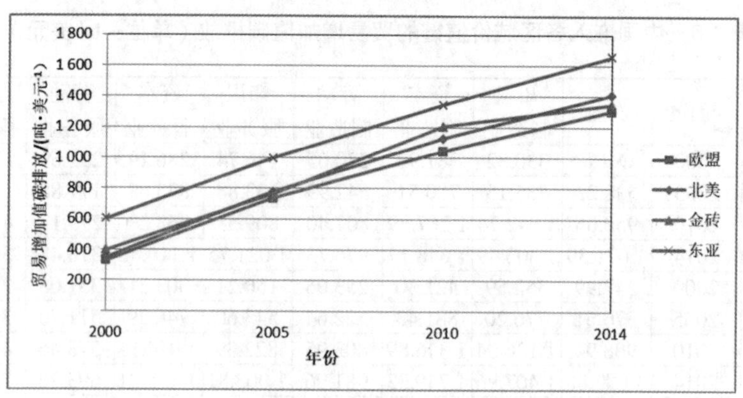

图 4.11　知识制造业嵌入各区域价值链的贸易增加值碳排放

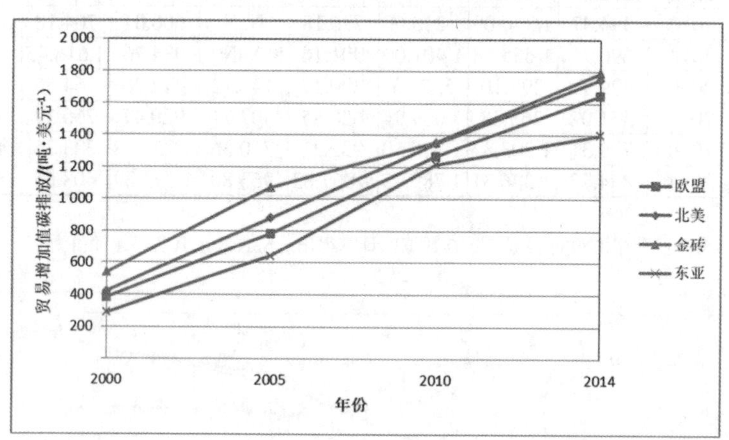

图 4.12　资本制造业嵌入各区域价值链的贸易增加值碳排放

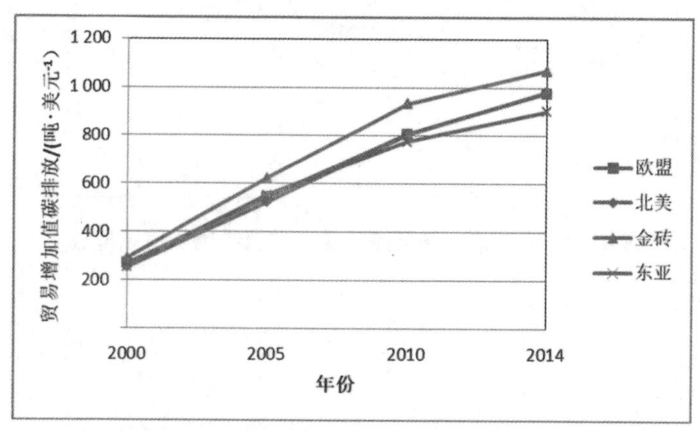

图 4.13　劳动制造业嵌入各区域价值链的贸易增加值碳排放

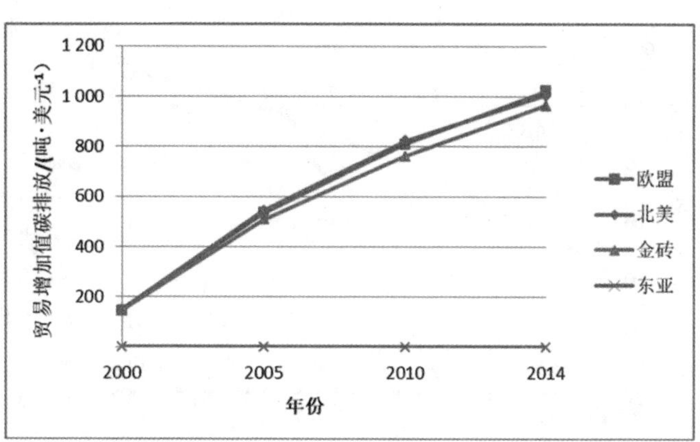

图 4.14　知识服务业嵌入各区域价值链的贸易增加值碳排放

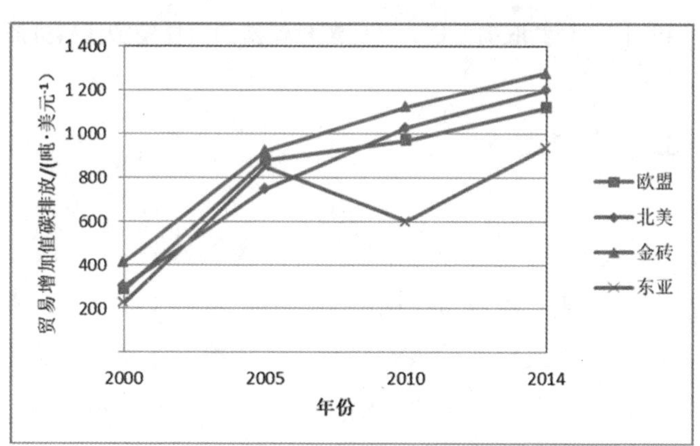

图 4.15　资本服务业嵌入各区域价值链的贸易增加值碳排放

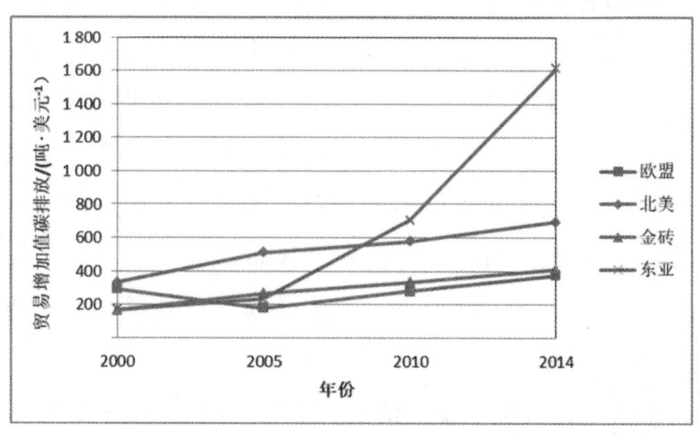

图 4.16　劳动服务业嵌入各区域价值链的贸易增加值碳排放

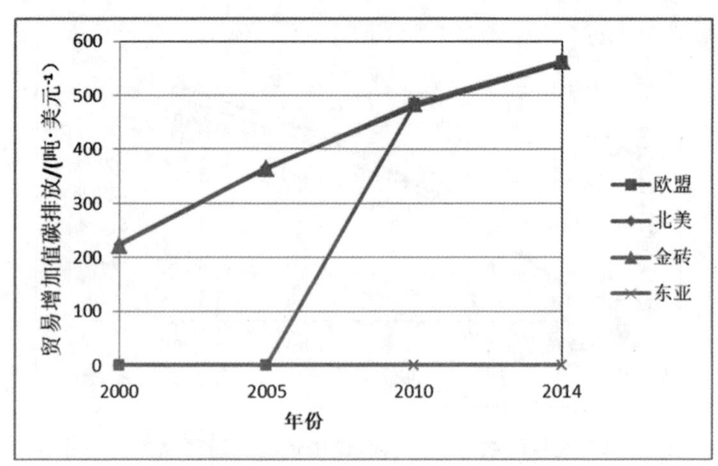

图 4.17　公共服务业嵌入各区域价值链的贸易增加值碳排放

五、本章小结

本书基于增加值的价值链生产体系，根据贸易增加值核算法和碳排放结构分解模型，构建了区域价值链的简单嵌入度和复杂嵌入度指标，并提出了增加值境内碳排放成本的核心概念。对比测算了中国八大行业在四大区域（欧盟、北美、金砖、东亚）的简单嵌入度、复杂嵌入度以及贸易增加值隐含碳排放量。研究得出以下结论：

第一，中国各行业对四大区域价值链的简单嵌入度与复杂嵌入度差异显著。中国出口欧盟的复杂嵌入度均高于其简单嵌入度，说明中国各行业的竞争力逐渐增强；中国出口北美的简单嵌入度均高于复杂度嵌入，并且制造业嵌入均小于服务业，在中国大量出口北美地区的表象下中国产业尤其制造业只嵌入北美价值链相对下游位置；中国部分高端制造业深度嵌入了东亚区域价值链，在东亚区域价值链的各个环节发挥重要作用；中国制造业以相对上游位置嵌入金砖地区价值链，而农业和服务业则以相对下游位置嵌入。

第二，中国对四大区域价值链的贸易增加值隐含碳排放中，制造业出口贸易隐含碳较高的环境成本是我国整体贸易增加值隐含碳显著较高的主要原因。中国制造业出口贸易增加值隐含碳排放较大的来源为东亚和金砖等发展中国家（地区）。服务业对于四大区域价值链的贸易增加值隐含碳虽行业异质性较大，但其贸易增加值隐含碳排放最大来源为东亚。

第三，从区域价值链嵌入度与中国制造业的贸易增加值隐含碳排放量的关系来看，提升区域价值链简单嵌入度，整体上会增加中国制造业的增加值境内碳排放成本，欧盟和东亚地区的影响效应显著。提升区域价值链的复杂嵌入度，整体上有利于降低中国制造业的增加值境内碳排放成本，但金砖地区并不显著。

第五章　全球价值链、技术复杂度与中国制造业的贸易隐含碳

一、引言

2006年，中国取代美国成为全球最大的二氧化碳排放国，这固然有工业化、城市化快速增长的原因，但不容忽视的是，随着近年来中国在全球生产网络中的作用不断上升，制造业对外贸易规模迅速扩张，也是二氧化碳排放大幅增加的重要因素。另一方面，在全球生产分割（production fragmentation）深入发展的背景下，全球贸易模式从产业间贸易，到产业内贸易，再到产品内贸易的延伸，中国不断嵌入全球价值链，外贸结构迅速多元化、多样化。中国制造业的出口结构实现了初级产品为主向制成品为主的快速转换，以资源型和轻工业为主的单一出口结构逐渐转变为遍布纺织品到高科技产品的覆盖广泛、种类繁多的出口结构。出口结构的变化带动了中国制造业出口技术复杂度总体上不断提升，在全球价值链上逐渐从低端向高端攀升。但具体而言，中国各细分行业由于在要素密集度、能源结构、开放度等方面的行业异质性，出口技术复杂度的变化并不一致。出口技术复杂度这一总体上升、行业异质的特点对中国制造业二氧化碳排放和行业分布格局产生了重要的影响。

中国制造业在全球价值链位置不断攀升的过程中，出口技术复杂度在水平和垂直两个维度上都得到了提升，这对二氧化碳排放产生了不同的影响。从水平维度来看，中国制造业从以单一的、资源型、轻工业、低附加值的产品为主，过渡到以机械、电子、通信设备等较高附加值的工业制成品为主的出口结构，这增强了中国制造业的能源和碳排放密集度，从而加剧了二氧化碳排放。而从垂直维度来看，随着中国制造业技术重心上移，由以中低等技术水平为主的出口结构向以高等技术水平为主的出口结构迈进，以中国制造业的价值链从低附加值、高排放的低端生产制造环节向研发、设计、营销、服务等高附加值、低排放的生产性服务环节渗透，出口技术复杂度的提升降低了排放强度，从而减少二氧化碳的排放。中国制造业外贸结构转型面临的问题已发生重要变化。以往以资源消耗依赖式和要素投入驱动型为主要生产模式，中国制造业处于低附加值、高排放的境况，并陷入全球生产体系“高碳锁定”的尴尬局面。然而，在全球价值链拓展延伸的背景下，中国制造业开始结构调整和转型升级，通过参与国际贸易、投资以及全球生产网络逐步实现价值链的中高级化和技术复杂度的提升，此重要突破有效降低了中国制造业对粗放式出口贸易模式的依赖，有助于摆脱“高碳锁定”的窘境。以上问题正是本书试图解决和回答的问题。

中国近年来制造业的急速扩张所导致的环境污染和二氧化碳排放的快速增长，使得中国在国际气候多边谈判中处于极为不利的地位。因此，了解中国出口贸易在全球价值链中的位置，出口技术复杂度的提升对于二氧化碳排放的影响，以及在各不同细分行业的异质性条件下，出口复杂度的变化对于细分行业的二氧化碳排放的不同影响，对于外贸政策制定精细化、促进低碳约束下对外贸易发展方式转变、实现可持续发展具有十分重要的现实意义。

二、文献综述

近年来，随着中国不断成长为全球生产网络的重要中心之一和国际碳排放热点地区，中国参与国际分工、国际贸易及其环境效应已成为国内外学者研究的焦点问题之一。总体而言，目前的研究主要关注以下三个方面：第一，关注中国对外贸易中的隐含碳排放及其平衡。Shui 和 Harriss（2006）、陈迎等（2008）、齐晔等（2008）、张友国（2010）、Yan 和 Yang（2010）、傅京燕、裴前丽（2012）、赵玉焕、李洁超（2013）等学者的研究表明，对外贸易是隐含碳排放的重要因素；中国由于贸易顺差所导致的碳排放大幅度增加不容忽视；西方发达国家的消费需求加剧了中国碳排放增长。第二、关注随着全球生产网络的发展，中国特定行业是否存在污染产业跨国转移。Dean 和 Lovely（2008）、李小平和卢现祥（2010）、丘兆逸（2012）、丁唯佳等（2012）、肖雁飞等（2014）等学者经过研究发现，中国碳排放增长的主要源头是中国承担了“世界工厂”的角色以及国际污染产业转移等相关因素；并且由于中国制造业“碳泄漏”（carbon leakage）问题的存在，导致某些特定行业自然成为二氧化碳等污染物跨国转移的“避难所”（pollution haven）。第三，关注中国制造业在全球价值链中的位置变动及其环境效应。部分学者运用出口相似度、出口复杂度、附加值贸易等方法度量中国制造业在全球价值链中的地位（关志雄，2002；Hausmann et al.，2007；杨汝岱 等，2008；Xu，2007；Wang et al.，2008；唐海燕 等，2009；黄先海 等，2010；邱斌 等，2012；胡昭玲 等，2013；周升起 等，2014）。多数研究结果表明，中国制造业出口内涵技术较低，仍处于全球价值链低端水平。然而，参与国际分工程度的深化有助于提高其在全球价值链中的地位和位置，并有望赶超某些发达国家和地区。但是，出口技术含量和全球价值链地位存在明显的行业差异。近年来，学术界开始重视研究国际分工合作以及全球价值链地位和位置的变化对环境的影响。金雪军等（2008）、牛海霞和罗希晨（2009）、马涛（2012）等人从产业内贸易、垂直分工的角度进行了深入的研究。巩爱凌和刘廷瑞（2012）、彭星和李斌（2013）以中国制造业为研究对象探究了全球价值链地位提升的环境效应。研究表明，中国制造业处在全球价值链的低端，嵌入全球价值链程度提高，会增加二氧化碳的排放。

纵观目前的众多研究，学者主要关注产业内贸易、国际垂直分工等对于二氧化碳排放的影响，而随着中国全球价值链位置变化，出口技术复杂度的变动、行业异质性对于中国制造业碳排放的影响等方面，研究则较少涉及。在研究方法上，主要存在投入产出法和计量经济学两种研究范式。投入产出范式主要进行静态与比较静态分析，计量经济学范式的对象主要为总体碳排放而非贸易相关的碳排放。本书认为，为了反映出口技术复杂度对贸易相关的二氧化碳排放的影响，有必要结合投入产出和计量经济学研究范式，测算中国制造业的隐含碳排放和出口技术复杂度，同时运用计量经济学模型分析两者关系，以提高研究结论的精确性。

三、核心变量构造与模型设定

（一）出口隐含碳测算方法

与以往采用总体二氧化碳排放作为制造业碳排放分析对象的计量经济学研究范式不同，本书试图运用隐含碳测算的方法构造 1995 年至 2011 年间的出口贸易隐含碳面板数据，以更准确地反映出口技术复杂度、行业开放度、外商直接投资、产业内贸易等开放经济因素对于制造业贸易相关碳排放的影响。

在开放经济条件下，一国的总产出可以表示为

$$\boldsymbol{Y}=\boldsymbol{A}\boldsymbol{Y}+F^{\mathrm{d}}+X-M \tag{5.1}$$

其中，$\boldsymbol{Y}$ 为总产出（列向量）；$\boldsymbol{A}=\left\{\frac{x_{ij}}{x_j}\right\}$ 为直接消耗系数矩阵；F^{d} 为国内最终需求，包括最终消费和资本形成。其中，最终消费由居民消费和政府消费两部分组成：X 为国外最终需求，即总出口；M 为进口。假定各工业部门中间投入进口中间投入品与国内总使用比例固定，可以计算出各部门进口中间品依存系数：$m_i=\frac{M_i}{\boldsymbol{A}\boldsymbol{Y}+F^{\mathrm{d}}}$。这样，存在一个进口系数的对

角矩阵 $\bar{\boldsymbol{M}}$，其对角元素为各部门的进口依存系数 m_i。通常该矩阵被用于衡量各部门的进口依赖度。因此，（5.1）式可以进一步表示为

$$Y = \boldsymbol{AY} + F^{\mathrm{d}} + X - \bar{\boldsymbol{M}}\left(\boldsymbol{AY} + F^{\mathrm{d}}\right) \tag{5.2}$$

化简可以得到：

$$Y = \left[\boldsymbol{I} - \left(\boldsymbol{I} - \bar{\boldsymbol{M}}\right)\boldsymbol{A}\right]^{-1}\left[\left(\boldsymbol{I} - \bar{\boldsymbol{M}}\right)F^{\mathrm{d}} + X\right] \tag{5.3}$$

其中，$\left(\boldsymbol{I} - \bar{\boldsymbol{M}}\right)\boldsymbol{A}$ 是国内产品投入系数，计算时在投入系数中去掉进口部分，表明国内生产产品的投入系数；$(\boldsymbol{I} - \bar{\boldsymbol{M}})F^{\mathrm{d}}$ 表示国内最终需求中来源于国内生产的产品；X 为出口，该部分主要用于满足国外的最终需求（张云 等，2012）。因此，国内总产出中用于满足国外需求的部分则表示为

$$Y^{\mathrm{e}} = [\boldsymbol{I} - (\boldsymbol{I} - \bar{\boldsymbol{M}})\boldsymbol{A}]^{-1} X \tag{5.4}$$

式（5.4）表示国内总产出中用于满足国外需求的所有产品组成。利用国内单位产出的直接碳排放强度矩阵 $\boldsymbol{E}^{\mathrm{d}}$，经计算得出国内总产出中用于满足国外需求的二氧化碳排放，即出口贸易隐含碳（export embodied carbon emission，EEM）为

$$\boldsymbol{EEM} = \boldsymbol{E}^{\mathrm{d}} \bullet [\boldsymbol{I} - (\boldsymbol{I} - \bar{\boldsymbol{M}})\boldsymbol{A}]^{-1} \bullet X \tag{5.5}$$

（二）计量模型设定

为了准确反映各主要因素对环境的非比例影响程度，Dietz 和 Rosa（1994）提出了 stochastic impact by regression on population，affluence and technology（STIRPAT）模型，其基本形式为

$$E_i = aP_{it}^{\ b} A_{it}^{\ c} T_{it}^{\ d} e_{it} \tag{5.6}$$

其中，i=1，…，N，为截面单元；t=1，…，T 为时间期数；a 为模型系数；b、c、d 为构建模型需要估计的指数；E 表示 CO_2 排放量；P 表示人口数；A 表示人均财富；T 表示技术水平；e 为随机误差。许多研究借鉴 STIRPAT 模型，构建计量模型实证研究 CO_2 排放的影响因素。本书借鉴 Du（2012）、钱志权等（2014）等人的模型，构建了出口复杂度对出口隐含

碳的影响计量模型。同时纳入行业开放度、外商直接投资、产业内贸易、研发强度、环境规制强度等控制变量，反映开放经济条件下中国制造业的外贸结构转型、嵌入全球价值链程度、行业研发强度、环境规制等因素对于出口隐含碳的影响，其表达式如下：

$$\ln \mathrm{EEM}_{it} = \beta_0 + \mu_t + \eta_i + \beta_1 \ln \mathrm{TECH}_{it} + \beta_2 \ln \mathrm{OPEN}_{it} + \beta_3 \ln \mathrm{FDI}_{it} + \beta_4 \ln \mathrm{INTRA}_{it} + \beta_5 \ln \mathrm{RDPY}_{it} + \beta_6 \ln \mathrm{ER}_{it} + \varepsilon_{it} \tag{5.7}$$

其中，i =1，…，N，为截面单元；t =1，…，T 为时间期数；μ_t 表示时间效应；η_i 表示个体效应。我们以中国制造业 35 个细分行业为研究对象，选取 1995 年至 2011 年的面板数据进行分析。模型的被解释变量为出口隐含碳 EEM，按前文方法计算所得，TECH 为出口技术复杂度。控制变量的含义如下：OPEN 表示行业开放度，为行业进出口贸易额与 GDP 比值，以 100 为单位。FDI 表示外商直接投资规模，是各行业外商直接投资的资产总额。[①] ER 表示环境规制程度，参照 Kheder 和 Zugravu（2008）的做法，我们选用 GDP/Energy 来衡量各行业的环境规制严格程度，ER 值越大环境规制越严格。[②] RDPY 为行业研发强度，是各行业研发费用与行业工业总产值的比重。INTRA 为产业内贸易指数，用于测度细分行业融入全球生产网络的程度，根据 Grubel 和 Lloyd（1975）

---

① 外商直接投资可以采用存量指标与流量指标两种方法，Jie He（2006）、郭红燕和韩立岩（2008）等选取 FDI 存量指标，Merican 等（2007）、Acharyya（2009）则选取流量指标。我们认为相对于流量指标，存量指标能够更为全面地反映 FDI 对于碳排放的影响，所以我们采用外商投资和港澳台商投资的资本总额这一存量指标。

② 对环境规制的测度方法较多，研究者运用工业污染治理投资额、工业废水排放达标率、环境污染治理投资额等指标反映环境规制的严格程度，但这些指标都是从环境治理的角度对环境规制的测度方法，都不是从环境规制综合效果角度来考虑的，具有一定的片面性。Kheder 和 Zugravu（2008）用 GDP/Energy 测度环境规制程度，这种方法的优点在于它是基于政府一系列环境规则和条款实施的实际效果来测度的，更加综合全面。

$\text{INTRA}=100-\sum_{i=1}^{n}|X_i-M_i|/\sum_{i=1}^{n}(X_i+M_i)\times 100$ 公式计算，取值范围为0 ~ 100，取值为 0 表示所有贸易均属于产业间贸易，取值为 100 表示所有贸易均属于产业内贸易。ε 表示随机误差项。所有变量均经对数处理，有效降低了模型的异方差性。

各变量的系数正负情况假设如下：β_1 的正负不确定，其符号可以显示中国制造业是陷入高排放、低附加值的“高碳锁定困境”，还是已经从价值链低端实现了突围，出口贸易趋于低碳化。β_5、β_6 为负，表明行业研发强度和环境规制都能减少出口隐含碳排放。原因是研发强度能够促进行业节能减排技术的快速提升，行业环境规制强度提高将促进行业碳排放机会成本的增加，从而实现碳排放减少。β_2、β_3、β_4 正负不确定，“污染光环”（pollution halo）和“污染避难所”效应的相对大小决定了行业开放度、外商直接投资与产业内贸易三个因素对碳排放影响的正负。“污染光环”效应反映一国制造业通过提升开放程度、引进外资和参与国际分工从而获得更加清洁的技术以实现碳排放量的降低。“污染避难所”效应反映了一国制造业以提升本国竞争力为目的，却导致环境质量向底线赛跑（race-to-the-bottom）的恶性现象。随着行业开放、引进外资和参与国际分工程度的提升，污染产业逐步向中国转移，产生严重的“碳泄漏”问题，最终导致碳排放量增加的现象。

四、数据说明与描述性统计

（一）行业划分、数据来源及处理方法

制造业的划分应考虑到数据的可得性、一致性，投入产出表细分行业加总集结以及进出口数据与国民经济行业对应的需要等因素。本研究按照《中国工业经济统计年鉴 2012》选取除石油和天然气开采业等四个非典型

制造行业之外的 35 个制造业[①]细分行业作为研究对象，查阅历年《中国统计年鉴》《中国工业经济统计年鉴》《中国能源统计年鉴》的有关制造业数据。尽管部分行业名称发生了变化，但前后数据仍有一致性，因此我们假定行业名称的变化不会影响行业统计的口径。我们采用了中国 1997 年 124 部门、2002 年 122 部门、2007 年 135 部门的投入产出表[②]，并按照《国民经济行业分类》（GB/T 4754—2017）选取其中制造业及相关部门的数据，再按照制造业 35 个细分行业对数据进行了加总集结。由于中国缺少按国民经济行业部门口径统计的进出口数据；为了将海关统计的各类产品进出口数据与国民经济行业对接，我们采用柒江艺和许和连（2012）的方法，进行了归类。[③]中国及其前 20 位出口贸易伙伴的进出口数据来源于联合国贸发会（UNCTAD）数据库 SITC Rev.3.0 三分位下 261 种商品的进出口全部数据。

制造业工业总产值的原始数据来源于《中国工业经济统计年鉴》。我们根据《中国统计年鉴》《中国经济普查年鉴 2004》补充部分缺失数据，

① 本书所指的制造业基本涵盖了《中国工业经济统计年鉴》中的制造业所有细分行业，考虑到采掘业、电力、煤气及水生产和供应业与制造业、二氧化碳排放的紧密联系，我们将有关的细分行业纳入本研究中来。

② 中国投入产出学会网站提供了 1995、2000、2005、2010 年的投入产出延长表数据以及世界投入产出数据库提供的中国 1995—2011 年历年投入产出表，但是其关于制造业部门的划分较为笼统，我们没有采用。

③ 柒江艺和许和连（2012）首先将 SITC Rev.3.0 版本下三分位编码产品转换为联合国《所有经济活动的国际标准产业分类》的 ISIC Rev.3.0 的四分位编码产业，然后转换为中国《国民经济行业分类与代码 (2002)》的行业分类，当同一四位数编码出现在不同产业类型中时，以出现频次加权平均，最终得到中国 35 个工业行业与 SITC Rev.3.0 的三分位编码产品对应关系，具体对应关系表可联系作者索要。

外商直接投资的原始数据来自历年《中国统计年鉴》[①]。为了使前后数据一致，我们依据调整前后工业总产值比例关系对原始数据进行了口径调整，并运用 GDP 平减指数对价值型指标进行了价格调整。调整后的可比价格基期为 1995 年。能源消费量数据来源于历年的《中国能源统计年鉴》，根据《中国能源统计年鉴》附录所提供的参数将本书所涉及的 16 种能源消费量折算成标准煤，能源消费量不需要进行口径调整（陈诗一，2011）。研发强度是指制造业各细分行业规模以上企业在技术开发方面的内部支出费用与各行业的不变价格工业总产值的比值。技术开发费用包括劳务费、原材料费、固定资产购建费以及其他费用。原始数据来自历年《中国科技统计年鉴》。在计算时，我们对有关数据进行了价格调整和口径调整。产业内贸易指数是通过运用 UNTCAD 数据库 SITC Rev.3.0 三分位下所有 261 种产品的中国与世界进出口数据而得出的。

（二）出口隐含碳

根据公式（5.5），测算出口隐含碳直接碳排放强度矩阵 $\boldsymbol{E}^{\mathrm{d}}$ 、进口系数对角矩阵 $\bar{\boldsymbol{M}}$ 、直接消耗系数矩阵 $\boldsymbol{A}$ 、出口向量 $\boldsymbol{X}$ 等数据。为了调整行距到直接排放强度，我们按照下文的核算方法，运用 16 种能源测算了历年中国制造业各细分行业二氧化碳排放量，其中工业总产值是经过价格调整和口径调整的数据。与以往利用静态和比较静态分析方法测算贸易隐含碳的研究不同，本书试图利用投入产出表和进出口数据得到中国制造业细分行业 1995 至 2018 年间出口隐含碳连续时间的面板数据，这是本书的重要贡献之一。利用 1997、2002、2007 和 2012 年的中国投入产出表，我们可以求出这 4 年的进口系数对角矩阵 $\bar{\boldsymbol{M}}$ 。考虑到研究期间的中国对外贸易

---

① 如前所述，本书的 FDI 是指外商投资的存量，数据来自历年《中国统计年鉴》，但是我们查阅《中国统计年鉴》《中国工业经济统计年鉴》《中国对外贸易统计年鉴》，都没有找到 1998 年分行业的外商投资和港澳台商投资资本总额数据，因此我们运用 1997、1999 年的平均值作为替代。

尤其是制造业的对外贸易快速增长，我们假定矩阵中对应的元素 m_i 按照线性方式增长，我们得到了 1995 年至 2007 年各年的进口系数对角矩阵 $\bar{\boldsymbol{M}}$ 。由于 2008 年金融危机以后国内出口放缓，我们假定各行业 2008 年至 2018 年的进口系数是 1997 年至 2002、2002 年至 2007 年间的平均增长速度。因此我们得到了 1995 年至 2018 年的进口系数对角矩阵 $\bar{\boldsymbol{M}}$ 。根据 1997、2002、2007 年和 2012 年的投入产出表，我们可以求出这几年的直接消耗系数矩阵 $\boldsymbol{A}$ 。假定国内产业结构和产业关联具有一定的稳定性，我们用 1997、2002、2007 年和 2012 年的直接消耗系数矩阵代替前后相邻年份的直接消耗系数矩阵。细分行业出口向量数据按照前文所述方法得到。

中国缺乏二氧化碳排放的统计数据，下面重点介绍二氧化碳估算方法。为保证估算结果的精确性，除电力和热力外，我们将其他 16 种一次化石能源的消费量均考虑在内，数据来源于相应年份的《中国能源统计年鉴》。我们参考了邵帅等（2010）提出的方法来计算二氧化碳排放量。具体计算公式如下：

$$\mathrm{TC}=\sum_{i=1}^{16}\mathrm{EC}_i\times\mathrm{NCV}_i\times\mathrm{CC}_i\times\mathrm{COF}_i\times\frac{44}{12} \tag{5.8}$$

其中，TC 表示估算的各种能源消耗所排放的 CO_2 总量；i 表示各种能源；EC_i 表示各种能源的消费量，单位为万 t 或亿 m^3；NCV_i 表示平均低位发热量，单位为 kJ/kg 或 kJ/m^3；CC_i 表示碳含量，代表单位热量含碳水平，单位为 kg/10^6 kJ；COF_i 表示氧化因子，指能源燃烧时的碳氧化率，44 与 12 分别指 CO_2 与碳的分子量。NCV_i 、CC_i 、COF_i 三项相乘得到碳排放系数，进而 CO_2 排放体系数为碳排放系数的 3.67 倍（44/12）。

在以上参数中，NCV 的原始数据来源于《中国能源统计年鉴 2012》的附录 4，CC 的原始数据来源于 IPCC（2006），COF 的原始数据来源于《中国温室气体清单研究》。对于缺省数据做以下处理：由于洗精煤主要用于炼焦，因此利用炼焦煤的缺省碳含量替代洗精煤的相应参数。其他洗煤的低位发热量由泥煤和洗中煤参数平均值来代替，采用焦煤的单位热量含碳水平作为洗中煤的参数。中国的原煤品种结构与其他国家有较大差异，考虑到煤炭为中国主要能源，有必要考虑品种结构对二氧化碳排放系数的影响，而不宜直接采用 IPCC（2006）关于原煤的数据。查阅《中国煤炭工业统计资料汇编 1949—2009》可知，近几年无烟煤、烟煤和褐煤等原煤产量占比维持在 18%、78% 和 4% 的水平，将这三者加权平均计算可得原煤的碳含量和碳氧化因子。利用与其他煤气较为接近的焦炉煤气的碳含量和低位发热量参数替代其他煤气参数，利用较为具有代表性的煤焦油参数来替代其他焦化产品的参数。① 表 5.1 所示为各种能源的二氧化碳排放系数。

表 5.1　各种能源的二氧化碳排放系数

能源种类	CO_2 排放系数	能源种类	CO_2 排放系数
原煤	1.830 0kg CO_2 /kg	汽油	2.956 0 kg CO_2 /kg
洗精煤	2.442 3 kg CO_2 /kg	煤油	3.052 0 kg CO_2 /kg
其他洗煤	1.040 8 kg CO_2 /kg	柴油	3.102 2 kg CO_2 /kg
焦炭	2.825 2 kg CO_2 /kg	燃料油	3.186 6 kg CO_2 /kg
焦炉煤气	0.714 5 kg CO_2 / m^3	液化石油气	3.163 5 kg CO_2 /kg
其他煤气	0.752 4 kg CO_2 / m^3	炼厂干气	2.618 8 kg CO_2 /kg
其他焦化产品	3.027 9 kg CO_2 /kg	其他石油制品	2.948 0 kg CO_2 /kg
原油	3.002 1 kg CO_2 /kg	天然气	2.162 2 kg CO_2 / m^3

（三）出口技术复杂度

本书遵循 Hausmann 等人（2007）的思路，假定各国不变价格的人均 GDP 增长反映各国技术水平，并构造行业出口技术复杂度方法：

$$\mathrm{PRODY}_j = \sum_j \frac{(x_{jk}/X_j)}{\sum_j (x_{jk}/X_j)} Y_j \tag{5.9}$$

① 石油核燃料加工行业 1996 年缺少其他石油制品统计数据，二氧化碳排放量与其他年份偏离较大，故运用工业总产值增长速度对其他石油制品的数据进行插值，最后得到二氧化碳排放量。电热力生产供应行业 1995 年二氧化碳排放量数据与其他年份偏离较大，可能是由于统计口径前后不一致，因此运用工业总产值增长速度对其二氧化碳的排放量进行插值。

$PRODY_j$ 为出口产品 j 的技术水平，采用中国和中国前 20 位出口贸易伙伴[①]的不变价格人均 GDP 的加权平均数，其中权重为各国 j 产品的显示性比较优势指数 $\frac{(x_{jk}/X_j)}{\sum_j (x_{jk}/X_j)}$，$k$ 为中国及主要出口贸易伙伴，X_j 为各国产品 j 的总出口额。根据该公式，我们可以计算联合国贸发会（UNTCAD）数据库下 SITC Rev.3.0 三分位编码下 261 类产品 1995 至 2018 年各年的出口技术含量。借鉴柒江艺和许和连（2012）关于 SITC Rev. 3.0 各类产品与中国国民经济行业分类中 35 个制造业细分行业的对应关系，我们运用各行业中每类产品的出口贸易权重构建行业出口技术复杂度的指标，具体如下：

$$tech_i = \sum_j (x_{ij}/X_i) \times PRODY_j \tag{5.10}$$

其中，$tech_i$ 为行业 i 的出口技术复杂度；x_{ij}/X_i 为行业 i 中产品 j 所占的比重；X_i 为行业 i 总出口额。

出口复杂度计算涉及的中国及其前 20 个贸易伙伴的出口数据、各贸易伙伴以 1995 年为基期的不变价格和汇率的人均 GDP 来自联合国贸发会数据库（UNCTAD）。其中，出口数据的单位为千美元，人均 GDP 的单位为美元。

根据上述数据来源和处理方法，我们得到了本书所需的各变量的面板数据，并对其进行了描述性统计，具体结果如表 5.2 所示，FDI 即外商直接投资。

---

① 为了简化本书研究，我们以 2011 年的出口数据挑选了前二十名贸易伙伴，它们是澳大利亚、巴西、中国香港地区、中国台湾地区、法国、德国、印度尼西亚、日本、韩国、马来西亚、荷兰、俄罗斯、新加坡、泰国、阿联酋、英国、美国、越南，2011 年中国对它们的出口额占中国总出口额的 75% 左右，运用该数据计算中国出口技术复杂度的可以大致反映中国出口技术复杂度的变动情况。

表 5.2 变量描述性统计量

变量	变量的含义	样本数	均值	最大值	最小值
ln EEM	出口隐含碳	595	6.034 8	9.787 5	0.485 2
ln TECH	出口技术复杂度	595	9.851 7	10.365 7	8.870 8
ln OPEN	行业开放度	595	2.884 2	5.745 2	-1.293 1
ln FDI	FDI 资产总额	595	6.314 4	10.155 9	-0.494 3
ln INTRA	产业内贸易指数	595	3.300 4	4.439 0	-6.225 2
ln RDPY	行业研发强度	595	-5.598 7	-3.997 5	-8.879 0
ln ER	环境规制	595	2.035 0	5.380 3	-1.117 7

五、基本模型估计

（一）面板协整检验

考虑到本书研究的变量之间可能存在共同变化的趋势，直接对其进行回归分析可能会存在伪回归。因此，我们先对其进行协整检验，以判断这些变量是否存在长期均衡关系。面板协整检验分为两步，第一步需要通过单位根检验确定变量是否平稳或具有相同的单整阶数。我们运用 LLC 检验、IPS 检验、Fisher-PP 检验以及 Fisher-ADF 检验等方法对出口隐含碳、出口技术复杂度、行业开放度、FDI 资产总额、产业内贸易指数、行业研发强度以及环境规制等变量进行单位根检验，若四种检验结果不一致，则认为变量非平稳，需要进一步进行差分检验，直至平稳。面板单位根检验的结果显示，在 1% 的显著性水平要求下，所有变量均满足一阶单整即 $I(1)$，可以进行面板协整检验。①

面板协整检验主要有三种方法：Johansen 协整检验（Larsson et al., 2001）、Pedroni（1999）检验、Kao（1999）检验。Gutierrez（2003）利用

① 由于文章篇幅限制，面板单位根检验结果没有列出，如果需要，可向作者索要。

蒙特卡洛实验比较了上述协整检验方法后发现，Kao 检验对 T 较小面板功效高于 Pedroni 检验，Pedroni 检验对于 T 较大的面板检验功效较好，这两种检验功效均优于 Johansen 协整检验。考虑到本书研究 T=17，N=35，Kao 检验功效优于另外两者，因此，我们选择 Kao 检验进行面板协整检验。Kao 检验是基于回归残差的单位根检验，判定面板数据模型是否具有协整关系。如果通过回归残差的单位根检验，即残差序列是平稳序列，则表明该回归模型变量之间存在长期面板协整关系。Kao 检验结果显示 t 统计量为 −2.219 7，相伴概率为 0.013 2，Kao 残差协整检验通过 5% 水平的显著性检验。表明出口隐含碳、出口技术复杂度、开放度、外商直接投资、产业内贸易、研发强度以及环境规制等变量之间存在长期均衡关系，面板回归方程的残差是平稳的，因此可以在此基础上对方程进行回归，此时回归结果更加精确。

（二）面板模型分析：固定效应模型估计和系统 GMM（广义矩估计）

固定效应模型（fixed effect regression model）是指在进行面板最小二乘估计时，通过加入时间或者个体虚拟变量来控制各截面行业异质性，或者剥离宏观因素的影响（如制度变迁），提高模型估计的精准度。在进行固定效应模型回归估计之前，需要判断面板数据模型的具体形式。首先，使用极大似然比检验方法判断采用混合模型还是固定效应模型；其次，使用 Hausman 检验方法判断采用固定效应模型还是随机效应模型。检验结果见表 5.3。从检验结果可以看出，极大似然比检验相伴概率均为 0，拒绝了原假设，因此应建立固定效应模型而不是混合效应模型。Hausman 检验也拒绝了原假设，即随机效应模型不成立，应建立固定效应模型。上述两种检验方法均认为应建立固定效应模型，因此采用固定效应模型进行面板回归估计。

表 5.3 模型设定检验结果

检验方式		统计量	自由度	P 值
极大似然比检验	Cross-section F	89.455 5	（34，538）34	0.000 0
	Cross-section Chi-square	1 127.594		0.000 0
	Period F	28.059 8	（16，538）16	0.000 0
	Period Chi-square	361.027		0.000 0
	Cross-Section/Period F	105.38	（50，538）50	0.000 0
	Cross-Section/Period Chi-square	1 415.481		0.000 0
Hausman 检验	Cross section random	71.222 5	6	0.000 0
	Period random	348.324 0	6	0.000 0

注：极大似然比检验的原假设为固定效应模型是多余的；Hausman 检验原假设为随机效应模型成立。数据运用 EViews 6.0 计算而得。

我们采用含有固定效应的变截距模型，从总体上分析出口隐含碳、出口技术复杂度、开放度、外商直接投资、产业内贸易、研发强度以及环境规制等变量的关系。使用 OxMetrics 6.0 软件进行 LSDV（最小二乘虚拟变量回归分析）回归，回归结果如表 5.4 所示。Wald、AR（1）、AR（2）统计量均通过 1% 的显著性检验，表明虚拟变量设置合理，回归方程残差不存在一阶、二阶自相关，解释变量对被解释变量的联合解释能力较强。

表 5.4 基本模型估计结果

变量	固定效应模型			系统 GMM		
	系数	t 统计量	P 值	系数	t 统计量	P 值
β_0	13.947 6	8.421 1	0.000 0**	28.433 0	5.690 0	0.000 0**
ln EEM(−1)	—	—	—	0.033 7	5.640 0	0.000 0**
ln TECH	−0.731 3	−4.312 4	0.000 0**	−2.411 7	−4.700 0	0.000 0**
ln OPEN	0.125 6	2.465 9	0.014 0*	0.225 8	2.640 0	0.009 0**
ln FDI	−0.095 0	−3.363 2	0.000 8**	−0.524 3	−4.650 0	0.000 0**
ln INTRA	0.037 5	1.795 0	0.073 2	0.241 9	3.690 0	0.000 0**
ln RDPY	−0.210 4	−4.919 8	0.000 0**	−0.236 4	−2.920 0	0.004 0**

续表

变量	固定效应模型			系统 GMM		
	系数	t 统计量	P 值	系数	t 统计量	P 值
ln ER	−0.870 8	−13.732 2	0.000 0**	−0.586 3	−4.010 0	0.000 0**
Sargan 检验	—			199.2[0.942]**		
Wald（joint）	202.7[0.000]**			185.3[0.000]**		
Wald（dummy）	5 075[0.000]**			423 900[0.000]**		
Wald（time）	420.6[0.000]**			1 133[0.000]**		
AR（1）test	30.04[0.000]**			−2.610[0.009]**		
AR（2）test	19.70[0.000]**			−3.267[0.001]**		

注：* 表示 5% 水平上显著，** 表示 1% 的水平显著，[ ] 中的数字为相应统计量的 P 值。Sargan 检验的原假设为模型不存在过度识别。考虑到出口隐含碳和 FDI 存量变动的时间惯性，我们将滞后一期的出口隐含碳和 FDI 纳入模型，运用相应的滞后两期差分变量和水平变量作为估计的工具变量。

虽然固定效应模型可以控制未观察到的特定行业异质性，但不能控制内生性问题，因此其估计结果可能存在偏差。考虑到本研究开放度、产业内贸易和外商直接投资均能够提升出口技术复杂度，解释变量可能存在着内生性问题。此外，出口贸易隐含碳也存在时间变动惯性，因此在回归方程中引入它的一阶滞后项可以提高估计的精确度。然而，这样一来出口贸易隐含碳的一阶滞后项可能与残差相关，从而加重模型的内生性问题。为了克服模型存在的内生性问题并提高估计的稳健性，本研究采用了 GMM 方法进行动态面板分析。

GMM 方法主要有差分 GMM（Arellano et al.，1991）和系统 GMM（Arellano et al.，1995；Blundell et al.，1998）两类。差分 GMM 较易受弱工具变量的影响而产生有限样本偏误（finite-sample bias）。系统 GMM 综合考虑了差分方程和水平方程，并增加了一组滞后的差分变量作为水平方程相应变量的工具变量，以提高估计的准确度。系统 GMM 估计的 Sargan 检验统计量表明，模型不存在过度识别问题，工具变量选择适当。Wald、AR（1）、AR（2）统计量均通过了 1% 的显著性检验，表明虚拟变量设置合理，回归方程残差不存在一阶、二阶自相关，解释变量对被解释变量的联合解释能力较强。系统 GMM 估计的相关符号与固定效应静态面板模型相同，说明模型估计是稳健的。产业内贸易指数及开放度的回归系数的统计显著性水平提高，说明滞后期变量加入模型提高了模型估计的精准度。

（三）实证结果的初步解释

由上述固定效应模型和系统 GMM 估计可知，出口技术复杂度的提升可以降低出口隐含碳排放。这说明中国制造业在全球生产网络中的作用不断提升，在全球价值链上的位置也在不断攀升。中国制造业已经从价值链低端的“高碳锁定”困境中突围，出口贸易结构跨越了低附加值、高排放的价值链洼地，上升为中高级技术制造业。甚至在某些行业已经开始向附加值较高、排放低的研发、设计、营销、服务等生产性服务环节渗透。技术复杂度的提升有效地降低了出口贸易的隐含碳，使出口结构趋于低碳化。

开放度和产业内贸易系数为正，说明随着中国制造业细分行业开放度的提高以及更深度地参与国际分工体系，污染工业或者污染工序存在向中国转移的现象。中国制造业某些行业正在成为跨国生产的“污染避难所”，这大幅度增加了出口贸易隐含碳排放。而外商直接投资、研发强度、环境规制的系数为负，说明外商直接投资存在技术溢出效应。外商直接投资增加，会提高本土企业清洁生产技术的可得性，同时其节能减排活动对于本土企业有一定的示范效应。研发强度的提升促进了节能减排技术的开发，环境规制程度提高了国内企业的环境污染的机会成本。外商直接投资、研发强度、环境规制都有助于减少出口贸易隐含碳，从而缓解中国制造业的二氧化碳排放。

六、加入行业异质性的进一步讨论

为了进一步探讨出口技术复杂度提升对中国制造业各细分行业的不同

影响，我们在前文估计的基本模型基础上，加入出口技术复杂度与行业异质性的交叉项 $\text{TECH} \times X$，其中 X 表示行业异质性变量。通过使用变量之间的乘积项，可以反映两个变量对被解释变量的联合作用，从而反映解释变量对被解释变量的作用方式。相较于按行业异质性分组回归或者加入虚拟变量的方法，这种方法可以保留行业异质性变量的量化属性，结果更加精确。我们认为行业开放度、要素密集度、能源结构、参加国际分工的程度以及环境规制程度等行业异质性都在一定程度上对由全球价值链位置提升所带来的出口技术复杂度提升的减排效果产生影响，因此我们分别加入 $\ln \text{OPEN}$、$\ln \text{KI}$、$\ln \text{LI}$、$\ln \text{ES}$、$\ln \text{INTRA}$、$\ln \text{ER}$ 等行业异质性变量。$\ln \text{OPEN}$、$\ln \text{INTRA}$、$\ln \text{ER}$ 变量含义如前文所述。资本密集度 KI 表示各行业的资本存量与不变价格的工业总产值的比重，劳动密集度 LI 表示年末就业人数与不变价格工业总产值的比重，能源结构 ES 表示煤炭类能源占总能源消耗的比重。加入行业异质性之后，计量模型如下：

$$\begin{aligned} \ln \text{EEM}_{it} = {} & \beta_0 + \mu_t + \eta_i + \beta_1 \ln \text{TECH}_{it} + \beta_2 \ln \text{OPEN}_{it} + \beta_3 \ln \text{FDI}_{it} \\ & + \beta_4 \ln \text{INTRA}_{it} + \beta_5 \ln \text{RDPY}_{it} + \beta_6 \ln \text{ER}_{it} + \beta_7 \text{TECH}_{it} \times X_{it} + \varepsilon_{it} \end{aligned} \tag{5.11}$$

制造业工业总产值、资本存量等原始数据来自《中国工业经济统计年鉴》，部分缺失的数据我们根据《中国统计年鉴》和《中国经济普查年鉴2004》进行了补充。在按照永续盘存法估计资本存量时，一般假定全社会有统一的资本折旧率。考虑到各行业资本折旧率差异是制造业细分行业中重要的行业异质性，其对资本存量具有重要影响，因此我们主要参考了陈诗一（2011）提出的变系数折旧率的资本存量估计方法，并对各细分行业的资本存量进行了估算。劳动力人数原始数据来自历年《中国统计年鉴》年末就业人数。为了使数据统计口径前后一致，我们按前文所述方法进行了口径调整。考虑到中国以煤炭为主的能源结构对二氧化碳排放具有重要影响，我们用煤炭类的能源消费标准量和非煤炭类能源消费标准量比例来代表能源结构，各种能源的折算标准煤的系数来自《中国能源统计年鉴》附录，并按前文替代规则对缺失参数进行了替代。

根据前文的分析，我们估计的固定效应模型与系统 GMM 估计结果具有相当大的稳健性。为了简洁起见，我们利用固定效应模型对加入行业异质性变量的统计模型进行了估计。首先，在前文估计的固定效应模型基础上，加入交叉项 TECH × X，并进行模型设定检验。接着，剔除个别不显著的变量，估计结果如表 5.5 所示。

表 5.5 加入行业异质性变量的模型

变量	模型 1	模型 2	模型 3	模型 4	模型 5	模型 6
行业异质性	ln OPEN	ln KI	ln LI	ln ES	ln INTRA	ln ER
常数项	9.611 2 [0.000]**	13.259 7 [0.000]**	13.398 9 [0.000]**	13.965 8 [0.000]**	16.609 4 [0.000]**	17.911 1 [0.000]**
ln TECH	−0.358 5 [0.095]	−0.707 6 [0.000]**	−0.731 4 [0.000]**	−0.714 1 [0.000]**	−0.745 0 [0.000]**	−1.185 6 [0.000]**
ln OPEN	2.098 7 [0.002]**	0.150 6 [0.005]**	0.125 4 [0.018]*	0.116 1 [0.024]*	0.126 3 [0.017]*	
ln FDI	−0.080 0 [0.007]**	−0.108 7 [0.000]**	−0.094 7 [0.001]**	−0.099 7 [0.001]**	−0.094 4 [0.001]**	−0.076 1 [0.007]**
ln INTRA		0.039 9 [0.063]	0.037 7 [0.082]	0.036 1 [0.085]		0.058 6 [0.008]**
ln RDPY	−0.232 2 [0.000]**	−0.184 2 [0.000]**	−0.209 7 [0.000]**	−0.206 0 [0.000]**	−0.210 0 [0.000]**	−0.214 8 [0.000]**
ln ER	−0.868 9 [0.000]**	−0.936 5 [0.000]**	−0.869 3 [0.000]**	−0.879 1 [0.000]**	−0.869 7 [0.000]**	−3.268 9 [0.000]**
ln TECH × X	−0.200 5 [0.003]**	−0.029 6 [0.003]**	0.000 6 [0.840]	−0.011 8 [0.097]	0.004 1 [0.084]	0.242 7 [0.000]**
Wald (joint)	210.8 [0.000]**	214.5 [0.000]**	202.4 [0.000]**	202.4 [0.000]**	203.1 [0.000]**	218.3 [0.000]**
Wald (dummy)	5 292 [0.000]**	5 160 [0.000]**	5 016 [0.000]**	5 039 [0.000]**	5 028 [0.000]**	5 088 [0.000]**
Wald (time)	441.4 [0.000]**	391.8 [0.000]**	419.7 [0.000]**	419.4 [0.000]**	418.9 [0.000]**	424.2 [0.000]**
AR（1）test	29.41 [0.000]**	30.07 [0.000]**	29.94 [0.000]**	30.00 [0.000]**	30.03 [0.000]**	29.12 [0.000]**
AR（2）test	18.98 [0.000]**	19.72 [0.000]**	19.65 [0.000]**	19.60 [0.000]**	19.69 [0.000]**	18.78 [0.000]**

注：* 表示 5% 水平上显著，** 表示 1% 的水平显著，[ ] 中的数字为相应统计量的 P 值。

模型估计结果显示，Wald、AR（1）、AR（2）统计量均通过了1%的显著性检验，表明虚拟变量设置合理，回归方程残差不存在一阶和二阶自相关，解释变量对被解释变量的联合解释能力较强。从系数估计的结果来看，加入行业异质性变量进行估计的结果与前文固定效应、系统GMM所估计的系数方向一致，且大小基本一致。绝大多数变量的 t 统计量通过了1%的显著性检验，估计结果再一次显示出变量间关系的稳健性。

考虑到行业异质性的实证检验结果，我们发现行业开放度、资本密集度、能源结构等变量对于出口技术复杂度提升的减排效应有促进作用。行业越开放、资本密集度越高，其技术复杂度的提升越有利于节能减排的实现。煤炭在能源结构中所占比重越高的行业，其技术复杂度的提升越有助于降低行业碳排放。有趣的是，我们发现产业内贸易和环境规制对于出口技术复杂度提升的减排效果具有抑制性作用。劳动密集型行业技术复杂度的提高对二氧化碳减排效果的影响不明显。这可能是因为，产业贸易参与程度高的行业，其技术复杂度不易提升，因此表现为产业内贸易越高，其对于出口技术复杂度提升的减排效应越有抑制作用。环境规制的抑制作用可能是因为，相对于环境规制严格的行业而言，环境规制宽松的行业减排潜力明显，随着其技术复杂度的提升，减排效果越来越明显。

七、本章小结

通过本章研究，我们得出以下结论：

第一，随着全球贸易模式转变和中国在全球生产网络中的作用日益凸显，中国制造业的外贸结构已经发生了巨大变化。中国制造业在全球价值链中的地位有明显的提升，已经从价值链低附加值、高排放的“高碳锁定”困境中实现突围，这有助于中国制造业的节能减排，贸易结构趋于低碳化，从而有利于中国外贸的可持续发展。为进一步优化制造业外贸结构，促进价值链向设计、营销、服务等生产性服务环节延伸，应在提高出口技术复杂度的同时，实现制造业外贸结构的高端化、低碳化。

第二，由于行业异质性，出口复杂度的提升对于不同行业的排放具有不同的影响。行业开放度、资本密集度、能源结构对于出口技术复杂度提升的减排效应具有促进作用，产业内贸易和环境规制对于减排效果具有抑制作用，劳动密集型行业对于减排效果的影响不明显。中国应制定有效的产业政策鼓励制造业企业资本积累、技术升级。能源结构的减排加强效应显示能源结构以煤炭为主的中国制造业减排潜力巨大，应加强对于这些行业的技术引进、改造升级以及环境规制，促进节能减排效果更好地实现。这同时说明，为了提升节能减排效果，中国应更加注重外贸政策、产业政策、环境保护政策的协调配合，以实现各种政策综合减排效果最优。

第三，虽然对外开放对于技术复杂度的减排有一定的加强效果，但随着中国制造业各行业的开放程度提升，更加深度地参与国际分工体系以及融入全球生产网络，存在着一定程度的“污染避难所”和“碳泄漏”效应，一些污染工业或污染工序正在向中国制造业的特定行业转移。中国在进一步推进制造业对外开放的同时，应加强细分行业的环境规制，不能重复过去为了追求发展速度而牺牲环境的老路。应精细化地制定不同细分行业的外贸政策，加强对于污染型产品出口的监管，防止中国成为国际环境倾销的目的地。

第四，外商直接投资、技术研发和环境规制有助于中国制造业的节能减排。中国应积极吸收外商直接投资，充分利用其技术溢出，通过外资企业在节能减排方面的技术实力和示范作用，促进本土企业的节能减排技术的改造与升级。技术研发对于节能减排效果明显，意味着中国政府应加大对于节能减排技术的公益性开发资助力度，同时还应重视节能减排技术开发的制度环境和市场基础设施建设，通过政策引导、知识产权保护和节能减排技术的市场化，激发企业研发的内在动力，使节能减排技术研发活动内生化。应不断探索加强环境规制力度的财税等手段，提升环境规制的综合效果。

第六章　全球价值链、出口结构转型与中国制造业的碳排放

一、引言和文献回顾

2015 年 12 月《巴黎协议》签订，确定了全球减排的长远目标，因此减排成为一国经济发展的外部约束要素。作为新兴经济体的重要代表，中国的第二产业占比过高，出口结构以制造业产品为主导。目前存在的主要矛盾是，我国出口贸易中碳排放密集度高和能源消耗高的产品仍然是具有比较优势的产品，而经济增长会快速提升碳排放量。根据钱志权、杨来科（2014）的研究结果进行估算，若经济增速到 2030 年仍能保持平均 5.5% 的增速，才有望实现 2030 年前人均碳排放水平达到峰值，之后才有下降的趋势。巴黎气候大会之后，各国实施更严格的减排策略，要求更高的贸易质量，因此我国必须着重从调整产业结构这个角度来解决这个矛盾。

依据全球价值链分工阶段及要素投入特征，参与全球生产网络时，若集中于高端产品的生产，则密集投入先进知识和高新技术；若集中于低端产品的生产，则密集投入劳动和能源。因此，产业出口贸易结构也会发生相应的转型。若要实现减排的总体目标，则必须实现经济增长与碳排放脱钩，经历产业结构调整、国际分工和贸易模式转变。因此，从嵌入全球价

值链和参与国际分工的视角，深入探究中国制造业行业贸易质量及出口结构转型的碳减排效应，对促进制造业产业结构转型升级和实现国家总体的减排目标意义重大。

从已有文献来看，国内外学者关于引起碳排放效应的分解分析多采用指数分解法（IDA）和投入产出结构分解法（SDA）（Dietzenbacher et al.，2000；闫云凤 等，2010；李新运 等，2014），但是却少有文献结合出口结构转型来分析这个问题。有部分学者从参与国际分工和嵌入全球价值链环节进行探究，如张少华和陈浪南（2009）分析了参与国际分工对行业能源利用效率是否存在影响；彭星和李斌（2013）研究了行业参与全球生产网络时嵌入全球价值链制造环节与碳排放的关系。经总结发现，以上文献均研究了制造业参与全球价值链的碳排放效应，但是并未深入探究制造业嵌入全球价值链、参与国际分工与出口贸易结构转型之间的相关关系。

通过对现有文献的梳理，我们还发现出口技术复杂度是衡量出口结构变动趋势常用的指标，也可以反映产业参与全球价值链生产的嵌入程度。有部分学者用技术复杂度衡量产业全球价值链地位，如 Xu（2009）测算了 1992 年至 2005 年中国的出口复杂度，从出口产品技术水平的角度认为中国全球价值链地位处于上升趋势。邱斌、叶龙凤、孙少勤（2012）将以 SITC 五位码分类的 2 600 多种产品按照《国民经济行业分类》标准两位码重新归类对应，利用出口复杂度指标度量制造业各细分行业参与全球价值链的地位。以上研究忽略了出口技术复杂度更多地反映嵌入全球价值链分工的程度和出口贸易结构，而不是产业在全球价值链上的参与地位。

综合而言，目前诸多文献暂时并未聚焦研究制造业出口贸易结构转型升级的碳排放效应。我们拓展研究视角，从制造业内部结构的独特视角尝试对比研究差异性能耗行业及差异性技术水平行业的出口贸易结构对碳排放的影响，并根据研究结论提出政策建议。这将有助于我国制造业经由产业转型升级促进减排目标的实现，具有积极意义。李小平和周记顺（2015）提出，出口技术复杂度的变动可以反映行业出口产品结构演进的趋势。因此，我们从制造业参与全球产业价值链和国际分工的视角，选取制造业细分行业的相关数据测度各行业的出口复杂度指数及碳排放量，并进一步分析制造业各细分行业的出口贸易结构转型升级的碳减排效应，进而考虑行业异质性，对比探究不同能源消耗型和不同技术类型行业的出口贸易结构转型升级对碳排放影响的显著差异。

后文基本框架安排如下：第二部分通过面板数据模型检验嵌入全球价值链分工的制造业细分行业的出口贸易结构转型的碳减排效应，并且从不同传导途径探究出口贸易结构转型对碳排放间接影响的差异；第三部分考虑异质性行业分类，检验不同类型行业的出口贸易结构转型对碳排放影响的区别；第四部分为本章小结。

二、面板模型建立和结果估计

（一）设定模型

利用结构分解分析对外贸易的碳排放效应，即影响碳排放因素可以细分为规模效应、结构效应和技术效应。再分别从这三方面分析生产规模扩大、生产结构变化和技术水平提升对碳排放的影响。该方法在学术界已被成熟运用，目前有诸多文献利用该方法分解对外贸易的碳排放效应（闫云凤 等，2010；李新运 等，2014；Dietzenbacher et al.，2000）。

除了规模、结构和技术三方面的考量以外，还存在若干影响制造业碳排放的重要因素，比如外商直接投资（FDI）、环境规制等。除此以外，存在出口贸易结构转型经由生产规模、行业技术、产业结构、FDI 流入和环境治理等因素间接影响制造业碳排放的可能性。鉴于此，分别引入出口贸易结构转型与其他影响因素的交乘项，构建实证检验模型：

$$
\begin{aligned}
C_{it} = {} & \beta_0 + \beta_1 Y_{it} + \beta_2 G_{it} + \beta_3 T_{it} + \beta_3 T_{it} + \beta_4 E_{it} + \beta_5 \mathrm{FDI}_{it} + \beta_6 \mathrm{PRODY}_{it} \\
& + \beta_7 \mathrm{PRODY}_{it} \times Y_{it} + \beta_8 \mathrm{PRODY}_{it} \times G_{it} + \beta_9 \mathrm{PRODY}_{it} \times T_{it} + \beta_{10} \mathrm{PRODY}_{it} \times E_{it} \\
& + \beta_{11} \mathrm{PRODY}_{it} \times \mathrm{FDI}_{it} + U_i + \varepsilon_{it}
\end{aligned}
$$

其中，i 表示行业；t 表示年份；U_i 表示行业异质效应；ε_{it} 表示随机扰动项；

β_0，β_1,…，β_{11} 表示待估计系数；C_{it} 表示第 t 年行业 i 的碳排放总量；PRODY_{it} 表示出口贸易结构转型程度，用出口复杂度来衡量；Y_{it} 表示制造业的行业规模，用行业 i 的总产值来衡量；G_{it} 表示制造业的投入结构特征，用行业 i 的资本劳动比来衡量；T_{it} 表示制造业的技术水平，用行业 i 的研发强度衡量；E_{it} 表示制造业的环境治理强度，用行业 i 的废气治理投入来衡量；FDI_{it} 表示制造业的引进外资能力，用行业企业的外商资本来衡量；$\text{PRODY}_{it}\times Y_{it}$、$\text{PRODY}_{it}\times G_{it}$、$\text{PRODY}_{it}\times T_{it}$、$\text{PRODY}_{it}\times E_{it}$、$\text{PRODY}_{it}\times \text{FDI}_{it}$ 分别表示制造业的行业 i 出口贸易结构转型升级经由产出规模扩大、产业结构调整、技术水平提升、环境治理强度增大、引进外资水平提高来间接影响行业的碳排放总量。

（二）数据来源和处理

1. 制造业分行业技术复杂度

本书采用技术复杂度指数来测度制造业各细分行业的出口贸易结构转型程度。1984 年，Michaely（1984）提出贸易专业化指标，2005 年 Hausmann 在贸易专业化指标的基础之上修正了模型的权重，提出技术复杂度指数并应用至出口领域。Hausmann 的观点是，一国生产复杂产品的能力与该国的经济增长能力呈正相关关系。由于技术复杂度在不同层面上存在含义差异，同时贸易结构与生产结构关系相对应，因而产业层面的技术复杂度深刻剖析了该产业的技术水平和参与国际分工的地位。参考 Hausmann（2005）提出的技术复杂度指数，本书分三步构建测度指标。

步骤一：测度产品 i 的世界层面技术复杂度：

$$\text{PRODY}_i=\sum_{C=1}^{n}\frac{X_{iC}/\sum_{m=1}^{x}X_{mC}}{\sum_{C=1}^{n}\left(X_{iC}/\sum_{m=1}^{x}X_{mC}\right)}Y_C \tag{6.1}$$

其中，PRODY_i 表示产品 i 的世界技术复杂度；C 表示某一国家，X_{iC} 表示国家 C 产品 i 的出口总额；m 表示国家 C 出口产品的种类数量，Y_C 表示度量一国经济发展状况的指标，通常用国家 C 的人均 GDP 表示。

步骤二：测度产品 i 的国家层面技术复杂度：

$$\mathrm{PRODY}_{ic}=\frac{X_{ic}}{\sum_{m=1}^{x}X_{mC}}\mathrm{PRODY}_{i} \tag{6.2}$$

步骤三：测度国家 C 行业 P 的技术复杂度：

$$\mathrm{PRODY}_{PC}=\sum_{i=1}^{k}\frac{X_{iC}}{\sum_{i=1}^{k}X_{iC}}\mathrm{PRODY}_{iC} \tag{6.3}$$

其中，PRODY_{PC} 为国家 C 行业 P 的技术复杂度；k 为行业 P 的出口产品种类数量。

出口贸易数据原始数据来源于 UNCATD（联合国贸易和发展会议）统计数据库，时间跨度为 2005 年至 2014 年，涉及 40 个国家（或地区）和 255 种产品。这 255 种贸易产品的分类标准是按照《国际贸易标准分类》（SITC Rev.3.0）中三分位码进行的。在处理数据过程中，将这 255 种贸易产品归类到《国民经济行业分类》（GB/T 4757—2017）中两位码行业，从而将制造业出口行业合并为 28 个大类。由于每年数据统计存在口径差异，故将部分行业归并，如农副食品加工工业和食品制造业合并为食品加工制造业；废弃资源和废旧材料回收加工业与工艺品及其他制造业合并为其他制造业。从世界银行 WDI 数据库中获取各国家的人均 GDP 原始数据，并按照 2010 年为基期，对出口数据和人均 GDP 用美元不变价格进行平减。经过计算，中国细分制造业行业的技术复杂度变化趋势如图 6.1 所示。

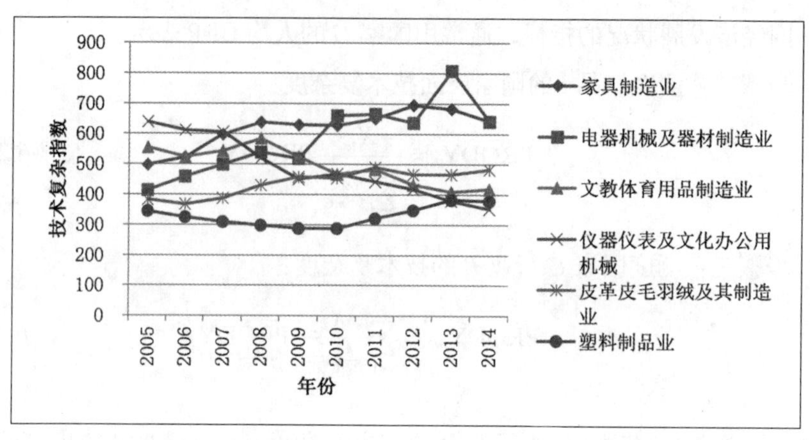

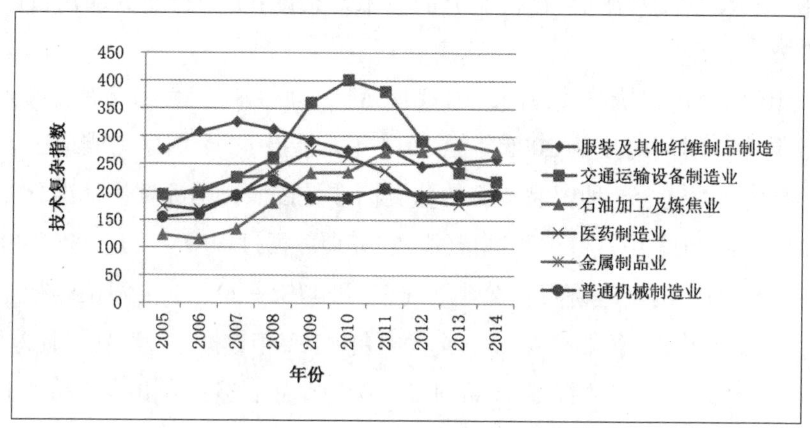

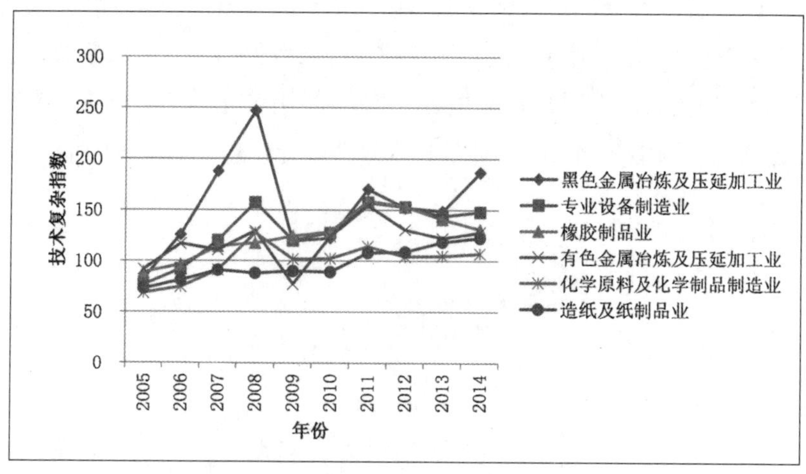

图 6.1　各制造行业技术复杂度演进

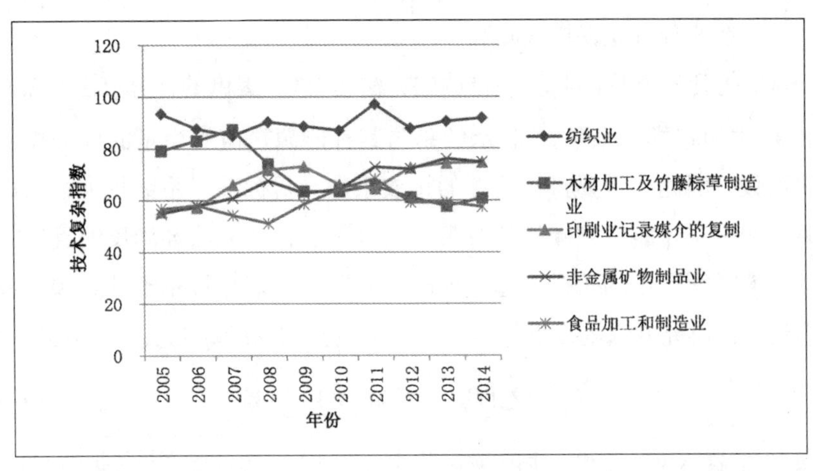

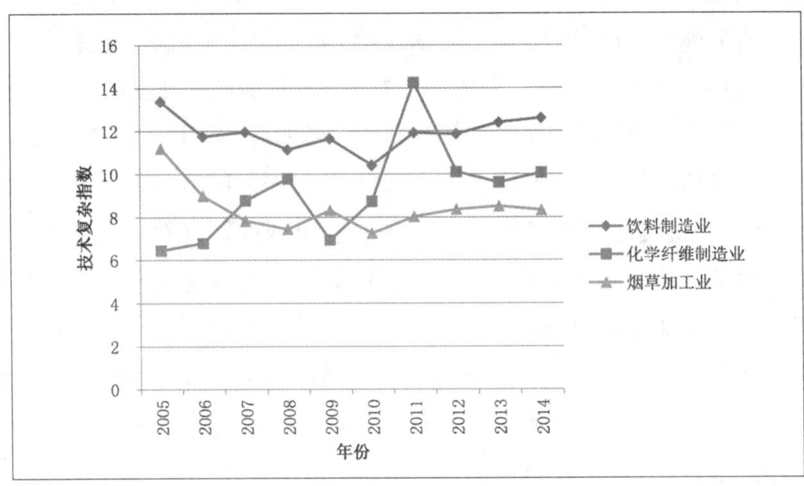

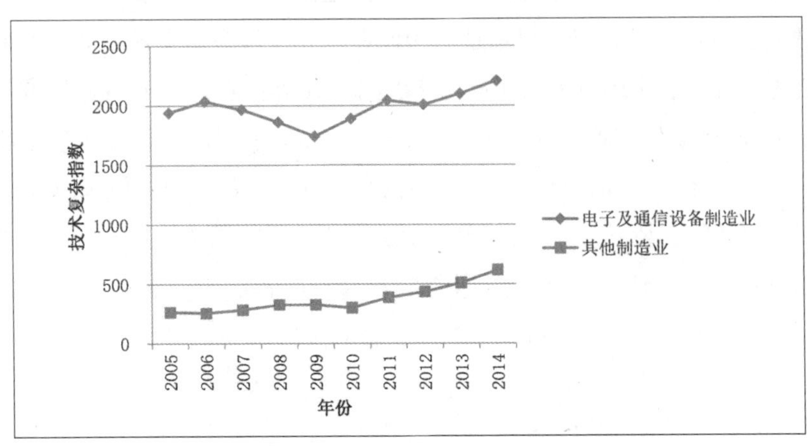

图 6.1　各制造行业技术复杂度演进（续）

2. 制造业分行业碳排放测算

国际上比较通用的测算碳排放的方法是IPCC提供的计算方法。然而，IPCC提供的碳排放系数α_j表示的是与某种能源热值等当量的标准煤的碳排放系数。因此，需要将某能源的排放系数与折标准煤系数相乘，然后乘能源消费量，才能得到碳排放总量。这种做法存在无法准确反映真实的行业能源消耗所产生的碳排放总量的缺点，因此不能直接用于计算碳排放。考虑到以往研究方法的缺点，本书采用了更实用的测算方法，计算公式为

$$C_{it} = \sum\left(E_{ijt} \times \mathrm{ef}_j \times T_j \times 12/44\right) \tag{6.4}$$

其中，C_{it}表示i行业第t年的碳排放量（万t）；E_{ijt}表示i行业第t年第j种能源消费量（万t标准煤）；ef_j表示第j种能源能量值的CO_2排放系数，单位为$kgCO_2$/TJ（TJ为万亿焦耳）；T_j表示j种能源的转换因子，即根据发热值计算的转换为能源单位的转换因子（张明志，2015）。

借鉴IPCC提供计算方法，本书按照式（6.4）的方法测度了制造业i行业的碳排放总量。选取2006年至2015年i行业第t年第j种能源消费量为测算的基础数据，原始数据为工业分行业终端能源消费量（实物量），来源于《中国能源统计年鉴》。需要注意的是，2005年至2009年《中国能源统计年鉴》中提供的行业消耗化石能源种类为16种，2010年至2014年提供的行业消耗化石能源种类增加了9种。电力消耗在制造业生产中并未直接产生CO_2，然而却可以通过电力行业化石能源消耗量的增加，间接导致制造行业的碳排放总量增加。因此在测算过程中需要将制造业的电力消耗考虑在内。中国电力碳排放因子的测算数据参考2011年国际能源署提供的0.76$kgCO_2$/（kW·h）［0.21kgC/（kW·h）］。计算碳排放总量所需的其他相关系数，如各化石能源发热值和碳排放系数的原始值来源于2006年《IPCC国家温室气体排放清单指南》及《中国能源统计年鉴》。本书测算出制造业所消耗的25种化石能源标准碳排放系数的具体结果，如表6.1所示。

表 6.1　25 种化石能源标准碳排放系数

化石能源	原煤	洗精煤	其他洗煤	焦炭	焦炉煤气	高炉煤气	转炉煤气	其他煤气	其他焦化产品	原油	汽油	煤油
标准排放系数	0.541	0.679 7	4.833 2	0.829 8	0.471 42	0.204 927	0.106 439	0.226 846	1.098 3	0.836 0	0.818 1	0.844 6
柴油	燃料油	石脑油	润滑油	石蜡	溶剂油	石油沥青	石油焦	液化石油气	炼厂干气	其他石油制品	天然气	液化天然气
0.862 0	0.880	0.906 4	0.673 7	0.673 7	0.673 7	0.673 7	0.896 1	7.340 0	7.882 7	0.673 7	7.037 7	36.203

注：数据依据 IPCC《国家温室气体排放清单指南》提供的原始数据以及《中国能源统计年鉴》提供的制造业细分行业的终端能源消费计算得来。固体和液体形态的化石能源标准碳排放系数的单位为：kg 碳 /kg 能源；气体形态的化石能源标准碳排放系数的单位为：kg 碳 /m^3 能源。

3. 其他控制变量数据

模型的控制变量选取如下：碳排放的规模效应（用行业工业总产值衡量）、结构效应（用行业的资本劳动比衡量）、技术效应（用行业的研发强度衡量）、环境治理效应（用行业的废气治理投入衡量）、FDI 效应（用行业企业外商资本衡量）。原始数据的时间跨度为 2006—2015 年，数据来源于《中国统计年鉴》《中国环境统计年鉴》《中国工业统计年鉴》和《中国科技统计年鉴》[①]。行业研发强度用行业单位总产值的 R&D 项目经费支出来表示，R&D 项目经费支出数据来自《中国科技统计年鉴》[②]。行业废气治理投入考虑到废气污染治理投资额和废气治理设备运行费用两部分（董敏杰，2011）。

以 2010 年为基期，对所有与货币相关的数据，如工业总产值、外商资本和固定资产等均利用相关指数平减，去除价格因素。对所有指标数据进行对数处理，以减轻系统异方差。

（三）面板模型结果及分析

本书利用 Stata 12 软件估计结果，检验制造业碳排放的出口结构转型效应、规模效应、结构效应、技术效应、环境治理效应和 FDI 效应，并且估计出口结构转型与其他因素共同影响碳排放的间接关系。利用 Hausman（1978）提供的方法对固定效应模型和随机效应模型结果进行检验，结果如表 6.2 所示。

---

① 在查找数据的过程中发现 1998 年之后《中国工业统计年鉴》公布的行业数据是规模以上企业工业指标，为防止实证检验时与实际情况出现偏差，相关指标如规模以上企业工业总产值、固定资产、全部职工人数、外商资本均不能直接使用。本书参考陈诗一（2011）的做法进行口径调查，将相关指标调整到全部企业统一口径。

② 2005—2007 年公布的是行业大中型企业数据（2007 年既公布了规模以上企业数据也公布了大中企业数据），而 2008—2014 年公布的是行业规模以上企业数据，规模以上企业包括大中小型企业。因此同样为了防止实证检验误差，把规模以上企业 R&D 项目经费支出调整行业所有企业数据口径。

表 6.2　固定效应回归结果

变量及统计量	被解释变量 Ln C					
	模型一	模型二	模型三	模型四	模型五	模型六
解释变量	fe	fe	fe	fe	fe	fe
ln Y	0.796^{***}（13.94）	0.251（1.21）	0.733^{***}（13.37）	0.811^{***}（14.09）	0.796^{***}（13.95）	0.864^{***}（14.82）
ln G	0.094 3（1.05）	0.078 8（0.88）	-1.195^{**}（−4.98）	0.108（1.20）	0.102（1.13）	−0.000 248(−0.00)
ln T	$0.085\ 0^{*}$（2.34）	0.069 6（1.92）	0.053 6（1.55）	0.408^{*}（2.10）	$0.082\ 1^{*}$（2.26）	0.063 1（1.76）
ln E	0.004 53（0.17）	0.003 24（0.12）	0.012 7（0.50）	0.002 73（0.10）	−0.156（−1.19）	0.010 2（0.39）
ln FDI	−0.015 7（−0.29）	−0.029 1（−0.53）	0.005 43（0.11）	−0.011 6(−0.21）	−0.018 9（−0.34）	0.519^{***}（3.48）
lnPRODY	0.223^{**}（2.63）	−0.783（−2.07）	0.642^{***}（−3.76）	0.448^{**}（2.85）	−0.108（−0.39）	1.091^{***}（4.53）
ln PRODY · ln Y		0.106^{**}（2.73）				
ln PRODY · ln G			0.271^{***}（5.74）			
ln PRODY · ln T				−0.065 4(−1.70)		
ln PRODY · ln E					0.029 6（1.25）	
ln PRODY · ln FDI						-0.144^{***}（−3.83）
_cons	7.342^{***}（11.76）	12.69^{***}（6.19）	12.11^{***}（11.91）	6.058^{***}（6.18）	9.160^{***}（5.80）	3.874^{***}（3.56）
Hausman	74.3/0.000 0	86.9/0.000 0	62.95/0.000 0	73.75/0.000 0	84.07/0.000 0	81.70/0.000 0

注：括号内数值为相应的 t 统计量。*、**、*** 分别表示在 10%、5%、1% 的水平上显著。

表6.2中Hausman检验结果显示，在1%的显著性水平上拒绝原假设，即所有碳排放效应相关检验均应采用固定效应模型。通过表6.2模型参数估计结果可以得出制造业出口结构转型对碳排放产生的直接和间接影响。

从模型一中可以看出，制造业细分行业技术复杂度对制造业碳排放的正向作用较为显著。也就是说，随着中国制造业技术复杂度的提升，制造业碳排放量不减少，反而增加。检验结果与预期相反，原因可能是制造业参与全球价值链时更多地嵌入低端环节产品生产，导致行业出口复杂度表面提升，而实际上高端产品的生产能力并未得到提升。另外，也可能是由于出口复杂度提升的行业差异性存在，高资源能源消耗型的行业出口复杂度提升较快，但行业单位能源消耗率和能源消耗总量很高，导致碳排放总量居高不下。

从模型二中，技术复杂度与行业产出规模的交互项ln PRODY · ln Y的估计系数可以看出，融入全球价值链分工，制造业出口结构转型带来的产出规模增加会导致碳排放量增加。

根据模型三的检验结果，ln PRODY · ln G的估计系数为正，即技术复杂度与产业结构的交互项对碳排放的影响为正。表明虽然制造业出口结构转型促进了产业结构调整，但制造业的碳排放总量并未因此而降低。根据前面关于出口复杂度提升和碳排放之间相关关系与预期不符的解释，一方面，如果制造行业出口复杂度提升是由嵌入价值链低端环节产品生产规模扩大导致的结果，比如由一般加工贸易的扩张导致的出口规模增加；另一方面，如果制造业出口复杂度提升的行业也多集中在高能源消耗型产品的生产，而非低能耗的清洁产品，那么制造业出口规模的扩张，生产低技术、能源强度高、碳排放密集度高的产品，势必会带来碳排放量随产出规模扩大而增加的结果，也难以通过产业结构调整抑制制造行业碳排放的增加。回归结果还显示：融入全球价值链分工过程中，制造业出口结构转型不仅仅促进技术进步和吸引外资，还通过这两方面促进碳排放总量降低。这两者的检验结果均与预期相符。

根据制造业出口结构的变化的直接和间接碳排放效应实证检验结果

加以分析，引发了更加重要的问题，即考虑中国制造业行业异质性，则不同技术行业和不同能源消耗型行业出口结构变化会对碳排放产生怎样的影响？是否存在显著的差异？后文将深入探究该问题。

三、制造业内部结构划分和分类检验

前述研究细分制造业行业，对其出口结构转型的碳排放效应的影响因素进行分解，但并未深入探究异质性制造行业的出口结构转型对碳排放影响之间存在差异的问题，因此，接下来进行深层次的研究分析。

（一）不同技术类型行业分类

不同行业的研发密度存在差异。参考 OECD（2011）的做法，将制造业按照高技术、中高技术、中低技术和低技术四类划分。具体做法中，将按照《国际标准产业分类》（ISIC Rev.3.0）分类的 28 个制造行业与按照 SITC Rev.3.0 分类的制造业进行一一匹配，分类划分结果见本章末附表 1。

在估计多自变量与因变量的因果关系时，面板数据模型较为常用。然而，在实证过程中，应注意面板数据的时间序列和横截面特征。在长面板模型估计中，不能忽略残差序列相关等相关问题。在短面板模型估计中，不管扰动项 ε_{it} 是否存在自相关，一般均要假设满足独立同分布。但由于长面板的时间长度 T 大于个体数 n，因此扰动项 ε_{it} 可能会存在组间异方差和组内自相关。可分别利用 Wooldridge 检验（2002）和 Wald 检验（Greene，2000），构造统计量进行检验。检验结果如表 6.3 所示。

表 6.3 按技术分组行业的 Wald 检验和 Wooldridge 检验结果

分组	检验方法	模型一	模型二	模型三	模型四	模型五	模型六
高技术	Wald	284.5/0.000 0	523.79/0.000 0	232.67/0.000 0	287.86/0.000 0	274.50/0.000 0	143.23/0.000 0
	Wooldridge	2.183/0.277 6	3.175/0.216 7	8.871/0.096 7	2.038/0.289 6	2.443/0.258 5	4.504/0.167 8
中高技术	Wald	7.93/0.160 2	9.46/0.092 0	7.16/0.208 9	10.98/0.051 8	5.89/0.317 1	8.00/0.156 5
	Wooldridge	7.410/0.052 9	17.504/0.014	10.369/0.032 3	12.975/0.022 7	7.621/0.050 8	8.180/0.045 9
中低技术	Wald	138.24/0.000 0	34.99/0.000 0	103.92/0.000	262.34/0.000 0	31.65/0.000 1	80.44/0.000 0
	Wooldridge	73.86/0.000 1	61.00/0.000 1	86.988/0.000 0	76.926//0.000 1	70.716/0.000 1	77.453/0.000 0
低技术	Hausman	12.98/0.072 5	12.68/0.123 3	9.22/0.324 4	9.83/0.277 3	11.83/0.158 9	18.17/0.020 0

注：表中“/”前后分别代表 Wald 、Wooldridge 的统计量和对应的 P 值。$P < 0.01$、$P < 0.05$、$P < 0.1$ 分别代表统计量在 1%、5%、10% 的水平下是显著的。

表 6.3 的检验结果显示，高技术行业的模型一应采用可能存在组间异方差但不存在组内自相关的 PCSE（面板矫正标准误差）进行估计；模型二使用只考虑存在的组间异方差，但不存在组内自相关的 PCSE 进行估计；模型三考虑用全面 FGLS（可行广义最小二乘法）估计，考虑同时存在组间异方差和组内自相关的情形。对于中高技术行业，模型一考虑仅解决组内自相关的 FGLS，应用 Prais-Winsten 估计法对原模型进行广义差分变换，即可得到 FGLS 估计量。由于 t=10，n=5，t 不比 n 大很多，因此 Stata 命令使用选择项 corr（ar1）。其他行业的模型选择方法在此不一一赘述，具体参见表 6.5 中的检验指标结果进行判断。根据模型参数估计结果，将不同类型技术行业的碳排放直接效应和间接效应值进行对比展示，见柱状图 6.2。

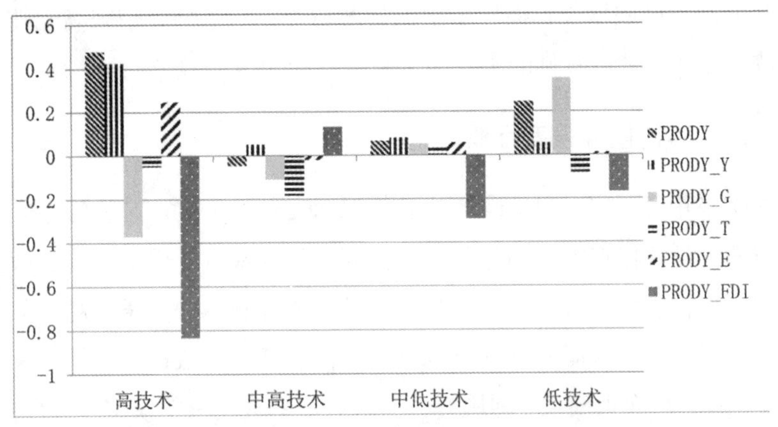

图 6.2　按技术分组行业出口结构转型的碳排放直接效应和间接效应

图 6.2 显示，制造业高技术行业、中低技术行业、低技术行业出口结构转型的碳排放效应都为正，并且高技术行业的正效应远大于其他行业。中高技术行业具有减排作用。对比结果表明，即使制造业参与全球价值链分工中的高端技术产品相关环节，但仅仅集中参加高端技术产品的组装和加工等技术含量较低、能源消耗多的环节，而不是生产和研发等技术含量较高、能源消耗少的环节。这说明制造业并未因参与高端技术产品的生产环节产生减排的积极效应。

从出口结构转型带来的生产规模扩大对碳排放的影响来看，生产规模的碳排放效应均为正，这与前面细分行业的面板估计结果相符。说明不同技术行业嵌入全球价值链生产引致规模效应不存在差异性。但从嵌入全球价值链引致的产业结构调整对碳排放的影响来看，产业结构的碳排放效应存在明显的行业差异。对于高技术和中高技术行业来说，产业结构的变动可以有效抑制行业碳排放。

从出口结构转型带来的技术水平提升对碳排放的影响来看，对于高技术和低技术行业来说，检验结果均为负值，表明技术效应的减排作用显著。随着制造业整体研发水平的不断提升和进步，均会引进和应用行业先进的清洁技术，并最终实现行业碳排放量降低。而对于中高技术和中低技术行业，检验结果相反。对于中高技术行业，主要是依靠行业自身研发技术水平提升抑制碳排放增长，而对于中低技术行业，引进外资带来高端技术的溢出效应是促进行业减排的主要动力来源。

（二）不同能耗强度行业分类

本书采用 2005 年至 2014 年中国制造业 28 个行业的工业总产值和终端能源消费量，根据能源消耗强度的不同，将这些行业内部结构分解为高能耗、中能耗和低能耗三类。具体分类详见章末附表 2。通过对比各制造业分组中行业数与时间长度，可以发现，低能耗行业数据的个体数大于时间长度，属于短面板模型。利用 Hausman 方法对模型一至模型六进行检验，决定应采用固定效应模型或是随机效应模型。而中能耗和高能耗行业的时间长度大于个体数，属于长面板模型，利用 Wald 检验和 Wooldridge 检验对模型进行检验，决定应采用 PCSE（面板矫正标准误差）或是 FGLS（可行广义最小二乘法）更合适。具体的 Hausman、Wald 和 Wooldridge 检验结果如表 6.4 所示。

表 6.4　按能耗强度分组行业的 Wald 检验和 Wooldridge 检验结果

分组	检验方法	模型一	模型二	模型三	模型四	模型五	模型六
低能耗	Hausman	5.12/0.644 9	14.94/0.060 3	7.66/0.467 3	7.80/0.452 8	18.27/0.019 3	8.19/0.415 3
中能耗	Wald	80.63/0.000 0	69.46/0.000 0	249.91/0.000 0	103.35/0.000 0	106.00/0.000 0	1420.99/0.000 0
	Wooldridge	3.630/0.105 4	11.998/0.013 4	20.000/0.004 2	4.925/0.068 3	3.262/0.120 9	2.349/0.176 3
高能耗	Wald	74.52/0.000 0	191.06/0.000 0	138.45/0.000 0	75.01/0.000 0	88.83/0.000 0	190.51/0.000 0
	Wooldridge	73.991/0.000 1	63.089/0.000 1	49.626/0.000 2	75.520/0.000 1	62.295/0.000 1	75.236/0.000 1

模型选择方法已有解释，此处不再赘述。从模型参数估计结果中，对比不同能源消耗强度的行业嵌入全球价值链分工的碳排放直接效应和间接效应值，结果如柱状图 6.3 所示。

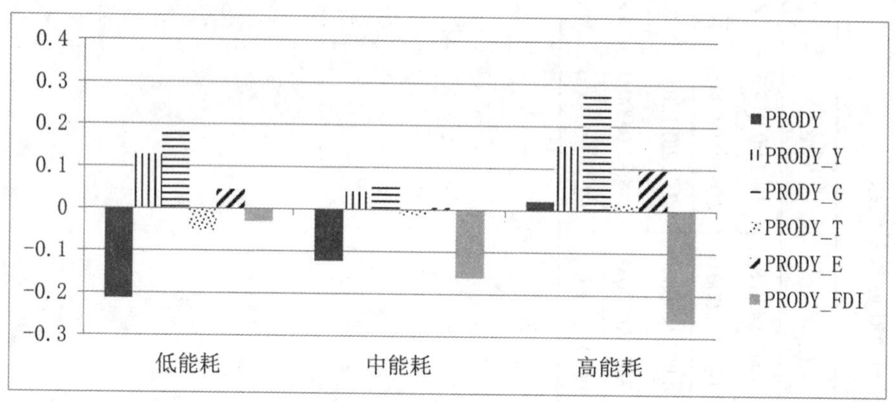

图 6.3　按能耗强度分组行业嵌入全球价值链分工的碳排放直接效应和间接效应

无论是低能耗、中能耗还是高能耗制造行业，嵌入全球价值链、出口结构转型带来的生产规模效应、结构效应和环境治理效应均不存在行业差异性，与细分行业总体面板估计结果一致。行业差异性主要表现在出口结构转型带来的直接影响和技术效应上。对于低能耗和中等能耗行业，行业出口复杂度和技术研发强度提升将抑制碳排放量增加；而对于高能耗行业，嵌入全球价值链生产增加碳排放，而行业技术研发对碳减排作用则无效。

四、本章小结

本章以 2005 年至 2014 年为研究区间，探究了中国制造业细分行业出口结构转型的直接和间接碳减排效应，并考虑了行业异质性，对比分析了不同技术研发强度行业和不同能源消耗强度行业的出口结构转型对碳排放影响的差异性。研究结论如下：

（1）对于目前嵌入全球价值链的中国制造业，总体上看出口结构转型会导致碳排放量增加，但对于中低能耗行业来说，出口结构转型可以减少行业碳排放。而总体碳排放量增加是由于制造业参与国际分工主要集中于高碳排和高端技术行业的组装加工等环节。

（2）对于制造业而言，行业技术研发具有显著的碳减排效应。然而就中低技术、中高技术和碳排放密集型行业而言，该结论具有明显差异。政府应注重引导外商资本流入中高技术行业，以促进技术溢出效应从而实现碳减排的积极影响。同时，也应注重中低技术行业以及高能耗行业的高新技术和清洁能源的使用。

（3）虽然产业结构调整对行业整体碳减排效果不明显，但对于高技术和中高技术行业来说，产业结构变动，调整高碳排和低碳排产品的生产比例，对碳排放有显著抑制作用。总之，通过优化产业结构转型升级，加大行业企业的技术研发强度，提高高端技术行业参与全球价值链分工的地位和位置，有利于减排目标的实现。

附表 1 按照技术类型制造业内部结构划分

高技术	医药制造业；电子及通信设备制造业；仪器仪表及文化、办公用机械
中高技术	化学原料及化学制品制造业；普通机械制造业；专业设备制造业；交通运输设备制造业；电器机械及器材制造业
中低技术	石油加工及炼焦业；化学纤维制造业；橡胶制品业；塑料制品业 非金属矿物制品业；黑色金属冶炼及压延加工业；有色金属冶炼及压延加工业；金属制品业
低技术	食品加工和制造业；饮料制造业；烟草加工业；纺织业；服装及其他纤维制品制造；皮革皮毛羽绒及其制造业；木材加工及竹藤棕草制造业；家具制造业；造纸及纸制品业；印刷和记录媒介复制业；文教体育用品制造业；其他制造业

资料来源：OECD: ANBERD and STAN databases，July 2011。

附表 2　按能耗强度制造业内部结构划分

高能耗行业	中能耗行业	低能耗行业
黑色金属冶炼及压延加工业 1.208 069 非金属矿物制品业 0.846 559 化学原料及化学制品制造业 0.767 942 石油加工及炼焦业 0.613 499 有色金属冶炼及压延加工业 0.469 606 造纸及纸制品业 0.344 707 化学纤维制造业 0.338 006 橡胶制品业 0.299 855	纺织业 0.232 955 其他制造业 0.226 536 饮料制造业 0.201 604 医药制造业 0.159 038 木材加工及竹藤棕草制造业 0.155 778 金属制品业 0.127 283 食品加工和制造业 0.125 353	普通机械制造业 0.093 325 塑料制品业 0.092 787 专业设备制造业 0.079 647 交通运输设备制造业 0.063 326 印刷和记录媒介复制业 0.060 189 服装及其他纤维制品制造 0.057 764 皮革皮毛羽绒及其制造业 0.055 313 文教体育用品制造业 0.052 092 电器机械及器材制造业 0.049 343 烟草加工业 0.044 388 仪器仪表及文化、办公用机械 0.044 008 家具制造业 0.043 061 电子及通信设备制造业 0.042 026

注：行业后面的数据为能耗强度。数据由各行业终端能源消耗量 / 工业总产值计算得来，单位为 t 标准煤 / 万元。规模以上工业总产值：在查找数据的过程中发现 1998 年之后《中国工业统计年鉴》公布的行业数据是规模以上企业工业指标，为防止实证检验时与实际情况出现偏差，相关指标如规模以上企业工业总产值、固定资产、全部职工人数、外商资本均不能直接使用。本书参考陈诗一（2011）的做法进行口径调查，将相关指标调整到全部企业统一口径。

第七章　全球价值链、中间品贸易与制造业企业的价值链生产长度

一、引言

改革开放以来，中国不断通过降低关税和非关税壁垒等措施提升贸易自由度，促进中国企业融入全球价值链（global value chain，GVC）生产网络。尤其是在 2001 年加入 WTO 以后，中国不断深化贸易自由化改革，贸易自由化水平进一步提升。如图 7.1 所示，中国制造业企业的平均中间品关税水平已由 2000 年的 15.7% 下降至 2013 年的 6.9%，中间品贸易自由化水平大幅提升。那么，中间品关税减让对中国制造业参与全球价值链产生哪些影响？尤其是，中间品关税减让是否会影响制造业企业拓展价值链上下游的能力？由于价值链生产长度可以衡量行业生产结构复杂度和产业结构的高度化程度（倪红福 等，2016a），中间品关税减让是否有利于优化和升级产业结构，为稳定经济增长积累新动力？为了回答以上问题，本书利用微观企业大样本数据，从价值链生产长度的角度研究中间品关税减让对企业参与价值链生产的影响。希望通过本书的研究，客观地评价中国中间品关税减让的政策效果，并为我国企业更好地融入全球价值链、促进产业升级提供借鉴。

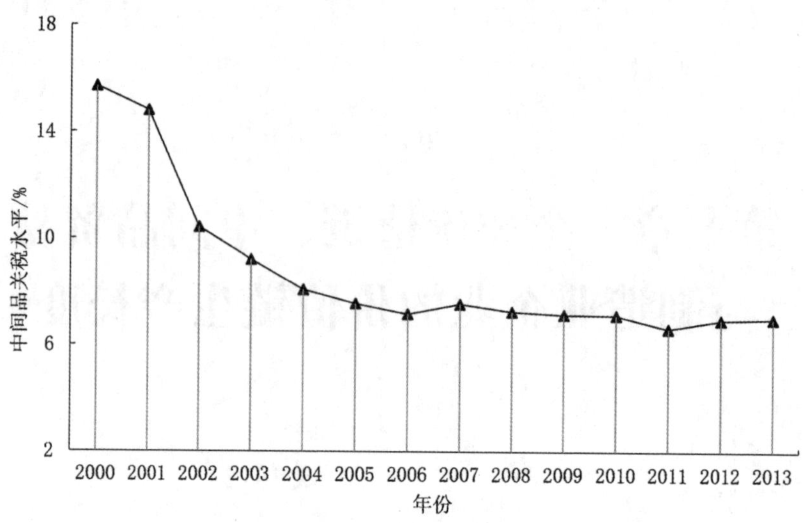

图 7.1　企业中间品关税水平

相较于以往主要聚焦于最终产品关税的研究（Goldberg et al.，2010；余淼杰，2010；Topalova et al.，2011；Fan et al.，2015），目前的研究逐渐转向对中间品关税减让政策效应的考察。其中，很多研究关注中间品关税减让对微观企业绩效的影响，分析中间品贸易自由化是否影响企业生产效率和竞争力。Yu（2015）的研究表明，中间品关税每下降 10 个百分点将导致生产率提高 5.1%。田巍和余淼杰（2014）发现中间品关税的下降提高了企业的研发水平，中间品关税的下降增加了企业利润，扩大了研发空间。在企业加成率方面，毛其淋和许家云（2017）考察了中间品贸易自由化对企业加成率的微观效应及其作用机制，认为中间品贸易自由化可以提高企业的成本加成定价能力，其影响程度呈现出“倒 U 形”的动态变化趋势。祝树金等（2018）的研究则认为中间品贸易自由化提高了多产品出口企业的产品加成率，并且对核心产品加成率的促进效应要显著大于非核心产品。

在中间品关税与企业出口产品质量关系方面，Bas 和 Strauss-Kahn（2015）利用 2000 年至 2006 年中国制造业企业微观数据，研究降低中间品关税对企业出口产品价格和质量的影响。他们认为，降低中间品关税有利于提升企业进口和出口产品的质量。石小霞和刘东（2019）进一步研究发现，降低中间品关税的影响因出口产品目的地、产品类别和企业所有制而具有显著的异质性。林正静（2019）对企业异质性研究发现，与较高生产率的企业相比，中间品贸易自由化对较低生产率和融资约束程度较低的企业出口产品质量提升幅度较大。

与本书关系密切的另一类文献是中间品关税对于企业参与全球价值链的影响。进口投入成本是企业竞争力的重要组成部分，同时也部分决定了它们参与全球生产网络的能力。刘斌等（2015）的研究认为，中间品关税减让有利于中国企业参与全球价值链网络，同时也显著提升了中国企业在全球价值链体系中的分工地位。加拿大的证据也显示，取消其制造业中间投入和机械设备的部分关税，为加拿大企业更好地参与全球价值链生产提供了有利条件（Ciuriak et al.，2014）。余心玎等（2016）的研究则表明，中间品进口关税的部分或全部消减将有利于进口中间投入品及设备的高效利用，降低多阶段生产成本，进而促进各国提升在全球价值链中的参与深度和广度。值得注意的是，上述研究多使用宏观或者行业数据。为了探索微观企业参与全球价值链中的位置，Chor 等（2014）使用中国投入产出表测算企业进出口产品所属行业的上下游位置。与其后的一些研究（Ju et al.，2015；Alfaro et al.，2019）在方法上类似，Chor 等（2014）以进出口比例作为权重简单测算企业整体的进出口上下游度。

通过对文献的梳理，我们可以发现，目前的研究更多集中在中间品关税对于企业的生产绩效、出口质量影响等方面，而在企业价值链生产长度的方面研究较少。少量关于中间品关税对企业参与全球价值链影响的研究，大多集中在宏观或行业层面，缺乏微观视角。同时，以往对微观企业参与全球价值链的测度，仅测算企业整体的进出口上下游度，无法对不同企业的价值链生产长度进行测算。鉴于此，本书将全球价值链生产长度拓展到微观企业层面，并细化企业参与价值链的形式，研究中间品关税对于中国制造业企业价值链生产长度的影响。

与以往文献相比，本书的边际贡献主要包括以下几点：首先，在研究样本方面，本书将工业企业数据库、海关贸易数据库、进口关税数据库和

UIBE GVC（国际商务与经济全球价值链指标体系）全球价值链数据库合并，构建了企业层面的价值链生产长度数据，并形成了时间跨度为2000年至2013年的微观大样本数据库。本书将中间品贸易自由化与价值链生产长度的研究拓展到微观企业层面，充分考虑了企业参与中间品贸易和全球价值链的异质性差异，避免了加总谬误。其次，在研究方法上，针对中国实行的双重关税制度，本书将中间品关税减让视为准自然实验，采用倍差法进行估计，有效地克服了模型设定可能存在的内生性问题。再次，在研究内容方面，本书发展了基于增加值分解的测算方法，可以衡量国内生产、传统（李嘉图）贸易和GVC贸易三种价值链生产长度，一定程度上克服了单纯以进出口比例作为权重衡量整体上下游度测算方法的不足，拓展了微观企业价值链生产长度方面的研究。最后，本书选择企业的中间品进口数量和质量分别作为中介变量进行机制分析，可以进一步了解中间品关税对微观企业参与全球价值链的影响机制。

二、核心指标构建

（一）企业进口关税水平测度

WTO的Tariff Download Facility数据库提供了HS[①]六位数产品层面的关税数据。根据联合国产品分类标准（broad economic categories，BEC），进出口产品可以大致区分为中间品和最终消费品。本书参考Amiti和Konings（2007）、毛其淋和许家云（2017）的做法，根据合并后的进出口贸易数据构造如下企业层面的中间品关税变量：

① HS CODE是《商品名称及编码协调制度》的简称，英文名称为the harmonization system code。

$$\tau_{it}^{\text{int}} = \sum_{h \in \Omega_{it}} \left(\frac{m_{iht}}{\sum_{h \in \Omega_{it}} m_{iht}} \right) \cdot \tau_{ht}^{\text{int}} \tag{7.1}$$

其中，τ_{it}^{int} 表示企业 i 在 t 年份面临的中间品进口关税；h 代表 HS 六位数产品编码；Ω_{it} 代表企业 i 进口的产品集合；τ_{ht}^{int} 和 m_{iht} 分别表示企业 i 在 t 年对产品 h 的中间品进口关税率和进口额。通过同样的方式，我们可以构建企业的最终消费品关税变量：

$$\tau_{it}^{\text{cons}} = \sum_{h \in \Omega_{it}} \left(\frac{w_{iht}}{\sum_{h \in \Omega_{it}} w_{iht}} \right) \cdot \tau_{ht}^{\text{cons}} \tag{7.2}$$

其中，τ_{it}^{cons} 表示企业 i 在 t 年份面临的最终消费品进口关税；τ_{ht}^{cons} 和 w_{iht} 分别表示企业 i 在 t 年对产品 h 的最终品进口关税率和进口额。

（二）行业层面的价值链生产长度测度

1. 行业整体价值链生产长度

价值链生产长度是衡量产业结构复杂度和高度的重要指标。价值链生产长度越长，产业链条越长，生产结构复杂度就越高，产业结构就越高度化（倪红福 等，2016a）。Hummels 等（2001）根据国内外价值构成初步测算国际生产分割程度，Dietzenbacher 等（2005）进一步提出生产链长度概念，Wang 等（2017a）根据多区域投入产出模型，将价值链生产长度定义为某个行业从最初投入到最终产品消费的平均生产阶段数，即增加值被计算为总产出的平均次数，从而衡量每个行业增加值在全球价值链上下游中的足迹。Wang 等（2017a）的测算方法需要首先利用世界投入产出表计算国家或地区的一个行业增加值，其公式为

$$\hat{\boldsymbol{V}}\hat{\boldsymbol{Y}} + \hat{\boldsymbol{V}}\hat{\boldsymbol{Y}} + \hat{\boldsymbol{V}}\boldsymbol{A}\boldsymbol{A}\hat{\boldsymbol{Y}} + \cdots = \hat{\boldsymbol{V}}(1 + \boldsymbol{A} + \boldsymbol{A}\boldsymbol{A} + \cdots)\hat{\boldsymbol{Y}} = \hat{\boldsymbol{V}}(\boldsymbol{I} - \boldsymbol{A})^{-1}\hat{\boldsymbol{Y}} = \hat{\boldsymbol{V}}\boldsymbol{B}\hat{\boldsymbol{Y}} \tag{7.3}$$

其中，$\hat{\boldsymbol{V}}$ 是 $GN \times GN$ 的直接增加值系数对角矩阵；$\boldsymbol{A}$ 是 $GN \times GN$ 的直接消耗矩阵；$(\boldsymbol{I} - \boldsymbol{A})^{-1}$ 是里昂惕夫逆矩阵，表示为 $\boldsymbol{B}$；$\hat{\boldsymbol{Y}}$ 是 $GN \times GN$ 的最终

消费品对角矩阵。

在生产阶段将增加值用作投入时，无论是最终投入还是中间投入，在使用增加值时都将计为产出的一部分。利用每一个阶段的生产阶段数作为权重，对每个生产阶段增加的行业增值加总，即得到全球价值链上一个行业增加值引致的总产出：

$$\begin{aligned}&\hat{V}\hat{Y}+2\hat{V}\hat{Y}+3\hat{V}A\hat{Y}+\cdots\\&=\hat{V}(1+2A+3AA+\cdots)\hat{Y}=\hat{V}(B+AB+AAB+\cdots)\hat{Y}=\hat{V}BB\hat{Y}\end{aligned} \tag{7.4}$$

则一个行业的价值链生产长度（production length，PL）被定义为

$$\mathrm{PL}=\frac{\hat{V}BB\hat{Y}}{\hat{V}B\hat{Y}} \tag{7.5}$$

其中，PL 是一个 $GN\times GN$ 矩阵，它衡量一个行业对使用的增加值在整个生产过程中被计为总产值的平均次数。生产链越长，表示该行业从初始要素投入到最终消费所经历的生产阶段数就越多。

价值链生产长度可以进一步分为前向生产链长度和后向生产链长度。矩阵 PL 的元素沿着行方向进行加总，得出一个行业的增加值被计入生产总值的次数，即基于前向产业联系的平均生产长度度量。用矩阵表示为

$$\mathrm{PLv}=\frac{\hat{V}BB\hat{Y}\mu'}{\hat{V}B\hat{Y}\mu'}=\frac{\hat{V}BBY}{\hat{V}BY} \tag{7.6}$$

其中，$Y=\hat{Y}\mu'$，μ 是一个 $1\times GN$ 向量，所有元素都是 1。前向生产链长度可衡量行业一单位增加值引致的总产出，表示行业要素投入到最终消费的生产阶段数。前向生产链越长，说明该行业下游生产阶段越多，离最终消费端越远，生产复杂程度越高。

对矩阵 PL 的元素沿着列方向进行加总，得到一个行业的最终消费品引致的中间投入，即基于后向产业联系的生产长度。用矩阵表示法给出：

$$\mathrm{PLy}=\frac{\mu\hat{V}BB\hat{Y}}{\mu\hat{V}B\hat{Y}}=\frac{VBB\hat{Y}}{VB\hat{Y}} \tag{7.7}$$

其中，$V=\mu\hat{V}$。后向价值链生产长度衡量了最终产品的单位价值所诱发所

有上游行业的总中间投入。后向生产链越长，最终产品具有的上游生产阶段就越多，离生产端越远，说明该部门处于价值链的下游。该方法可以按照增加值去向与来源进一步分解为纯国内、传统（李嘉图）贸易和中间品（GVC）贸易三个部分，从而追踪生产链条上各种参与方式的增加值与总产出。按照这种分解方式，我们可以把行业的价值链生产长度进一步进行分解。

2. 行业价值链生产长度分解

根据 Wang 等（2017a，b）的研究，在全球价值链中，各国家或地区各行业的生产活动按照增加值去向可以分解为三部分，如下所示：

$$\hat{V}BY = \underbrace{\hat{V}LY^{D}}_{V\_D} + \underbrace{\hat{V}LY^{F}}_{V\_RT} + \underbrace{\hat{V}LA^{F}BY}_{V\_GVC} \tag{7.8}$$

其中，Y^{D} 表示 $GN\times 1$ 的国内最终消费列向量；L 是国内里昂惕夫逆矩阵，它是一个 $GN\times GN$ 的对角模块矩阵；Y^{F} 是 $GN\times 1$ 的出口最终品列向量；A^{F} 是 $GN\times GN$ 的进口直接消耗系数矩阵。上式中 V_D 部分是隐含在国内消耗最终品中的国内增加值；V_RT 部分是隐含在出口最终品中的增加值；V_GVC 部分是隐含在出口中间品中的增加值。根据上述分解方法对生产链长度进行分解，前向价值链生产长度根据生产与贸易活动是否跨越国界分为三个部分：前向纯国内生产长度（PLv_D）、前向传统（李嘉图）贸易生产长度（PLv_RT）、前向 GVC 贸易生产长度（PLv_GVC），公式如下：

$$\text{PLv\_D} = \frac{\hat{V}BBY^{D}}{\hat{V}BY^{D}} \tag{7.9}$$

$$\text{PLv\_RT} = \frac{\hat{V}BBY^{F}}{\hat{V}BY^{F}} \tag{7.10}$$

$$\text{PLv\_GVC} = \frac{\hat{V}LLA^{F}BY}{\hat{V}LA^{F}BY} \tag{7.11}$$

于是，一个行业的前向价值链生产长度 PLv 可以重新表示为

$$\text{PLv} = \omega^{D}\times \text{PLv\_D} + \omega^{RT}\times \text{PLv\_RT} + \omega^{GVC}\times \text{PLv\_GVC} \tag{7.12}$$

其中，ω^{D}、ω^{RT}　ω^{GVC} 分别表示按照去向分解的增加值比重。类似地，各国家或地区各行业最终品引致的增加值按照来源也可以分解为三部分：

$$\boldsymbol{VB\hat{Y}} = \underbrace{\boldsymbol{VL\hat{Y}}^{\mathrm{D}}}_{\mathrm{Y\_D}} + \underbrace{\boldsymbol{VL\hat{Y}}^{\mathrm{F}}}_{\mathrm{Y\_RT}} + \underbrace{\boldsymbol{VLA}^{\mathrm{F}}\boldsymbol{B\hat{Y}}}_{\mathrm{Y\_GVC}} \tag{7.13}$$

其中，Y_D 部分是指来源于国内消耗最终品中隐含的国内增加值；Y_RT 部分是指来源于出口最终品中隐含的增加值；Y_GVC 部分是来源于出口中间品中隐含的增加值。按照增加值来源，可以将后向价值链生产长度分解为后向纯国内生产长度（PLy_D）、后向传统（李嘉图）贸易生产长度（PLy_RT）、后向 GVC 贸易生产长度（PLy_GVC），公式如下：

$$\mathrm{PLy\_D} = \frac{\boldsymbol{VBB\hat{Y}}^{\mathrm{D}}}{\boldsymbol{VB\hat{Y}}^{\mathrm{D}}} \tag{7.14}$$

$$\mathrm{PLy\_RT} = \frac{\boldsymbol{VBB\hat{Y}}^{\mathrm{F}}}{\boldsymbol{VB\hat{Y}}^{\mathrm{F}}} \tag{7.15}$$

$$\mathrm{PLy\_GVC} = \frac{\boldsymbol{VLLA}^{\mathrm{F}}\boldsymbol{B\hat{Y}}}{\boldsymbol{VLA}^{\mathrm{F}}\boldsymbol{B\hat{Y}}} \tag{7.16}$$

行业的后向价值链生产长度 PLy 可以重新表示为

$$\mathrm{PLy} = \gamma^{\mathrm{D}} \times \mathrm{PLy\_D} + \gamma^{\mathrm{RT}} \times \mathrm{PLy\_RT} + \gamma^{\mathrm{GVC}} \times \mathrm{PLy\_GVC} \tag{7.17}$$

其中，γ^{D}、γ^{RT}、γ^{GVC} 分别表示按照三种来源分解的增加值比重。对行业价值链生产长度的分解，不仅可以帮助我们更加清晰地了解以不同形式参与价值链的行业生产链长度，也为我们度量不同类型企业的价值链生产长度奠定了基础。

3. 企业层面的价值链生产长度测度

一个参与全球价值链的企业可能有四种参与方式：进口中间品、出口中间品、进口最终产品以及出口最终产品。除了参与全球价值链，一般企业也可能参与国内价值链，即使用国内提供的中间品进行生产。因此，本书在参考 Ju 和 Yu（2015）、袁媛和綦建红（2019）的方法基础上，根据企业参与全球价值链的方式，分别测算三种价值链生产长度。其中，前向纯国内生产链长度测算思路是剔除企业国际贸易部分，保留国内贸易部分，其公式为

$$\mathrm{PLv}_i\_\mathrm{D} = \sum_{j=1}^{N} \mathrm{PLv}_j\_\mathrm{D} \bullet \frac{\lambda_{ij}\left(\mathrm{Sale}_i - \mathrm{Trade}_i\right)}{\mathrm{Sale}_i} \tag{7.18}$$

其中，PLv_j_D 表示 j 行业的前向纯国内生产链长度；$Sale_i$ 表示 i 企业的总销售额；$Trade_i$ 表示 i 企业的出口额；λ_{ij} 表示 i 企业在 j 行业的销售额比例。由于中国工业企业数据库并没有企业在具体行业的销售数据，本书使用海关数据库企业的出口比例作为销售比例的替代变量。前向传统（李嘉图）贸易生产链长度为

$$PLv_i\_RT = \sum_{j=1}^{N} PLv_j\_RT \cdot \frac{Con\_Trade_{ij}}{Con\_Trade_i} \tag{7.19}$$

其中，PLv_j_RT 表示 j 行业的前向传统（李嘉图）贸易生产链长度；Con_Trade_{ij} 表示 i 企业在 j 行业的最终品进口或出口；Con_Trade_i 表示 i 企业的最终品进出口总额。前向 GVC 贸易生产链长度为

$$PLv_i\_GVC = \sum_{j=1}^{N} PLv_j\_GVC \cdot \frac{Int\_Trade_{ij}}{Int\_Trade_i} \tag{7.20}$$

其中，PLv_j_GVC 表示 j 行业的前向 GVC 贸易生产链长度；Int_Trade_{ij} 表示 i 企业在 j 行业的中间品进口或出口；Int_Trade_i 表示 i 企业的中间品进出口总额。那么企业 i 的前向生产链长度 PLv_i 则为三个部分的加权平均值：

$$PLv_i = \omega^{D} \times PLv_i\_D + \omega^{RT} \times PLv_i\_RT + \omega^{GVC} \times PLv_i\_GVC \tag{7.21}$$

同样地，三种贸易方式的后向价值链生产长度可以表示为

$$PLy_i\_D = \sum_{j=1}^{N} PLy_j\_D \cdot \frac{\lambda_{ij}(Sale_i - Trade_i)}{Sale_i} \tag{7.22}$$

$$PLy_i\_RT = \sum_{j=1}^{N} PLy_j\_RT \cdot \frac{Con\_Trade_{ij}}{Con\_Trade_i} \tag{7.23}$$

$$PLy_i\_GVC = \sum_{j=1}^{N} PLy_j\_GVC \cdot \frac{Int\_Trade_{ij}}{Int\_Trade_i} \tag{7.24}$$

其中，PLy_j_D 表示 j 行业的后向纯国内生产链长度；PLy_j_RT 表示 j 行业的后向传统（李嘉图）贸易生产链长度；PLy_j_GVC 表示 j 行业的后向 GVC 贸易生产链长度。则企业 i 的后向生产链长度 PLy_i 为

$$PLy_i = \gamma^{D} \times PLy_i\_D + \gamma^{RT} \times PLy_i\_RT + \gamma^{GVC} \times PLy_i\_GVC \tag{7.25}$$

从以上计算过程可以看出，企业前向生产链越长，说明该企业离最终消费端越远，越处于价值链上游位置；而企业的后向生产链越长，企业的上游生产阶段就越多，离生产端越远，说明企业处于价值链的下游位置。需要特别注意的是，如倪红福（2016b）所指出的，行业价值链生产长度（步长）是根据行业部门离最终需求的距离或者增加值传递的长度来定义的，是高度抽象的，与现实经济生产过程中从材料与零部件到最终产品的“生产链条长度”和“生产上下游”不是完全对应的。Wang 等（2017a，b）构建的行业价值链生产长度同样也具有这种高度抽象特征，前向价值链生产长度衡量了行业产品距离最终需求部门的平均距离，后向价值链生产长度衡量了行业的初始增加值到产品部门的平均距离。本书在 Wang 等（2017a，b）构建的行业价值链生产长度的基础上，使用企业生产的产品所属行业的前向价值链生产长度加权平均来定义企业的前向价值链生产长度，是对企业产品到最终需求距离的一种测度；相对应地，企业后向价值链生产长度是以企业产品所属行业的后向价值链生产长度加权平均来定义的，是对企业产品距初始增加值来源阶段距离的测度。根据上述定义方法，企业价值链生产长度在反映企业所处价值链位置的同时，也在一定程度上反映企业参与复杂产品生产的能力。因此，本书从企业层面对价值链生产长度进行测度，一方面可以增加对我国制造业企业所处的价值链位置的了解，同时也可以考察中间品关税减让是否促进了制造业企业参与或生产更多复杂产品。

三、数据处理

（一）数据来源

为了研究中间品关税减让对企业价值链生产长度的影响，本书依靠以下四个数据库：第一个是 WTO 提供的产品进口关税数据；第二个是行业层面的价值链生产长度数据；第三个是企业层面的生产数据；最后一个是产品层面的海关贸易数据。

其中，产品进口关税数据来自 WTO 的 Tariff Download Facility 数据库和 WITS 数据库。它统计了中国各年度的产品关税数据，使用 HS 六位数从价税来衡量产品关税水平，既包括中间产品也包括最终消费品。

行业层面的价值链生产长度数据来自对外经济贸易大学全球价值链研究院的 UIBE GVC Index 数据库。此套数据基于 WIOD 2016 数据库中的 43 个国家或地区、56 个部门 2000 年至 2014 年间的世界投入产出表，测算国际贸易中增加值贸易以及有关全球价值链或国际生产分工的指数，主要包括全球价值链生产分解、双边总贸易流的分解和全球价值链生产长度的分解三类派生数据。

本书使用的第三套数据是来自国家统计局的中国工业企业数据库。其统计调查的对象涵盖了全国的“规模以上工业企业”。该套数据提供了有关三大会计报表的完整信息（即资产负债表、损益表和现金流量表），包括 100 多个财务指标。本书参考 Yu（2015）的方法，对数据库中的样本进行清理。首先，排除了缺少例如总资产、固定资产净值、工业总产值等关键财务变量的观测值。其次，参考 Brandt（2012）的方法，排除少于八名工人的企业。最后，根据公认会计原则（GAAP）的基本规则删除样本中的观察值。

本书用到的最后一套数据为海关数据库。该数据库记录了极为细分的产品层面进出口贸易数据，包括 HS 八位数级别的交易价格、数量和价值等。该数据库在区分进出口贸易的同时，还根据贸易方式区分贸易类型。

（二）数据库合并过程

由于本书使用到了四套数据库，需要在不同的数据库之间进行合理、有效的数据匹配。海关数据库和关税数据库都记载了产品层面的信息，且都使用了 HS 编码。因此，本书首先对产品层面的数据信息进行匹配。海关数据库使用的是 HS 八位数产品编码，而 WTO 关税数据库使用的是 HS 六位数产品编码。因此，本书先将海关 HS 八位数级别的海关贸易数据汇总到HS六位数级别，以与关税数据进行匹配。由于本书不存在跨年份的数据匹配，因此在对海关数据库和关税数据库进行匹配时不用考虑HS产品编码标准在样本期的调整。将上述匹配后产品层面的数据与行业层面的价值链生产长度数据继续进行匹配。由于UIBE GVC Index数据库同WIOD数据库行业分类一致，采用欧洲产业经济活动统计第2版（NACE Rev.2）分类标准，因此本书先根据OECD双边贸易数据库提供的HS六位数产品编码与国际标准行业分类第四版（ISIC Rev.4.0）转换表，将产品层面的数据与ISIC Rev.4.0行业相对应。以ISIC Rev.4.0作为桥梁，进一步对应到NACE Rev.2行业，这样就完成了产品层面的海关贸易数据、关税数据与行业层面的价值链生产长度数据匹配工作。

经过匹配后，本书将上述数据与企业层面的工业企业数据进行了匹配。本书参考田巍和余森杰（2013）的方法，采用两种方式进行匹配。第一种方法是根据企业名称和年份进行匹配，如果同一企业在同一年在两套数据中都有相同的名字，那么就认为它们是同一个企业。第二种方法是通过企业的邮政编码和最后7位的电话号码进行匹配，在合并过程中，剔除了邮政编码和电话号码缺失或无效的企业。为了方便数据处理，本书参考毛其淋和许家云（2017）的处理步骤，首先根据企业名称和年份进行匹配，然后在原样本中剔除已经匹配成功的样本，剩下的样本再按照企业所在地的邮政编码和最后7位的电话号码信息来进一步识别两个数据库中相同的企业。最终，本书得到了602 106个企业观测值和44 590 399个产品观测值，样本时间跨度为2000年至2013年。

四、实证模型设计

为鼓励出口，中国自1979年以来实行加工贸易制度（Bas et al.，2015）。相对于一般贸易企业，加工企业实际享受免收关税或关税返还的待遇，而一般贸易企业则面临较高的名义关税。鉴于此，本书将这种双重关税制度视为一个准自然实验。将一般贸易企业设为处理组，免收关税的加工企业为对照组。参考 Bas 和 Strauss-Kahn（2015），构造以下倍差法回归模型：

$$PL_{it}=\alpha_0+\alpha_1 \text{Treat}_i+\alpha_2\tau_{it}^{\text{int}}+\alpha_3 \text{Treat}_i\times\tau_{it}^{\text{int}}+\theta X_{it}+v_k+v_j+v_t+\varepsilon_{it} \tag{7.26}$$

其中，i、j 和 t 用来标记企业、行业和年份；PL 表示价值链生产长度，其测算方法如前文所示；Treat 为表示企业类型的二元虚拟变量，当企业类型为一般企业时 Treat 值取 1；当企业类型为加工企业时 Treat 值取 0；τ^{int} 表示企业面临的中间品关税水平。我们最关注交叉项 Treat× τ^{int} 的估计系数 α_3，它衡量了中间品关税减让对企业价值链生产长度的影响。如果 $\alpha_3<0$，则意味着相对于作为对照组的加工企业，中间品关税减让延长了处理组一般企业的价值链生产长度，促进了企业参与复杂产品的生产。如果 $\alpha_3>0$，则意味着中间品关税减让缩短了一般企业的价值链生产长度，抑制了企业参与复杂产品生产的能力。X 为影响企业价值链生产长度的控制变量，具体包括：

（1）全要素生产率（tfp），本书使用 Stata 软件中 prodest 命令估计企业的全要素生产率。该命令提供了 OP 法（Olley et al.，1996）、LP 半参数法（Levinsohn et al.，2003）和 ACF 法（Ackerberg et al.，2015）等方法估计企业全要素生产率。出于稳健性的考虑本书使用应用更广的 LP 半参数法估计企业的全要素生产率。

（2）企业规模（firmsize），采用企业销售额取对数来衡量。

（3）资本密集度（kdr），用固定资产与从业人员数的比值取对数来表示。

（4）国有企业虚拟变量（state），如果企业的所有制类型是国有企业，则 state 取值为 1，否则为 0 。

（5）企业年龄（age），用估测值年份和企业开业年份的差来衡量。此外，本书还控制了地区固定效应 v_k、行业固定效应 v_j 和年份固定效应 v_t，ε_{it} 表示未观测到的误差项。

考虑到中国于 2001 年加入 WTO 之后，进口关税税率迅速下降，本书以 2001 年作为事件发生年份。将时间虚拟变量（WTO）替换中间品关税率，得到以下回归模型：

$$\mathrm{PL}_{it} = \beta_0 + \beta_1 \mathrm{Treat}_i + \beta_2 \mathrm{WTO}_t + \beta_3 \mathrm{Treat}_i \times \mathrm{WTO}_t + \theta X_{it} + v_k + v_j + \varepsilon_{it} \tag{7.27}$$

其中，WTO 表示时间虚拟变量，在 2002 年及之后取值为 1，2002 年之前取值为 0。交叉项 Treat×WTO 的系数 $\beta_3 < 0$ 仍然是我们最关心的，如果 $\beta_3 > 0$，意味着在加入 WTO 之后，处理组的一般企业价值链生产长度提升幅度大于对照组的加工企业，这表明中间品关税的减让可以延长企业的价值链生产长度；如果 $\beta_3 < 0$，则表明中间品关税的减让可以缩短企业的价值链生产长度。

五、估计结果分析

（一）基准估计结果

表 7.1 报告了中间品关税减让对企业价值链生产长度影响的基准回归结果。其中，列（1）至（3）的被解释变量为企业前向价值链生产长度，列（4）至（6）的被解释变量为企业后向价值链生产长度。列（1）和（4）仅纳入主要解释变量，没有加入控制变量和其他固定效应，以此作为基准估计结果。列（1）和（4）的回归结果发现，交叉项 Treat× τ^{int} 的估计系数显著为负，这说明与对照组加工企业相比，中间品关税减让可以显著延长一般企业的前向和后向价值链生产长度。列（2）和（5）则加入了控制变量，同时也控制了地区、行业以及时间固定效应，结果表明，中间品关税率每下降 1 个百分点，一般企业的前向价值链生产长度比加工企业延长 0.006 个单位，后向价值链生产长度比加工企业延长 0.003 个单位。

表 7.1　基准估计结果

	企业前向价值链生产长度			企业后向价值链生产长度		
	（1）	（2）	（3）	（4）	（5）	（6）
Treat	0.504 1***	0.158 7***	0.122 3***	0.256 7***	0.054 3***	0.053 3***
	（0.012 8）	（0.013 0）	（0.012 7）	（0.011 0）	（0.011 1）	（0.010 9）
τ^{int}	−0.020 1***	−0.001 6*	−0.023 1***	−0.001 2		
	（0.000 9）	（0.000 9）	（0.000 8）	（0.000 8）		
Treat × τ^{int}	−0.009 5***	−0.005 8***		−0.001 7**	−0.002 7***	
	（0.001 0）	（0.000 9）		（0.000 9）	（0.000 8）	
WTO			0.306 6***			0.435 0***
			（0.013 6）			（0.011 7）
Treat×WTO			0.077 0***			0.069 2***
			（0.014 7）			（0.012 6）
tfp		−0.004 1	0.259 1***		−0.035 3***	0.153 6***
		（0.004 7）	（0.003 7）		（0.004 0）	（0.003 2）
firmsize		0.033 0***	−0.116 7***		0.061 1***	−0.043 1***
		（0.003 2）	（0.002 6）		（0.002 7）	（0.002 2）
kdr		0.080 9***	0.096 7***		0.002 7**	0.018 1***
		（0.001 4）	（0.001 3）		（0.001 2）	（0.001 1）
state		0.179 2***	0.186 2***		0.128 9***	0.098 8***
		（0.008 7）	（0.008 6）		（0.007 4）	（0.007 4）
age		0.000 4*	0.002 5***		−0.000 4**	0.001 1***
		（0.000 2）	（0.000 2）		（0.000 2）	（0.000 2）
常数项	1.701 2***	0.975 3***	1.013 4***	2.572 4***	1.802 1***	1.753 4***
	（0.012 4）	（0.022 7）	（0.019 4）	（0.010 7）	（0.019 4）	（0.016 7）
观测值	196 384	164 778	211 962	196 384	164 778	211 962
R^2	0.069 9	0.287 9	0.187 9	0.058 4	0.272 9	0.172 3
地区固定	否	是	是	否	是	是
行业固定	否	是	是	否	是	是
时间固定	否	是	否	否	是	否

注：括号内为标准误，*、**、*** 分别表示 10%、5%、1% 的显著性水平，全书同。

在控制变量方面，表 7.1 列（2）和（5）的结果表明，加入所有控制因素后，全要素生产率对企业的前后向价值链生产长度影响系数为负，说明企业的生产率没有促进企业的价值链生产长度。企业规模的影响系数为正，说明规模越大的企业价值链生产长度越长。资本密集度和国有企业虚拟变量的影响系数显著为正，说明我国资本密集度更高的企业和国有企业相对于其他企业有着更长的价值链生产长度。而企业年龄对企业前后向价值链生产长度的影响系数存在差异，对前向价值链生产长度存在正向影响，对后向价值链生产长度的影响系数则显著为负。表 7.1 列（3）和列（6）采用式（7.27）进行估计，核心解释变量 Treat × WTO 的估计系数均显著为正，这表明加入 WTO 之后，一般企业的价值链生产长度相对于加工企业显著提升，即中间品关税率的下降有利于延长企业前向和后向价值链生产长度，印证了式（7.26）的估计结果具有稳健性。

（二）稳健性检验

本书的基准检验结果表明，降低中间品关税有利于延长中国企业的价值链生产长度，对制造业企业参与复杂产业生产的能力起到了正向促进作用。为了验证以上结果的可信性与稳健性，本书使用以下 3 种方法进行稳健性检验。

1. 概念化倾向得分匹配法（PSM-DID）

为了避免模型设定中潜在的选择性偏差，本书使用概念化倾向得分匹配法（PSM-DID）对式（7.26）的模型进行重新估计。概念化倾向得分匹配法是从与处理组“匹配”的对照组中选择一个样本，然后假定处理组和匹配的对照组之间的差异是处理的结果。本书使用 Stata 软件中的 psmatch2 命令，采用最近邻匹配法从对照组中匹配到与处理组最相近的观察值。选取的匹配变量包括企业的全要素生产率（tfp）、企业规模（firmsize）、资本密集度（kdr）、国有企业虚拟变量（state）以及企业年龄（age）。通过自动创建的 weight 变量充当匹配后的频率权重（fweight）进行加权估计，具体做法为：对于处理组中的观察值，weight 为 1；对于对照组中匹配的观察值，weight 值为处理组匹配的观察值，如果观察结果不匹配，则 weight 定义为缺失值。利用匹配后样本，以 weight 为频率权重进行重新估计，估计结果如表 7.2 列（1）和表 7.3 列（1）所示，核心解释变量 Treat × τ^{int} 依旧显著为负，进一步说明了本书基准估计结果的稳健性。

表 7.2　稳健性检验（1）

	被解释变量：后向价值链生产长度			
	（1） PSM-DID	（2） 加入最终品关税	（3） 行业中间品关税	（4） 关税一阶滞后
Treat	0.097 5*** （0.013 2）	0.155 7*** （0.013 0）	0.420 0*** （0.026 7）	0.170 7*** （0.014 8）
τ^{int}	−0.004 1*** （0.000 3）	0.001 6 （0.001 0）		
τ^{cous}		−0.004 0*** （0.000 5）		
Treat × τ^{int}	−0.005 0*** （0.001 0）	−0.005 6*** （0.000 9）		
τ_j^{int}			0.021 5*** （0.002 8）	
Treat × τ_j^{int}			−0.035 5*** （0.002 8）	
τ_{lag}^{int}				0.002 0* （0.001 1）
Treat × τ_{lag}^{int}				−0.008 0*** （0.001 2）
tfp	0.185 0*** （0.003 4）	−0.004 3 （0.004 7）	−0.023 1*** （0.004 2）	−0.009 7* （0.005 6）
firmsize	−0.114 9*** （0.002 3）	0.033 2*** （0.003 2）	0.048 3*** （0.002 8）	0.040 5*** （0.003 7）
kdr	0.074 3*** （0.001 1）	0.081 0*** （0.001 4）	0.075 9*** （0.001 3）	0.084 9*** （0.001 7）
state	0.183 2*** （0.006 7）	0.179 2*** （0.008 7）	0.187 5*** （0.008 3）	0.177 1*** （0.010 0）
age	−0.001 2*** （0.000 3）	0.000 4* （0.000 2）	0.000 4** （0.000 2）	0.001 0*** （0.000 3）
常数项	1.678 7*** （0.024 9）	0.984 0*** （0.022 7）	0.690 1*** （0.033 6）	0.805 5*** （0.025 0）
观测值	211 962	122 945	201 377	164 778
R^2	0.261 3	0.299 0	0.239 4	0.288 2
地区固定	是	是	是	是
行业固定	是	是	是	是
时间固定	是	是	是	是

2. 考虑最终品关税减让的竞争效应

本书关注的是中间品关税减让的影响，但最终消费品关税的减让会在中间品与最终品之间产生竞争效应，也会对企业的价值链生产长度产生影响。尽管这种竞争效应有可能被回归模型控制的行业固定效应吸收，但本书加入最终消费品关税作为一种稳健性检验，对式（7.26）重新进行估计，结果如表 7.2 列（2）和表 7.3 列（2）所示。从估计结果可以看到，在加入最终消费品关税变量后，核心解释变量 $Treat \times \tau^{int}$ 的估计结果依然显著为负，这表明中间品关税减让延长了企业的前向和后向价值链生产长度，与前文的基准估计保持一致。

3. 替换核心解释变量

前文的回归模型都是基于企业层面的中间品关税进行估计的，本书首先使用行业层面的中间品关税替换原来的解释变量进行估计。中间品关税变量替换为 τ_j^{int}，其中 j 表示企业所在的行业，核心解释变量替换为 $Treat \times \tau_j^{int}$，估计结果如表 7.2 列（3）和表 7.3 列（3）所示。结果显示，使用行业层面的中间品关税进行估计，核心解释变量 $Treat \times \tau^{int}$ 的估计系数依旧显著为负，证明了前文估计结果的可靠性。接下来，使用企业中间品关税的一阶滞后值替换原来的解释变量。使用解释变量一阶滞后值进行估计，在证明基准估计稳健性的同时，也可以进一步地控制回归模型的内生性，估计结果如表 7.2 列（4）和表 7.3 列（4）所示。核心解释变量 $Treat \times \tau_{lag}^{int}$ 的估计系数同基准估计相一致，依然显著为负，进一步证明了本书估计结果的可信性。

表 7.3 稳健性检验 (2)

	被解释变量：后向价值链生产长度			
	（1） PSM-DID	（2） 加入最终品关税	（3） 行业中间品关税	（4） 关税一阶滞后
Treat	0.138 5*** （0.011 8）	0.051 9*** （0.011 1）	0.339 1*** （0.022 8）	0.072 4*** （0.012 6）
τ^{int}	−0.005 3*** （0.000 2）	0.001 3 （0.000 8）		
τ^{cous}		−0.003 2*** （0.000 4）		
$Treat \times \tau^{int}$	−0.005 4*** （0.000 9）	−0.002 5*** （0.000 8）		
τ_j^{int}			0.048 4*** （0.002 4）	

续表

	被解释变量：后向价值链生产长度			
	(1) PSM-DID	(2) 加入最终品关税	(3) 行业中间品关税	(4) 关税一阶滞后
Treat × τ_j^{int}			−0.034 5*** (0.002 4)	
τ_{lag}^{int}				0.001 2 (0.001 0)
Treat × τ_{lag}^{int}				−0.004 7*** (0.001 0)
tfp	0.105 1*** (0.003 0)	−0.035 4*** (0.004 0)	−0.057 3*** (0.003 6)	−0.040 8*** (0.004 7)
firmsize	−0.029 5*** (0.002 0)	0.061 3*** (0.002 7)	0.079 7*** (0.002 4)	0.069 0*** (0.003 2)
kdr	−0.000 4 (0.001 0)	0.002 7** (0.001 2)	0.004 7*** (0.001 1)	0.002 8** (0.001 4)
state	0.085 3*** (0.006 0)	0.128 9*** (0.007 4)	0.136 5*** (0.007 1)	0.126 0*** (0.008 5)
age	−0.002 5*** (0.000 2)	−0.000 5** (0.000 2)	−0.000 8*** (0.000 2)	−0.000 2 (0.000 2)
常数项	201 377 0.354 6	164 778 0.273 1	211 962 0.256 3	122 945 0.283 3
观测值	201 377	164 778	211 962	122 945
R^2	0.354 6	0.273 1	0.256 3	0.283 3
地区固定	是	是	是	是
行业固定	是	是	是	是
时间固定	是	是	是	是

六、中介效应与生产路径分析

（一）中介效应分析

通过前文的分析发现，中间品关税减让可以延长企业的价值链生产长度。那么中间品关税减让是如何影响企业价值链生产长度的呢？接下来，本书使用中介效应模型对中间品关税减让影响企业价值链生产长度的机制进行考察。本书选择企业的中间品进口数量（quantity）和中间品进口质量（quality）作为回归模型的中介变量。根据中介效应的传导机制，本书设置以下回归模型：

$$PL_{it} = \alpha_0 + \alpha_1 \text{Treat}_i + \alpha_2 \tau_{it}^{\text{int}} + \alpha_3 \text{Treat}_i \times \tau_{it}^{\text{int}} + \theta X_{it} + v_k + v_j + v_t + \varepsilon_{it} \tag{7.28}$$

$$M_{it} = \gamma_0 + \gamma_1 \text{Treat}_i + \gamma_2 \tau_{it}^{\text{int}} + \gamma_3 \text{Treat}_i \times \tau_{it}^{\text{int}} + \theta X_{it} + v_k + v_j + v_t + \varepsilon_{it} \tag{7.29}$$

$$PL_{it} = \beta M_{it} + \alpha_0^{'} + \alpha_1^{'} \text{Treat}_i + \alpha_2^{'} \tau_{it}^{\text{int}} + \alpha_3^{'} \text{Treat}_i \times \tau_{it}^{\text{int}} + \theta X_{it} + v_k + v_j + v_t + \varepsilon_{it} \tag{7.30}$$

同前文类似，i 、j 和 t 用来标记企业、行业和年份，PL 表示价值链生产长度，M 表示中介变量，分别为中间品进口数量（quantity）和中间品进口质量（quality）。本书采用施炳展和曾祥菲（2015）的方法测算企业的进口中间品质量，具体方法为：首先对进口中间品的价格和消费量取自然对数，并使用取对数后的价格对消费量进行回归，利用得到的残差项作为 HS 产品层面的进口中间品质量测度；第二步，对 HS 产品层面的中间品质量进行标准化处理，获得每个企业在每种产品上的标准化质量；第三步，以每种产品的消费量为权重，将产品层面的进口中间品标准化质量加总到企业层面。

本书使用 Bootstrap 抽样检验的方法来判断是否存在中介效应。MacKinnon 等（2002）的研究显示，使用 Bootstrap 抽样法的联合显著性检验力度优于依次检验法。Bootstrap 抽样检验首先需要计算间接效应的置信区间，根据 95% 置信区间是否包含 0 判断中介效应是否显著。Bootstrap 抽样检验的置信区间如表 7.4 所示，从表 7.4 中我们可以看到，相对于中间品进口数量，中间品进口质量对企业前后向价值链长度存在显著的中介效应。

式（7.26）的估计结果如前文表 7.1 所示，式（7.28）、（7.29）的结果如表 7.4 所示。表 7.4 列（1）的被解释变量为企业的中间品进口数量，核心解释变量 Treat $\times \tau^{\text{int}}$ 的估计系数显著为负，说明中间品关税减让可以提高一般企业的中间品进口额。表 7.4 列（2）的被解释变量为企业的进口中间品质量，估计结果显示，Treat $\times \tau^{\text{int}}$ 的估计系数显著为负，这表明中间品关税减让有利于中间品进口质量的提高，这同 Bas 和 Strauss-Kahn（2015）的研究结论一致。降低中间品关税为企业进口中间产品节省了费用，减少了企业的投入成本，同时也有利于增加企业利润，增加了企业购买核心零部件和获得核心技术的机会，提升了进口中间品的质量，同时也激励企业吸收和模仿国外先进技术（毛其淋和许家云，2016），对企业的价值链生产长度产生积极影响。

针对表 7.4 列（3）至（6）的结果，分别检验了中间品进口数量和质量对于价值链生产长度的影响。其中，表 7.4 列（3）和（4）的被解释变量为企业前向价值链生产长度，表 7.4 列（5）和（6）的被解释变量为企业后向价值链生产长度。我们发现中间品进口数量对于前后向价值链生产长度的影响存在差异。中间品进口数量对于前向企业价值链生产长度影响系数为负，中间品进口数量的增加缩短了企业的前向价值链生产长度，企业的下游生产阶段减少；与之相对应地，中间品进口量对于企业后向价值链生产长度影响系数为正，这说明增加中间品进口量延长了企业的后向企业价值链生产长度，企业的上游生产阶段增加。造成这种差异可能是因为降低中间品关税会增加企业购买核心零部件和其他中间投入品的机会，提高了企业生产最终消费品的能力，但同时也缩减了企业面对消费者的距离，因此降低中间品关税可以延长企业的后向价值链生产长度，但却缩短了企业的前向价值链生产长度。同时，进口中间品质量的影响系数均显著为正，说明中间品关税减让可以通过提升中间品进口质量延长企业的前后向价值链生产长度。中间品关税减让使企业有机会获得更多的资金进口高质量的中间产品，而高质量的中间产品有利于提高自身生产技术和产品竞争力，进一步提高对上游产品的吸收和对下游产品的供应能力，延长企业的价值链生产长度。

表 7.4　中介效应分析

	（1）	（2）	（3）	（4）	（5）	（6）
	进口中间品数量	进口中间品质量	前向价值链生产长度		后向价值链生产长度	
Treat	9.370 5***	0.002 7*	0.166 9***	0.169 8***	0.063 9***	0.064 1***
	（1.909 7）	（0.001 5）	（0.013 1）	（0.013 1）	（0.011 2）	（0.011 2）
τ^{int}	−0.375 3***	0.001 6***	−0.002 6***	−0.002 5***	−0.002 3***	−0.002 6***
	（0.143 8）	（0.000 1）	（0.000 9）	（0.000 9）	（0.000 8）	（0.000 8）
Treat × τ^{int}	−0.304 5**	−0.000 6***	−0.006 7***	−0.006 7***	−0.003 4***	−0.003 4***
	（0.149 7）	（0.000 1）	（0.000 9）	（0.000 9）	（0.000 8）	（0.000 8）
tfp	−28.232 1***	−0.019 6***	−0.004 5	0.002 7	−0.028 7***	−0.028 4***
	（0.838 3）	（0.000 7）	（0.004 8）	（0.004 8）	（0.004 1）	（0.004 1）
firmsize	52.926 9***	0.041 1***	0.039 1***	0.025 7***	0.053 2***	0.053 8***
	（0.571 5）	（0.000 4）	（0.003 3）	（0.003 3）	（0.002 8）	（0.002 8）
kdr	−8.185 3***	0.002 4***	0.080 7***	0.081 7***	0.004 0***	0.003 7***
	（0.254 3）	（0.000 2）	（0.001 5）	（0.001 5）	（0.001 2）	（0.001 2）
state	−22.605 5***	−0.011 8***	0.177 1***	0.179 9***	0.129 5***	0.129 3***
	（1.424 5）	（0.001 1）	（0.008 7）	（0.008 7）	（0.007 4）	（0.007 4）
age	−0.949 8***	−0.000 8***	0.000 3	0.000 5**	−0.000 3	−0.000 3
	（0.038 1）	（0.000 0）	（0.000 2）	（0.000 2）	（0.000 2）	（0.000 2）
quantity			−0.000 1***		0.000 1***	
			（0.000 0）		（0.000 0）	
quality				0.061 8***		0.073 0***
				（0.014 0）		（0.011 9）
常数项	−274.375 3***	0.134 0***	0.962 4***	1.005 0***	1.867 1***	1.836 4***
	（3.767 6）	（0.003 0）	（0.023 1）	（0.023 0）	（0.019 7）	（0.019 6）
Bootstrap检验			−0.000 07	−0.000 07	−0.000 03	−0.000 09
			0.000 05	−0.000 02	0.000 04	−0.000 02
观测值	301 668	301 668	161 464	161 464	161 464	161 464
R^2	0.140 5	0.263 2	0.292 4	0.291 3	0.276 6	0.276 5
地区固定	是	是	是	是	是	是
行业固定	是	是	是	是	是	是
时间固定	是	是	是	是	是	是

注：列（3）和列（5）的中介变量为中间品进口数量，列（4）和列（6）为中介变量为中间品进口质量；Bootstrap 检验的结果第一行为 95% 置信区间下界，第二行为 95% 置信区间上界。

（二）生产路径分析

随着贸易自由化的深入和通信技术水平的进步，企业的生产技术越来越细化，生产过程也被分割在不同的区域。如果生产分割发生在一个国家内，称为国内生产分割，即国内价值链生产长度的增加；如果生产分割发生在不同的国家或地区内，称为国际生产分割，即国际价值链生产长度的增加（倪红福 等，2016a）。因此，中间品关税减让对于价值链生产长度的影响呈现出不同的方式和演进路径：缩短国内价值链，延长国际价值链，产业链向国外转移；延长国内价值链，缩短国际价值链，产业链向国内回流等；同时延长国内和国际价值链生产长度，或者同时缩短国内和国际价值链生产长度。Wang 等（2017b）的对增加值进行分解的方法，为我们提供了另一种视角来考察中间品关税对于价值链生产长度的影响。在前文中，利用增加值分解，可以把企业的价值链生产长度分为纯国内生产长度、传统贸易生产长度和 GVC 贸易生产长度三种路径。利用式（7.18）至（7.25）的分解方法，使用式（7.26）对这三种细分路径进行回归估计，可以考察中间品关税减让对于价值链生产路径的影响，结果如表 7.5 所示。

表 7.5 价值链生产路径分析

	前向价值链生产路径			后向价值链生产路径		
	（1） PLv_D	（2） PLv_RT	（3） PLv_GVC	（4） PLy_D	（5） PLy_RT	（6） PLy_GVC
Treat	0.410 9***	−0.048 2***	−0.020 7***	0.054 3***	−0.017 2**	0.091 7***
	（0.016 7）	（0.011 5）	（0.005 4）	（0.011 1）	（0.007 7）	（0.004 0）
τ^{int}	0.004 2***	−0.009 0***	0.002 4***	−0.001 2	0.003 0***	0.010 3***
	（0.001 2）	（0.000 8）	（0.000 4）	（0.000 8）	（0.000 6）	（0.000 3）
Treat × τ^{int}	−0.012 0***	0.001 6*	0.000 1	−0.002 7***	−0.000 7	−0.003 4***
	（0.001 3）	（0.000 9）	（0.000 4）	（0.000 8）	（0.000 6）	（0.000 3）
tfp	−0.001 9	0.032 4***	0.053 7***	−0.035 3***	0.011 8***	−0.001 0
	（0.006 3）	（0.004 5）	（0.002 4）	（0.004 0）	（0.003 0）	（0.001 7）
firmsize	0.038 2***	−0.016 0***	−0.027 7***	0.061 1***	−0.002 3	−0.006 1***
	（0.004 2）	（0.003 0）	（0.001 6）	（0.002 7）	（0.002 0）	（0.001 2）
kdr	0.140 6***	0.082 7***	0.057 5***	0.002 7**	−0.013 2***	−0.008 2***
	（0.001 9）	（0.001 4）	（0.000 7）	（0.001 2）	（0.000 9）	（0.000 5）

续表

	前向价值链生产路径			后向价值链生产路径		
	(1) PLv_D	(2) PLv_RT	(3) PLv_GVC	(4) PLy_D	(5) PLy_RT	(6) PLy_GVC
state	0.309 0*** (0.011 0)	−0.027 6*** (0.008 1)	0.004 1 (0.004 1)	0.128 9*** (0.007 4)	−0.052 9*** (0.005 4)	−0.000 8 (0.003 0)
age	0.002 2*** (0.000 3)	−0.000 1 (0.000 2)	0.000 0 (0.000 1)	−0.000 4** (0.000 2)	−0.000 5*** (0.000 1)	0.000 2*** (0.000 1)
常数项	0.127 5*** (0.029 9)	1.682 1*** (0.020 6)	4.095 1*** (0.010 7)	1.802 1*** (0.019 4)	2.465 1*** (0.013 7)	4.786 0*** (0.007 8)
观测值	256 240	178 032	305 473	164 875	178 032	305 473
R^2	0.271 8	0.335 8	0.321 5	0.413 5	0.299 8	0.417 1
地区固定	是	是	是	是	是	是
行业固定	是	是	是	是	是	是
时间固定	是	是	是	是	是	是

表7.5中的第（1）至（3）列的被解释变量分别为前向纯国内生产长度、前向传统（李嘉图）贸易生产长度和前向GVC贸易生产长度，第（4）~（6）列的被解释变量分别为后向纯国内生产长度、后向传统（李嘉图）贸易生产长度和后向GVC贸易生产长度。核心解释变量$Treat \times \tau^{int}$对于前向纯国内生产长度的影响系数显著为负，对前向传统（李嘉图）贸易价值链生产长度的影响系数显著为正，对前向GVC贸易价值链生产长度的影响系数同样为正，但不显著。这说明中间品关税减让对于前向生产路径的影响方式是延长前向国内生产链长度，缩短前向国际生产链长度。在后向价值链生产路径方面，核心解释变量$Treat \times \tau^{int}$对于三种生产路径的影响系数均为负，但对后向传统（李嘉图）贸易价值链生产长度的影响系数不显著。上述结果表明，降低中间品关税可以延长企业的国内生产链长度，而对企业国际生产链长度的影响存在差异：缩短了前向国际生产链长度，延长了后向国际生产链长度。通过生产路径分析可以看到，降低中间品关税对我国制造业企业的影响主要表现在促进产业链回流，有利于制造业企业丰富国内生产链条。

七、本章小结

本章对中间品关税减让如何影响企业价值链生产长度进行了考察。利用合并后的 2000 年至 2013 年中间品进口关税数据、行业层面的价值链生产长度数据、工业企业生产数据和海关贸易数据等大样本数据库，构建了企业层面的中间品关税和前后向价值链生产长度指标。为了解决模型设定的内生性问题，利用中国在贸易领域实行的加工与一般贸易双重进出口制度，将中间品关税减让视为一个准自然实验，使用倍差法模型进行实证分析，并通过不同的方式进行稳健检验证实基准估计的可靠性；在机制分析部分，利用企业中间品进口数量和质量作为中介变量进行中介效应影响分析，并对中间品关税减让对企业价值链生产长度的影响路径进行了考察。本书的实证结果如下。

（1）中间品关税减让可以增加从事一般贸易的企业的价值链生产长度。与从事加工贸易的企业相比，中间品关税率每下降 1 个百分点，一般贸易企业的前向价值链生产长度提高 0.006 个单位，后向价值链生产长度提高 0.003 个单位。加入 WTO 之后，一般贸易企业的价值链生产长度相对应加工贸易企业显著提升，同样说明中间品关税率减让可以延长企业的价值链生产长度。

（2）降低中间品进口关税显著增加了企业中间品进口数量，但中间品进口数量增加对于企业前后向价值链生产长度的影响存在差异：中间品进口量增加会缩短企业前向价值链生产长度，但会延长企业后向价值链生产长度。增加中间品进口量可以减少企业下游生产阶段，缩减企业面对消费者的距离，起到了缩短企业前向价值链生产长度的效果；但同时更多的中间品进口，意味着企业有着更多的上游生产阶段，企业在全球价值链上的位置后移，延长了后向价值链生产长度。

（3）降低中间品进口关税显著提升了企业中间品进口质量，并进一步延长了企业的前后向价值链生产长度。中间品关税减让使企业有机会获得更多的资金购买更加核心的高质量进口品，在提升自身产品的竞争力和生产复杂度的同时，为延长企业的价值链生产长度提供了条件。

（4）中间品关税减让延长了企业前后向国内生产链长度以及后向国际生产链长度，但缩短了前向国际生产链长度。降低中间品关税的措施有利于国际产业链向国内转移，促进了国内产业链的丰富与拓展。

上述结论给我们提供了提升我国价值链地位的三个启示：①稳步推进中间品贸易自由化是促进全球价值链生产网络重新联结的重要手段，是继续促进中国产业结构升级、提升价值链地位的重要途径。②由于中间品进口量对于前后向价值链生产链长度的中介效应影响存在差异，中间品进口量会缩短企业前向价值链生产长度数，延长企业后向价值链生产长度，因此，尽管降低中间品关税有利于中国企业购买到更多的进口产品，但进口更多中间产品会挤占企业自主研发核心产品和重要零部件的资金，降低企业通过生产中间产品融入下游价值链的机会，要避免出现这种不利的后果。③在提升中间品进口质量的同时，应加大核心产品和重要零部件的自主研发能力，提升自身中间品的质量和竞争力，切实加强中国制造业企业在全球价值链上下游中的竞争能力。

第八章　全球价值链、贸易增加值与制造业技术水平升级：中间品关税视角

一、引言

近几十年来，由于通信和运输成本的降低以及其他贸易壁垒的缩减，许多企业将生产活动分散到多个国家。全球一体化的生产链在贸易伙伴之间引入了更深层次的经济联系，模糊了各国的地理和经济边界，全球生产组织发生了根本性的变化。在国际贸易体系变得更加复杂的同时，逐渐形成了全球价值链（global chain value，GVC）。产品的分散化生产导致最终产品在到达消费者手中之前，中间投入品需要跨越多次边境，而每跨境一次就被征收一次关税，对产品成本产生了累积的影响。虽然每个国家的中间品税率都处于较低水平，但也会使得税收成本如同复利一样呈现几何级数放大，严重阻碍企业参与到全球价值链生产和贸易中（余心玎 等，2016）。现有的关税征收体制是对总进口额征收的，而不是按照出口国的实际增加值征收的，所以出口国实际面临的关税也不同于名义关税（Yi，2010）。

在 GVC 背景下，传统贸易统计在描述新的贸易形式时出现偏差，需要一种新的分析工具对这种偏差进行修正和补充。相对于传统的贸易核算

方式，以增加值估算的贸易流量可以更好地揭示各个国家的投入产出信息，而世界投入产出表（World Input-Output Table）的建成与使用，为更好地计算相关国际贸易指标提供了数据支持，可以更真实和准确地反映 GVC 背景下的国际贸易。Koopman 等（2008）根据单国投出产出表测算了中国总出口额中的国内增加值份额，Koopman 等（2014）、王直等（2015）使用多国投入产出表对贸易总流量的增加值分解，追踪总出口中被国外吸收的国外成分、国内成分、返回的国内成分以及重复计算的部分。Wang 等（2017）更进一步地基于生产要素是否进行跨境生产对国家或者行业层面的增加值（GDP）进行分解，将生产活动分为纯国内活动和 GVC 生产活动，并在此基础上测量出 GVC 参与指数，发现复杂的 GVC 生产活动是全球化的最重要驱动力。Wang 等（2017）对生产活动的分解方法，除了更细致准确地反映了 GVC 贸易的真实情况，也为更好地考察中间品关税对于价值链贸易的影响提供了条件。

面对当前的国际背景，大力发展科技创新、提升社会生产的技术水平是推动形成以国内大循环为主体、国内国际双循环相互促进的新发展格局的关键所在。只有切实提升自身的技术水平，才能更多地以复杂产品参与更深层次的国际价值链分工。本书从技术水平的角度出发，深入考察中间品关税对于全球价值链和贸易增加值的影响，为全球经济的复苏提供理论和实证检验证据。

二、文献综述

在 2008 年金融危机之前，关于中间品关税减让对贸易的影响方面的文献主要是基于传统贸易统计数据。大多数基于增加值贸易视角的相关分析都在世界投入产出数据库（WIOD）构建之后才出现。这方面的研究主要形成了以下几个方面的结论：

由于中间品多次越过边境，关税和其他交易成本（运输、保险等）会产生“累积效应”。由于中间产品占国际贸易交易的一半以上，同时由于国际贸易分散化，产品在到达最终消费者之前多次越过边境，这更突显了中间品关税的增减对全球价值链贸易的影响（Diakantoni et al.，2014）。对这种“累积效应”的进一步研究发现，关税和运输等贸易成本会由于生产步骤的延长而被放大。在GVC中，进口主要是对出口的投入，因此任何关税区对中间产品进口的贸易壁垒实际上都是对其自身出口的征税。在此背景下，当中间品多次跨越边界时，会加剧既定贸易壁垒的不利影响。产品的生产过程被分割为分布于不同国家的不同生产阶段，关税和交易成本的上升也沿生产链条蔓延至各个国家，从而影响各国的总生产成本。产品在到达最终消费者之前经过不同的关税区，中间品的贸易成本随着产品向下游再出口进一步累积，这也解释了为什么沿着全球价值链的贸易特别容易受到关税和运输等贸易成本的影响（Diakantoni et al.，2017）。

关税累积效应的放大程度与GVC贸易的发展阶段密切相关，越是处于GVC下游的国家，尤其是低端组装产品进口越多的国家，累积关税放大效应也就越大。反之，越是处于GVC上游的国家，其累积关税负担就越轻（沈梓鑫 等，2015）。中间品及设备进口关税的部分或全部消减将有利于进口中间投入品及设备的高效利用，进而促进各国提升在全球价值链中的参与深度（余心玎 等，2016）。同时，对于不同的双边贸易而言，中间品关税影响贸易的机制不一样，产品生产需求弹性、贸易中增加值国别构成以及跨境次数等是中间品关税影响双边贸易的主要因素（陶涛 等，2019）。

除了贸易成本的“累积效应”，进口中间品投入成本也是进出口企业竞争力的重要组成部分，部分决定了它们参与全球生产网络的能力。中间品贸易自由化显著提高了企业生产率，通过提高市场份额再配置效率的途径促进制造业生产率增长（毛其淋 等，2015）。以降低中间品进口关税为代表的进口自由化措施能够显著提高企业全要素生产率（Amiti et al.，2007；Topalova et al.，2010），帮助出口企业提高其出口产品的成本加成（Fan et al.，2015；樊海潮 等，2015）和技术复杂度（盛斌 等，2017）。企业利用中间产品贸易自由化来提升投入质量，较低的投入成本有利于企业开发更多的新产品（Goldberg et al.，2010），提高出口产品的质量（Bas et al.）。陈虹和徐阳（2019）、魏悦羚和张洪胜（2019）分别从微观和宏观的角度论证了贸易自由化对出口的国内增加值率的影响，认为降低进口关税尤其是中间品关税有利于企业提升出口国内增加值率。中间品关税及贸易政策自由化的影响与参与 GVC 的程度也有关，中间品关税自由化对于 GVC 参与度更高的地区影响更为强烈（Bureau et al.，2019）。

目前的文献对于我们了解中间品关税对全球价值链的影响有很大帮助，但相对缺乏从技术水平的影响分析中间品关税对增加值的影响。同时，随着 GVC 贸易的发展，需要根据更加细致的分类和精确的测量方法，考虑更多因素以研究中间品关税减让对全球价值链贸易的影响。因此，本书基于 Wang 等（2017）的分解框架，区分纯国内生产部分纯增加值、传统最终品贸易生产部分增加值、简单 GVC 增加值和复杂 GVC 增加值四个不同部分，测算 GVC 参与度，并从不同的角度研究中间品关税对全球价值链的影响。本书的创新点在于：一是研究对象，在对 GDP 分解的基础上针对中间品关税对全球价值链贸易的影响进行具体考察；二是检验方法，使用邻近 3 个国家或地区的中间品关税平均值和中间品关税的一阶滞后值作为工具变量进行内生性检验，验证了基础检验的稳健性；三是研究内容，将样本分为发展中经济体和发达经济体进行考察。在全球产业竞争日益加剧和贸易保护主义不断升温的背景下，本研究可以为我国更好地参与 GVC 分工、发挥中间品进口的作用提供政策启示。

三、实证模型和变量说明

（一）计量模型设定

本书的实证模型设定如下：

$$Y_{ist} = \beta + c\text{Tariff}_{ist} + \gamma\text{Controls}_{it} + \omega_{ist} + \delta_{ist} + \nu_{ist} + \varepsilon_{ist} \tag{8.1}$$

其中，i 表示经济体；s 表示行业；t 表示年份；Y 表示经济体的全球价值链相关变量；Tariff 表示行业中间品关税水平；Controls 表示控制变量集；β 表示常数项；c 表示主要解释变量的影响系数；γ 表示控制变量的影响系数集。本书的控制变量包括贸易指数（Tradeindes）、人均 GDP（Pergdp）、外商直接投资净流入（FDI）、服务业占 GDP 的比例（Service）。ω_{ist}、δ_{ist}、ν_{ist} 分别表示经济体、行业和时间固定效应，ε_{ist} 为误差项。

（二）变量描述

（1）被解释变量：本书的被解释变量是与全球价值链相关增加值和参与度指标，其中包括传统最终品出口贸易增加值（V_RT）、简单 GVC 贸易增加值（V_GVC_S）和复杂 GVC 贸易增加值（V_GVC_S）。除了使用 GVC 方法分解方法得到的贸易增加值外，加入 GVC 参与度作为被解释变量以更深层次地了解全球价值链。本书采用 Wang 等（2017）的方法使用全球投入产出数据库对总生产活动的分解，将国家和行业层面的增加值（GDP）分为 4 个部分：一是纯国内生产部分增加值（V_D），这部分增加值满足国内生产和消费，与国际贸易无关，没有跨越国界；二是传统最终品出口贸易增加值（V_RT），该部分增加值是满足出口到国外作为最终需求而隐含的国内增加值，这部分增加值只是满足直接出口国的最终需求，不牵涉到国外的生产迂回过程；三是简单 GVC 贸易增加值（V_GVC_S），该部分由直接进口国用来生产在该国消费的国内产品，同样只跨境一次，没有对第三方国家的间接出口和出口返回活动；第四种是复杂 GVC 贸易增加值（V_GVC_C），这部分增加值隐含在中间品出口中，并由直接进口国用来为其他国家或地区生产中间品或最终产品，这部分增加值跨越二次或以上的边境。GVC 参与度的概念在以上分解的基础上定义，它衡量了一个行业参与国际复杂分工的程度，公式如下：

$$GVC_{pt}=\frac{V\_GVC\_S}{GDP}+\frac{V\_GVC\_C}{GDP} \tag{8.2}$$

Wang 等（2017）的分解方法相对以往的分类存在两个方面的改进：一是可以区分简单和复杂的全球价值链活动；二是，对于行业 GDP 而不是行业出口额的分解，可以更好地反映直接出口较少行业（如采矿和服务业）的情况。在对行业 GDP 分解的基础上，进一步测量每个行业的 GVC 参与度（GVC_Pt），衡量该行业基于前向联系的国际分工的程度。

（2）解释变量。本书最主要的解释变量为实际中间品进口关税（Tariff_int）水平，本书参考魏悦羚和张洪胜（2019）的方法，根据世界银行 WITS 数据库提供的 HS2007 与联合国产品分类标准对应表（broad economic categories，BEC）区分为中间品关税和最终消费品关税。

（3）控制变量。本书首先选择以 2000 年为基期的净贸易条件指数（Tradeindex）作为影响全球价值链的控制变量，净贸易条件指数是反映一国对外贸易的重要指标；人均 GDP（Pergdp），人均 GDP 作为生产水平的衡量指标，生产水平与出口结构息息相关，生产水平越高意味着其出口能力尤其是中间品出口能力越强；外商直接投资净流入（FDI）：FDI、出口和内需被称为经济发展的“三驾马车”，FDI 可以通过多种效应对于东道国生产和贸易结构产生影响；服务业占比（Service），服务业作为从事服务产品的生产部门对增加值贸易产生重要影响，发达的服务业尤其跨境服务业有助于企业更好地参与到 GVC 生产活动中。

（三）数据来源与数据处理方式

计算贸易增加值和 GVC 参与度使用到的数据来自 WIOD 数据库，关税数据来自 WTO 数据库，而人均 GDP、研究与发展（R&D）投入、外国直接投资净流入（FDI）和服务业占比（Service）数据来自世界银行数据库。关税数据根据世界银行 WITS 数据库提供的 HS2007 与 BEC 对应表分为中间品关税和最终消费品关税。由于 WIOD 数据库 2016 版采用国际标准行业分类第四版（ISIC Rev.4），本书首先从 WTO 数据库中获取 HS2007 分类标准关税数据，根据 HS2007 与 ISIC Rev.4.0 以及 ISIC Rev.4.0 与欧洲经济名称分类标准第 2 版（NACE Rev.2）的对应表，将关税数据匹配到 NACE Rev.2 行业分类标准，并进一步根据 NACE Rev.2 与 WIOD 行业分类对应表匹配成 WIOD 行业分类。最后，将来自世界银行的数据根据国家或地区名称和年份进一步匹配组成强平衡面板，样本区间为 2000 年至 2014 年。

四、实证结果分析

（一）基准回归结果分析

基准回归结果如表 8.1 所示。其中，第（1）和（2）列的被解释变量为传统最终品贸易的增加值；第（3）和（4）列为简单 GVC 增加值；第（5）和（6）列为复杂 GVC 增加值；第（7）和（8）列为 GVC 参与度指数。第（1）和（2）列的结果显示，在加入国家、行业和时间固定效应以及人均 GDP、FDI、R&D 投入和服务业比例等控制变量后，回归系数为负且在 1% 水平上显著。这表明中间品关税减让会显著影响传统最终品部分的增加值。中间品关税水平每下降 1 个百分点，传统最终品部分的增加值会提高约 0.15 个百分点。中间品进口关税的下降可以降低加工贸易等行业的生产成本，促进最终品贸易增长。

表 8.1　基准回归结果

变量	（1）传统贸易	（2）传统贸易	（3）简单 GVC 贸易	（4）简单 GVC 贸易	（5）复杂 GVC 贸易	（6）复杂 GVC 贸易	（7）GVC 参与度	（8）GVC 参与度
Tariff_int	−0.151 3***	−0.145 7***	−0.160 5***	−0.162 8***	−0.060 3***	−0.160 0***	−0.042 1***	−0.003 4*
	（0.021 0）	（0.021 6）	（0.021 0）	（0.021 6）	（0.022 2）	（0.021 4）	（0.001 4）	（0.001 9）
Tradeindex		−0.271 0***		−0.268 0***		−0.217 7***		−0.000 8
		（0.084 1）		（0.084 0）		（0.083 3）		（0.007 2）
Pergdp		0.836 4***		0.756 6***		0.796 0***		−0.038 3***
		（0.060 8）		（0.060 7）		（0.060 2）		（0.005 2）
FDI		0.012 9		0.014 7		0.005 4		0.001 1
		（0.011 0）		（0.011 0）		（0.010 9）		（0.000 9）
Service		0.212 7**		0.160 4*		0.189 1**		0.033 5***
		（0.087 4）		（0.087 3）		（0.086 6）		（0.007 5）
常数项	6.446 8***	−1.421 3*	6.593 1***	−0.360 9	4.413 1***	−2.540 6***	0.187 7***	0.347 2***
	（0.078 2）	（0.741 8）	（0.078 5）	（0.740 5）	（0.101 4）	（0.734 3）	（0.006 6）	（0.063 7）
国家固定	控制	控制	控制	控制	控制	控制	控制	控制
行业固定	控制	控制	控制	控制	控制	控制	控制	控制
时间固定	控制	控制	控制	控制	控制	控制	控制	控制
R^2	0.791 6	0.804 7	0.770 1	0.786 9	0.320 4	0.803 9	0.438 4	0.699 5
N	14 238	12 723	14 238	12 723	14 238	12 723	14 241	12 726

注：括号内为标准误，*、**、*** 分别表示在 10%、5% 和 1% 的显著水平，全书同。

第（3）至（6）列的结果显示中间品关税减让对简单 GVC 贸易、复杂 GVC 贸易增加值同样有显著的促进作用。在 GVC 生产中，中间品需要跨越至少一次边境，中间品关税水平越低意味着中间产品穿越边境的成本越小，因此中间品关税减让可以显著提高 GVC 贸易的增加值。第（7）和（8）列的结果表明，中间品关税减让显著提高了 GVC 参与度。中间品关税减让一方面可以降低 GVC 贸易的成本，另一方面也减少了中间品跨越边境的障碍，提高了 GVC 贸易在整个生产结构中的比重。

（二）稳健性和内生性分析

为了进一步验证本书实证结果的稳健性，本书使用中间品最大关税（Tariff_Max）替换实际关税衡量中间品关税变化的程度，结果在表 8.2 中报告。结果显示，使用中间品最大关税作为主要解释变量的回归系数依旧显著为负，这表明中间品关税减让可以切实提高贸易增加值和 GVC 参与度。

表 8.2 使用中间品最大关税作为解释变量的稳健性检

变量	(1) 传统贸易	(2) 传统贸易	(3) 简单 GVC 贸易	(4) 简单 GVC 贸易	(5) 复杂 GVC 贸易	(6) 复杂 GVC 贸易	(7) GVC 参与度	(8) GVC 参与度
Tariff_Max	−0.120 2*** (0.012 9)	−0.104 9*** (0.013 3)	−0.153 1*** (0.012 8)	−0.144 1*** (0.013 2)	−0.140 9*** (0.012 7)	−0.125 1*** (0.013 0)	−0.005 8*** (0.001 1)	−0.005 6*** (0.001 1)
Tradeindex		−0.278 8*** (0.081 4)		−0.260 1*** (0.080 5)		−0.212 1*** (0.079 8)		−0.000 7 (0.007 0)
Pergdp		0.812 5*** (0.059 1)		0.722 9*** (0.058 3)		0.765 6*** (0.057 8)		−0.038 1*** (0.005 1)
FDI		0.016 0 (0.010 7)		0.017 8* (0.010 6)		0.007 9 (0.010 5)		0.001 0 (0.000 9)
Service		0.198 7** (0.084 9)		0.143 8* (0.083 9)		0.172 7** (0.083 1)		0.033 0*** (0.007 3)
常数项	6.635 3*** (0.083 6)	−1.047 6 (0.722 6)	6.913 0*** (0.083 2)	0.186 5 (0.712 8)	5.180 6*** (0.082 5)	−2.063 4*** (0.706 3)	0.072 1*** (0.007 2)	0.365 7*** (0.062 2)
固定效应	控制	控制	控制	控制	控制	控制	控制	控制
R^2	0.790 4	0.810 9	0.770 6	0.794 8	0.789 4	0.812 0	0.705 9	0.716 0
N	14 774	12 178	14 779	12 183	14 779	12 183	14 782	12 185

在本书的模型设定中，关税水平可能不是外生的，同时也可能存在遗漏变量的情况产生内生性问题。为了应对由内生性问题对估计结果的干扰，本书采用工具变量（IV）法进行内生性检验。寻找一个合适变量作为关税的工具变量具有较大难度，因此本书考虑用两种方式构建工具变量：第一种方法是利用样本中邻近三个国家或地区同行业中间品关税的均值（Tariff_nei）作为进口关税的代理变量，相邻的国家历史、发展水平类似，往往也会加入相同的区域经济组织，因此邻近国家的关税水平具有较强的相关性；第二种方法是使用中间品关税的一阶滞后值（Tariff_t+1）作为工具变量，内生变量的一期滞后变量仅与内生变量有很强的相关性，但与误差项并没有显著相关性，因此可以作为内生变量的工具变量。

表 8.3 所示是变量间的相关性矩阵，从中可以看出本书选取的工具变量和内生变量具有较强的相关性，而和被解释变量的相关性较小。本书使用工具变量两阶段最小二乘（IVREG-2SLS）方法进行估计，同时仍然控制固定效应。结果见表 8.4。可以看到，相邻三个国家或地区同行业中间品关税的均值和中间品关税的一阶滞后值的影响系数依然显著为负，说明了本书基准结果的稳健性。

表 8.3 变量相关性矩阵

变量	V_RT	V_GVC_S	V_GVC_C	Tariff_int	Tariff_nei	Tariff_t+1
V_RT	1.000 0					
V_GVC_S	0.937 6	1.000 0				
V_GVC_C	0.958 1	0.856 1	1.000 0			
Tariff_int	−0.012 0	−0.061 2	−0.052 1	1.000 0		
Tariff_nei	0.116 7	0.108 3	0.106 5	0.293 5	1.000 0	
Tariff_t+1	−0.073 1	−0.129 4	−0.083 1	0.698 8	0.339 1	1.000 0

表 8.4　内生性检验

变量	邻近 3 个经济体的平均中间品关税水平做作 IV				中间品关税一阶滞后值作 IV			
	（1）传统贸易	（2）简单 GVC 贸易	（3）简单 GVC 贸易	（4）GVC 参与度	（5）传统贸易	（6）简单 GVC 贸易	（7）简单 GVC 贸易	（8）GVC 参与度
Tariff_IV	–0.840 5 （0.712 0）	–1.839 6** （0.857 5）	–2.044 8** （0.914 2）	–0.464 3*** （0.175 4）	–0.105 2*** （0.027 3）	–0.102 1*** （0.025 5）	–0.198 6*** （0.026 6）	–0.011 9*** （0.003 1）
Tradeindex	–0.059 7 （0.121 6）	0.058 1 （0.146 5）	0.153 5 （0.156 2）	0.073 4** （0.029 9）	–0.092 2*** （0.030 0）	–0.178 3*** （0.028 1）	–0.078 1*** （0.029 3）	0.006 5* （0.003 4）
Pergdp	0.733 1*** （0.112 6）	0.736 1*** （0.135 6）	0.710 4*** （0.144 6）	–0.056 9** （0.027 7）	0.817 5*** （0.012 6）	1.008 2*** （0.011 8）	0.996 0*** （0.012 3）	0.011 1*** （0.001 4）
FDI	0.017 9*** （0.004 8）	0.003 7 （0.005 8）	–0.000 2 （0.006 2）	–0.003 2*** （0.001 2）	0.020 5*** （0.003 6）	0.009 8*** （0.003 4）	0.007 5** （0.003 5）	–0.001 1*** （0.000 4）
Service	0.181 8*** （0.030 4）	0.337 5*** （0.036 6）	0.329 5*** （0.039 0）	0.071 9*** （0.007 5）	0.240 1*** （0.024 1）	0.433 4*** （0.022 5）	0.439 5*** （0.023 5）	0.089 5*** （0.002 8）
固定效应	控制	控制	控制	控制	控制	控制	控制	控制
N	11 676	11 676	11 676	11 680	10 347	10 347	10 347	10 349

（三）异质性分析

考虑到不同经济体的发展阶段不同，中间品关税政策也不尽一致，因此根据发展阶段的不同将样本中的国家和地区分为两类进行考察，一类是发达经济体，一类是发展中经济体。分类标准参考 Wang 等（2017）和 Timmer 等（2012）的方法，发展中经济体包括中国、巴西、俄罗斯、印度、印度尼西亚、墨西哥和土耳其以及 12 个 2004 年后加入欧盟的经济体；发达经济体包括澳大利亚、加拿大、日本、韩国、美国、中国台湾地区，以及 2004 年之前加入欧盟的 15 个经济体，分组检验结果如表 8.5 所示。

表 8.5 区分发达经济体和发展中经济体回归结果

变量	发展中经济体				发达经济体			
	（1）传统贸易	（2）简单 GVC 贸易	（3）简单 GVC 贸易	（4）GVC 参与度	（5）传统贸易	（6）简单 GVC 贸易	（7）简单 GVC 贸易	（8）GVC 参与度
Tariff_int	0.000 5 （0.033 1）	−0.038 9 （0.034 0）	−0.034 6 （0.034 0）	−0.001 6 （0.003 1）	−0.248 7*** （0.030 2）	−0.328 2*** （0.030 1）	−0.302 9*** （0.029 8）	−0.019 7*** （0.002 6）
Tradeindex	−0.159 5 （0.192 0）	−0.275 2 （0.197 4）	−0.090 8 （0.197 4）	−0.009 5 （0.017 9）	0.369 2*** （0.113 6）	0.379 6*** （0.113 3）	0.483 1*** （0.112 0）	−0.076 3*** （0.009 7）
Pergdp	0.806 2*** （0.101 4）	0.683 2*** （0.104 2）	0.702 7*** （0.104 2）	−0.037 4*** （0.009 5）	0.014 6 （0.011 4）	0.010 6 （0.011 4）	0.005 1 （0.011 3）	0.000 8 （0.001 0）
FDI	−0.043 5 （0.035 2）	0.011 2 （0.036 2）	−0.038 7 （0.036 2）	−0.001 5 （0.003 3）	0.185 6*** （0.053 1）	0.259 9*** （0.053 0）	0.210 1*** （0.052 4）	0.031 0*** （0.004 5）
Service	0.173 2 （0.118 0）	0.078 5 （0.121 3）	0.134 3 （0.121 3）	−0.000 7 （0.011 0）	−0.000 3 （0.001 4）	0.000 4 （0.001 4）	0.000 8 （0.001 4）	0.000 5*** （0.000 1）
常数项	−2.148 8** （1.054 2）	−1.115 7 （1.083 6）	−2.767 1** （1.083 7）	0.371 6*** （0.098 4）	2.022 6* （1.159 1）	2.010 0* （1.156 1）	−0.505 6 （1.143 0）	0.777 2*** （0.098 9）
固定效应	控制	控制	控制	控制	控制	控制	控制	控制
R^2	0.864 0	0.848 1	0.8476	0.5888	0.773 2	0.737 3	0.768 3	0.748 1
N	4 133	4 133	4133	4134	8 590	8 590	8 590	8 592

分组检验结果显示，发展中经济体和发达经济体的中间品关税减让都有助于提高贸易增加值和 GVC 分工度。相对于发展中经济体，发达经济体的中间品关税减让对贸易增加值和 GVC 参与度影响更大。可能的原因在于，发展中经济体较高的贸易成本使得它们处于 GVC 生产网络的边缘地位，并阻碍它们加入国际供应链。与 Obasaju 等（2019）的研究结论类似，部分发展中经济体参与 GVC 的程度较低，因此中间品关税对于 GVC 贸易增加值的影响较小。而另一方面，发展中经济体由于发展水平和技术水平限制，主要以最终消费品的形式参与贸易和 GVC 分工，在贸易中获得的增加值较少。与发达经济体相比，发展中经济体制造业出口的国际增加值份额较小，因此中间品关税减让的影响程度相对于发达经济体较小。

五、技术水平的中介效应分析

中间品关税减让使企业有机会获得更多的资金购买更加核心的高质量进口品，提升自身的技术水平和产品竞争力。同时，企业也有更充足的资金去加大自身的研发支出，从而可以进一步提高自身的技术水平。已有的研究也表明，进口自由化可以促进企业创新。从长远来看，自由贸易条件下，因为贸易成本的降低，贸易自由化增加了研发总量支出。基于此，本书从技术水平出发，探析中间品关税减让增加对提升全球价值链参与率影响的内在机制。为了充分衡量一国的技术水平，本书依次选取信息与通信技术进口量（ICT）、研究与发展支出（R&D）和专利申请量（Patent）作为衡量技术水平的中间变量。根据中介效应的传导机制，本书设置以下回归模型：

$$Y_{ist} = \beta + c\text{Tariff}_{ist} + \gamma\text{Controls}_{it} + \omega_{ist} + \delta_{ist} + \nu_{ist} + \varepsilon_{ist} \tag{8.3}$$

$$M_{it} = \beta' + a\text{Tariff}_{ist} + \gamma'\text{Controls}_{it} + \omega'_{ist} + \delta'_{ist} + \nu'_{ist} + \varepsilon'_{ist} \tag{8.4}$$

$$Y_{ist} = \beta'' + bM_{it} + c'\text{Tariff}_{ist} + \gamma''\text{Controls}_{it} + \omega''_{ist} + \delta''_{ist} + \nu''_{ist} + \varepsilon''_{ist} \tag{8.5}$$

其中，M 为本书选用的中介变量。本书主要使用 Bootstrap 抽样法的联合显

著性检验来判断是否存在中介效应以及中介效应是否显著。Bootstrap 抽样法是将样本容量很大的样本当作总体，进行有放回抽样（本书选定的抽样次数为 500 次），从而得到更为准确的标准误。MacKinnon 等（2002）的研究显示，使用 Bootstrap 抽样法的联合显著性检验力度优于依次检验法。在进行 Bootstrap 抽样检验之前，首先需要检验 *c* 的显著性，这是中介效应检验的前提条件（马广程 等，2020）。根据本书之前的检验结果，*c* 是显著为负的。接下来，需要对 *a* 和 *b* 的显著性进行联合检验。如果检验的结果显著不为 0，则说明中介效应显著，反之则说明中介效应不显著。同时，将 *ab* 和 *c′* 的符号做比较，如果符号相同属于中介效应，中介效应占总效应的比例为 *ab*/*c′*。如果符号不同，则属于遮掩效应，即主要解释变量不仅没有通过中介变量显著影响被解释变量，反而降低了主要解释变量的影响，形成一种“遮掩”效果。此时，应报告间接效应与直接效应的比例的绝对值 |*ab*/*c′*|。信息与通信技术进口量（ICT）、研究与发展支出（R&D）和专利申请量（Patent）的中介效应的估计结果如表 8.6 和图 8.1 所示。

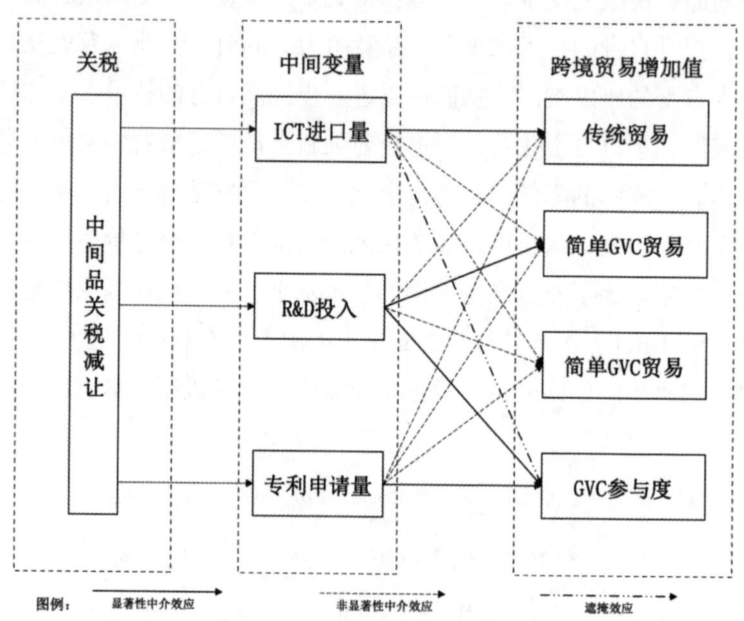

图 8.1　中介效应示意图

表 8.6 技术水平的中介效应分析分表 A ICT 产品进口量中间效应

变量	(1) ICT	(2) 传统贸易	(3) 简单 GVC 贸易	(4) 复杂 GVC 贸易	(5) GVC 参与度
Tariff_int	−0.027 9*** (0.006 4)	−0.145 9*** (0.021 4)	−0.162 3*** (0.021 3)	−0.159 3*** (0.021 1)	−0.003 2* (0.001 8)
ICT		0.142 3* (0.073 6)	0.084 1 (0.073 5)	0.058 6 (0.072 9)	−0.016 9*** (0.006 3)
控制变量	控制	控制	控制	控制	控制
固定效应	控制	控制	控制	控制	控制
Bootstrap 检验		−0.002 6* (0.001 5)	−0.001 6 (0.001 5)	−0.001 1 (0.001 6)	0.000 3** (0.000 1)
中介 / 遮掩效应占比		1.80%	0.95%	0.68%	8.33%
R^2	0.917 6	0.804 8	0.787 0	0.803 9	0.699 7
N	13 109	12 723	12 723	12 723	12 726

分表 B 研发投入中间效应

变量	(1) R&D	(2) 传统贸易	(3) 简单 GVC 贸易	(4) 复杂 GVC 贸易	(5) GVC 参与度
Tariff_int	−0.006 7*** (0.002 3)	−0.142 0*** (0.022 4)	−0.169 4*** (0.022 3)	−0.163 9*** (0.022 1)	−0.006 2*** (0.001 9)
R&D		0.004 0 (0.087 3)	0.206 8** (0.086 8)	0.115 5 (0.086 0)	0.037 9*** (0.007 5)
控制变量	控制	控制	控制	控制	控制
固定效应	控制	控制	控制	控制	控制
Bootstrap 检验		−0.000 03 (0.000 6)	−0.001 6* (0.000 6)	−0.000 9 (0.000 6)	−0.000 3*** (0.000 1)
R^2	0.997 5	0.812 1	0.794 6	0.811 7	0.706 2
N	12 085	11 756	11 756	11 756	11 758

分表 C 专利申请的中间效应

变量	(1) Patent	(2) 传统贸易	(3) 简单 GVC 贸易	(4) 复杂 GVC 贸易	(5) GVC 参与度
Tariff_int	−0.027 9*** (0.006 4)	−0.145 9*** (0.021 4)	−0.162 3*** (0.021 3)	−0.159 3*** (0.021 1)	−0.003 2* (0.001 8)
Patent		0.002 6 (0.029 9)	0.037 5 (0.029 8)	0.014 4 (0.029 5)	0.006 3** (0.002 6)
控制变量	控制	控制	控制	控制	控制
固定效应	控制	控制	控制	控制	控制
Bootstrap 检验		−0.000 1 (0.000 8)	−0.001 0 (0.000 8)	−0.000 4 (0.000 8)	−0.000 2** (0.000 1)
中介 / 遮掩效应占比		0.05%	0.59%	0.23%	4.66%
R^2	0.9825	0.808 4	0.791 3	0.807 4	0.705 7
N	12529	12 145	12 145	12 145	12 148

信息与通信技术（ICT）包括任何通信设备，如无线电、电视、手机、计算机和网络硬件、卫星系统等，以及各种相关服务和设备。增加 ICT 产品的进口说明一个经济体的相关信息产品需求高，可从侧面反映一个国家的技术生产水平。从表 8.6A 列（1）的结果可知，中间品关税对 ICT 进口量的影响系数显著为负，中间品关税减让可以促进 ICT 产品的进口量。而 ICT 进口量对传统贸易、简单 GVC 和复杂 GVC 贸易的增加值影响为正，对 GVC 参与度的影响显著为负。进一步的 Bootstrap 检验显示，中间品关税减让通过扩大 ICT 产品的进口量可以显著促进传统贸易的增加值，但对简单和复杂 GVC 贸易的中介影响不显著。值得注意的是，ICT 产品对 GVC 参与度的 Bootstrap 检验显著为正，与中间品关税的影响系数符号 c' 相反，即存在显著的遮掩效应，遮掩效应占直接效应的 8.33%。通过 ICT 产品的进口，反而降低了中间品关税减让对 GVC 参与度的正向促进作用。尽管进口 ICT 产品有助于发展对外贸易，但过度的依赖进口的设备会形成低端锁定现象（吕越 等，2018），这种现象值得关注。

研究与开发（R&D）是企业或政府为开发新服务或产品并改善现有服务或产品而进行的一系列创新活动，对于一国的技术水平提升具有非常重要的作用。从表 8.6B 列（1）可以得知，中间品关税对 R&D 投入的影响系数显著为负，这说明中间品关税减让可以促进 R&D 投入。而 R&D 投入对传统贸易、简单 GVC 和复杂 GVC 贸易的增加值以及 GVC 参与度的影响为正，但只对简单 GVC 贸易和 GVC 参与度的中介效应显著。Bootstrap 检验的结果和依次检验的结果类似，中间品关税减让通过增加 R&D 投入显著促进 GVC 参与度，中介效应占总效应的 8.75%。降低中间品关税，对于企业而言有了更充足的资金来增加研发投入以提高技术水平，企业可以通过高技术水平的产品参与到 GVC 贸易中，提升 GVC 贸易的比重。

专利（Patent）申请量是衡量自身技术水平最有效的指标之一。从表 8.6C 列（1）可以得知，中间品关税对专利申请量的影响系数显著为负，这说明中间品关税减让可以促进 ICT 产品的进口量。而专利申请量对传统贸易、简单 GVC 和复杂 GVC 贸易的增加值以及 GVC 参与度的影响均为正，但只对 GVC 参与度的中介效应显著。Bootstrap 检验的结果和依次检验的结果也说明了这一点，中间品关税减让通过增加专利申请量显著促进 GVC 参与度，中介效应占总效应的 4.66%。降低中间品关税，对于企业而言有了更充足的资金来增加研发投入以提高技术水平，企业可以通过高技术水平的产品参与到 GVC 贸易中，提升 GVC 贸易的比重。专利申请量越高，说明一个国家的技术水平越高，其可以生产高技术水平的中间产品参与复杂价值链上下游的生产。

六、本章小结

（一）结论

本章根据 Wang 等（2017）对 GDP 分解的框架，测算了纯国内生产部分的增加值、传统最终品贸易增加值、简单 GVC 贸易增加值和复杂 GVC

贸易增加值。并在此基础上，测算了不同经济体的 GVC 参与度，研究了进口关税和技术水平对于全球价值链的影响。本章的研究结果发现：

第一，降低中间品关税有助于提高贸易增加值和 GVC 参与度。降低中间品关税水平可以降低中间产品穿越边境的成本，对于需要多次跨境的 GVC 贸易，中间品关税影响程度更深，中间品关税减让提高了经济体的 GVC 参与度。本章采用改变中间品关税衡量指标的方式进行稳健性检验，论证了基础回归结果的稳健性。针对实证模型可能存在的内生性问题，采用两种方式进行内生性检验，实证结论依然保持不变。

第二，通过异质性分析发现，相对于发达经济体，发展中经济体的中间品关税水平减让对于贸易增加值和 GVC 参与度影响程度较小。发展中经济体较高的贸易成本使得它们处于 GVC 生产网络的边缘地位，主要以最终消费品的形式参与 GVC 分工，在 GVC 贸易中获得的增加值较少，因此中间品关税减让的影响程度相对于发达经济体较小。

第三，通过中间效应分析发现，中间品关税减让通过 ICT 产品的进口量对 GVC 参与度产生显著的遮掩效应；R&D 投入和专利申请量对 GVC 参与存在显著中介效应。ICT 产品进口量、R&D 投入和专利申请对贸易增加值也存在中介效应，但大多不显著。

（二）启示

基于以上分析，我们得出以下启示：

第一，降低中间品关税可以深化参与价值链的程度。当产品更频繁地越过边境时，同一产品在其生产过程中可能多次遇到贸易壁垒，中间品关税阻碍了生产的进一步分散。

第二，可以通过实施贸易促进措施，例如签订区域贸易协定、简化港口和海关程序，在提高贸易效率的同时降低贸易成本。像中间品关税一样，这些因素也对 GVC 贸易产生影响。随着全球价值链的不断累积，这些贸易成本不仅作用于最终消费者，还削弱了国内产业在国际市场上的竞争力，降低了出口导向型战略的有效性。

第三，可以通过投资人力资本、鼓励创新和研发等技术增强措施，切实提升“硬科技”水平，提高中间产品的出口能力，提升出口的技术复杂度。同时，我们也必须清醒地认识到，发达经济体仍然存在对某些行业的保护，例如对于农业、食品工业、通信和某些高科技产业仍存在较高的贸易壁垒。

第九章　全球价值链、中国的减排潜力：省际分行业比较

本章运用投入导向的至弱有效前沿最近距离（minimum distance to weak efficient frontier，MinDW）模型，计算中国省际分行业的减排潜力。这一方向距离函数可以改进 SBM-DDF 函数的计算效率，求得被评价决策单元最远距离的不足，这是技术可行性更高的减排潜力。同时，考虑到中国省际间巨大差异，运用共同前沿方法，基于各被评价决策单元所处的区域集群前沿，测算的减排潜力值对中国减排行动更加具有现实可行性。

一、研究方法与模型设定

（一）至弱有效前沿最近距离函数

根据 Briec（1999）和 Charnes 等（1996）的至弱有效前沿最近距离函数模型（MinDW），无论投入向量或产出向量在生产前沿面上的投影点是否为强有效，该模型所求解得到的投入或产出的冗余量是指被评价决策单元（decision making unit，DMU）与生产技术前沿面的最近距离。一般而言，该研究模型可以表示为 $m+q$ 个线性规划（其中 m 为投入指标数量，

q 为产出指标数量）：

$$\max \beta_z, z=1,2,\cdots,m+q$$

$$\text{s.t.}\sum_{j=1}^{n}\lambda_j x_{ij}+\beta_z e_i \leqslant x_{ik}, i=1,2,\cdots,m$$

$$\sum_{j=1}^{n}\lambda_j y_{rj}-\beta_z e_r \geqslant y_{rk}, r=1,2,\cdots,q$$

$$\lambda \geqslant 0$$

e_i 和 e_r 是常数，在公式中只有一个 e 等于 1，其他均为 0，即

$$e_i=1_i, f_i=z; e_i=0_i, f_i \neq z$$

$$e_r=1_i, f_r=z-m; e_r=0_i, f_r \neq z-m$$

此时每个模型的效率值表示为

$$\theta_z^*=\frac{1-\frac{1}{m}\sum_{i=1}^{m}\beta_z \times e_i / x_{ik}}{1+\frac{1}{q}\sum_{r=1}^{q}\beta_z \times e_r / y_{rk}}$$

MinDW 模型效率值表示为 $\theta_{\max}^*=\max\left(\theta_z^*, z=1,2,\cdots,m+q\right)$，最大效率值对应的最小的 β^* 就是至前沿的最近距离。

如果是投入导向，则有 m 个线性规划：

$$\max \beta_z, z=1,2,\cdots m+q$$

$$\text{s.t.}\sum_{j=1}^{n}\lambda_j x_{ij}+\beta_z e_i \leqslant x_{ik}, i=1,2,\cdots,m$$

$$\sum_{j=1}^{n}\lambda_j y_{rj} \geqslant y_{rk}, r=1,2,\cdots q$$

$$\lambda \geqslant 0$$

（二）共同前沿方法

与传统数据包络研究方法将生产前沿面一般化处理不同的是，共同前沿研究方法（Ang et al.，1999；Battes et al.，2002）不仅区分了组群前沿

（group frontier）和共同前沿（meta frontier），而且根据生产函数定义了这两类生产技术前沿。假设所有参与评价的 N 个地区可以划分为 K（$K \geqslant 1$）个不同类型的群组，其中 $\boldsymbol{X}=(x_1,x_2\cdots,x_m)$ 为投入要素向量，$\boldsymbol{Y}=(y_1,y_2,\cdots,y_s)$ 为产出指标向量，则第 K 个群组的投入要素向量与产出指标向量之间的生产函数关系可以表示为：$P^k(x)=\left\{y:(x,y)\in T^k\right\}$，其中 T^k 为第 K 组群决策单元所决定的生产技术集。第 K 个群组 $P^k(x)$ 所决定的生产技术前沿称为组群前沿，所有组群 $P^k(x)$ 决定的生产技术前沿称为共同前沿。共同前沿与所有组群前沿具有包络关系，其关系如图 9.1 所示。

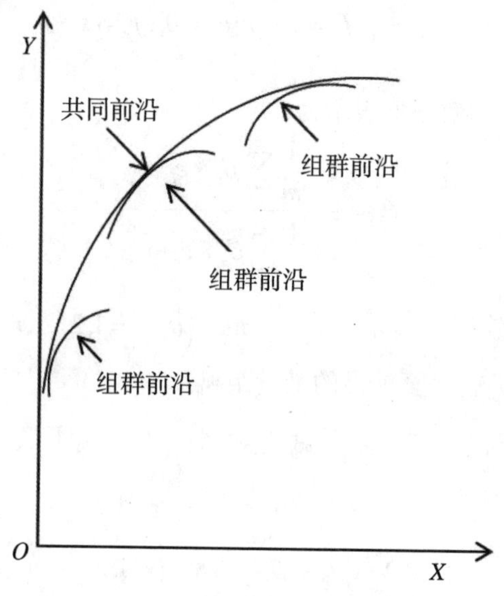

图 9.1　共同前沿与组群前沿

假定 X_{ij} 表示参与评价的第 j 个地区的第 i 种投入要素总量（i=1，2，…，j=1，2，…，n），Y_{rj} 表示第 j 个地区第 r 种产出指标的总量（r=1，2，…，s），假定生产技术规模报酬不变的情形下，对下述线性规划问题进行求解可以获得 DMU_0 距共同前沿的距离：

$$
\begin{cases}
\min\left[\theta\text{-}\varepsilon\left(\hat{\boldsymbol{e}}^{\mathrm{T}}S^{-}+\boldsymbol{e}^{\mathrm{T}}S^{+}\right)\right] \\
\text{s.t.}\ \sum_{j=1}^{n}\lambda_j x_j + s^{-} = \theta x_0 \\
\sum_{j=1}^{n}\lambda_j x_j - s^{+} = y_0 \\
\lambda_j \geqslant 0, j=1,\cdots,n \\
s^{+} \geqslant 0, s^{-} \geqslant 0
\end{cases}
$$

假定将 N 个地区划分为 K 个类型组群后，DMU_0 隶属第 t 个组群（t=1，2，…，k），对下述线性规划问题进行求解可以获得 DMU_0 距第 t 组群前沿的距离：

$$
\begin{cases}
\min\left[\delta-\varepsilon\left(\hat{\boldsymbol{e}}S^{-}+\boldsymbol{e}^{\mathrm{T}}S^{+}\right)\right] \\
\text{s.t.}\ \sum_{j=1}^{n}\lambda_j x_j^{t} + s^{-} = \delta x_0 \\
\sum_{j=1}^{n}\lambda_j y_j^{t} - s^{+} = y_0 \\
\lambda_j \geqslant 0, j=1,\cdots,n^{t},\ t=1,\cdots,k \\
s^{+} \geqslant 0, s^{-} \geqslant 0
\end{cases}
$$

二、数据来源与处理

（一）行业分类与区域划分

本章利用数据包络分析软件 MaxDEA 6.1，以中国 30 个省区市（除西藏、香港、澳门、台湾外）为研究对象。考虑到行业生产函数的差异性以及各省域的产业结构和技术水平的差异性，分农林牧渔业、工业、建筑业等 17 个行业，参照全国四大区域组群的生产技术前沿面，采用投入导向型至弱有效前沿最近距离模型 MinDW 测度 2000 年至 2017 年中国各省域分行业的二氧化碳减排潜力。

参考钱志权和杨来科（2015）的研究方法，考虑到二氧化碳是经济生产活动的非合意产出，以及物质资本、人力资本、劳动力、能源消耗等投入要素在区域经济社会的生产活动过程中的贡献，本章将实物资本存量、人力资本强化后的就业数量和能源消耗数量纳入投入要素向量中。在产出指标向量中，本章纳入了实际地区生产总值（各省区市分行业 GDP）和二氧化碳排放量，其中实际地区生产总值为合意产出，二氧化碳排放为非合意产出。

由于行业生产函数的异质性，本章按照 17 个行业对各省区市的减排潜力进行评估。行业分类依据为《国民经济行业分类》（GB/T 4754—2017），分类如表 9.1 所示。考虑到中国政府在 1994 年、2002 年、2011 年三次对国民经济行业分类标准进行了修订，因此，各省（区、市）的统计数据行业分类标准前后不一，行业数据不可比。为此，本章按照钱志权（2018）的行业调整方法对行业数据进行了重新调入和调出，使得行业分类标准一致，行业数据前后可比。

表 9.1　行业分类标准

序号	行业	序号	行业
1	农林牧渔业	10	租赁和商务服务业
2	工业	11	科学研究、技术服务和地质勘查业
3	建筑业	12	水利、环境和公共设施管理业
4	交通运输、仓储和邮政业	13	居民服务和其他服务业
5	信息传输、计算机服务和软件业	14	教育
6	批发和零售业	15	卫生、社会保障和社会福利业
7	住宿和餐饮业	16	文化、体育和娱乐业
8	金融业	17	公共管理和社会组织
9	房地产业		

本章采用 GRAS 方法对分省区市分行业数据进行调整，获得与全国数据一致的分省区市分行业数据。由于中国实行全国和各省区市分级统计制度，各省区市某一行业数据的总和并不同于全国某行业数据，一般认为全国数据精度高于省级数据。因此，本章尝试运用 GRAS 方法（Junius et al.，2003；Lenzen et al.，2007；Temurshoev et al.，2013）对 30 个省区市分行业

数据进行双边比例调整，得到使得某地区各行业数据等于该地区总和，且某行业数据各省区市之和等于全国该行业数据，如表 9.2 所示。行和控制向量为各省区市总量，列和控制向量为全国 17 个行业总量。纳入双边比例调整的行业指标包括全社会固定资产投资总额、就业人数、地区生产总值和能源消耗数据等。

表 9.2 分省（区、市）分行业数据调整 GRAS 方法

行业 区域	农林牧渔	工业	建筑业	……	公共管理	行和
北京						
天津						
河北						
……						
新疆						
列和						

根据中国区域经济社会的生产活动技术水平的一般特点，按照生产技术、要素禀赋和区域发展水平的差异，本章将中国 30 个省区市（除西藏、香港、澳门、台湾外）划分为东部、东北、中部和西部四个组群，分组情况如表 9.3 所示。

表 9.3 中国 30 个省区市地区分组情况

组群	省（区、市）
东部地区	北京市、天津市、河北省、上海市、江苏省、浙江省、福建省、山东省、广东省
东北地区	辽宁省、吉林省、黑龙江省
中部地区	山西省、安徽省、江西省、河南省、湖北省、湖南省
西部地区	内蒙古自治区、广西壮族自治区、重庆市、四川省、贵州省、云南省、陕西省、青海省、宁夏回族自治区、新疆维吾尔自治区

（二）数据来源与处理

1. 实物资本存量

实物资本存量是指某一区域经济决策单元（DMU）在某一时点投入的

全部物质资本总量，是区域经济社会生产活动的重要基础。本章运用实物资本估计中常用的永续盘存法（Barro et al.，2010）核算 30 个省区市 17 个行业的实物资本存量。按照永续盘存法，实物资本存量可以表示为

$$K_t = K_{t-1}(1-\delta_t) + I_t \tag{9.1}$$

其中，K_t 为 t 时期的实物资本存量；K_{t-1} 为 t–1 时期的实物资本存量；δ_t 为全社会平均折旧率；I_t 为 t 时期的实物资本实际投资额。永续盘存法的关键是第 1 期的资本存量的确定。本书根据 Barro 和 Lee（2010）推荐的方法确定第 1 期实物资本存量：

$$K_{2000} = \frac{I_{2000}}{g_t + \delta_t} \tag{9.2}$$

其中，K_{2000} 为 2000 年的实物资本存量；I_{2000} 为 2000 年的全社会固定资产实际投资额；g_t 为固定资产投资增长速度。

本章按照 17 个行业分别核算实物资本存量，单位为亿元。实物资本实际投资额采用各省（区、市）分行业全社会固定资本投资额，并运用各省（区、市）固定资产指数平减为以 2002 年为基期不变价格投资额，各省（区、市）固定资产投资价格指数来自国研网。全社会折旧率取 0.06。30 个省区市的全社会固定资产投资增长速度，根据 1991 年至 2000 年全社会固定资产投资额的增长几何平均速度求得。30 个省区市分行业全社会固定资产投资额来自 2002 年至 2017 年《中国固定资产投资统计年鉴》。由于缺少 2014 年的《中国固定资产投资统计年鉴》, 2013 年数据来自《2013 年固定资产投资年报》。2000 年至 2001 年的数据来自国研网和《中国固定资产投资统计数典 1995—2000》。全社会固定资产投资总量按照城镇投资、农村非农户、农户投资由三个部分分别报告，按照行业分类标准对历年三个类型的投资进行了加总与合并。2000 年至 2002 年农村非农户、农户投资的部分缺失行业数据，按照 2003 年的行业比例关系将各省（区、市）农村非农户、农户投资总量分解到 17 个行业。

2. 人力资本强化后的就业数量

本章运用人力资本强化后的就业人数反映就业人数和人力资本对区域

生产活动的贡献。由于本研究跨度前后长达十八年，简单的就业人数不能反映区域经济社会的宏观生产函数中的劳动力质量的区域异质性及其动态变化特征。因此，按照钱志权和杨来科（2015）方法，本章运用全社会就业人数和就业人口平均受教育年限两者的乘积作为人力资本强化后的就业数量，反映人力资本和劳动两种生产要素对区域经济社会的生产活动的贡献。一般而言，平均受教育年限越高人力资本投入越多，而且受教育程度越高也意味着劳动力要素的素质越高、劳动力的技术水平越高。因此，与传统减排潜力测度中单纯的就业数量相比，用人力资本强化后的就业数量可以更加精准地反映区域经济社会的生产活动中劳动力要素、人力资本要素投入的规模和质量。

本章所采用就业人数的统计口径为全社会就业人数，由分行业城镇单位就业、城镇私营和个体就业以及乡村就业等 3 个部分组成，2002 年至 2017 年 30 个省区市 17 个分行业城镇单位就业、城镇私营和个体就业等数据来自相应年份的《中国劳动统计年鉴》，2000 年至 2001 年的数据来自国研网。由于 2001 年和 2002 年部分行业数据缺失，按照 30 个省区市分行业就业人数 2002 年的比例关系分解到相关行业。根据各省区市 2000 年、2010 年人口普查资料和 2005 年、2015 年 1% 人口抽查资料将各省区市的乡村就业人数总量分解到 17 个行业。

各省域分行业受教育年限按照人口普查数据计算获得。本章首先根据人口普查数据中不同教育层次的就业人口的行业分布数据获得 2010 年 30 个省区市 17 个行业平均受教育年限。其次，通过各省区市 2000 年普查资料和 2005 年、2015 年 1% 人口抽查资料计算，得到各省区市分行业（16 行业或 20 行业）就业人口平均受教育年限。在此基础上，计算其余年份的就业人口平均受教育年限的年均增长速度。最后，以 2010 年 30 个省区市 17 个行业就业人口的平均受教育年限为基准，根据分省区市分行业就业人口平均受教育年限增长速度，获得 2000 年至 2017 年分省区市分行业就业人口平均受教育年限。

分省区市分行业就业人口平均受教育年限的计算方法如下：在 2010

年 31 个省区市的人口普查年鉴的长表数据中，30 个省区市公布了 1 000 余个行业不同教育层次的就业人口数量。由于重庆只公布了 20 个行业门类的不同受教育层次的就业人口数量。运用 2010 年全国人口普查长表数据减去 30 个省区市（包括西藏）长表数据，得到重庆市 1 000 个行业的不同教育层次的就业人口数量。首先按照前文行业归类方法合并为 17 个行业（参见表 8–1）。对 30 个省区市不同受教育年限按照就业人口结构进行加权平均，获得就业人口平均受教育年限。根据中国实际教育制度，设定各层次受教育年限，未上过学设定为 0 年，小学设定为 6 年，初中设定为 9 年，高中设定为 12 年，大专设定为 15 年，本科设定为 16 年，研究生设定为 19.5 年。

3. 实际地区生产总值

实际地区生产总值（GDP）是某一区域经济社会的全部生产成果的具体体现，是一种合意产出。30 个省区市 17 个行业地区生产总值来自各省统计年鉴，通过运用各省区市地区生产总值指数计算得到各省区市分行业地区生产总值价格指数，用以平减得到以 2002 年为基期的分省区市分行业可比价格 GDP 数据。各省区市分行业地区生产总值来自各省区市统计年鉴，按照前文方法进行了行业调入调出，使得行业分类口径前后一致。由于 GDP 分级核算，各省区市的 GDP 之和与全国不相等，某行业 GDP 各省区市之和也与全国该行业 GDP 不相等。为了使各省区市分行业的 GDP 可比且与全国 GDP 数据一致，本章按照全国 GDP 总量数据调整各省区市 GDP 总量，以各省区市 GDP 总量和全国分行业 GDP 分别作为行和和列和控制总量，同时运用 GRAS 方法对各省区市分行业数据进行双边比例调整。

4. 能源消耗和二氧化碳排放量

作为区域经济社会宏观环境生产函数最重要的投入要素和非合意产出向量，区域分行业能源消耗和二氧化碳排放量数据是进行分省区市分行业减排潜力测度的数据基础。根据中国能源统计制度，2009 年以前中国地区能源平衡表公布了 19 种终端能源消耗数据，2010 年以后公布了 28 种终端能源消耗数据（电力、热力消耗带来的二氧化碳排放留待下文处理）。本书汇总了所有种类终端能源消耗数据，并根据公式（9.3）计算 30 个省区市的能源消耗活动所导致的二氧化碳排放量。分省区市分行业各种能源终端消费量来自 2000 年至 2018 年《中国能源统计年鉴》中的 30 个省区市的地区能源平衡表。

$$C=\sum_{i=1}^{n}C_i=\sum_{i=1}^{n}E_i\times \mathrm{NCV}_i\times \mathrm{CC}_i\times \mathrm{COF}_i\times\frac{44}{12} \tag{9.3}$$

其中，C 表示某地区某行业终端能源消耗所带来的二氧化碳排放总量，单位为万 t。E 表示终端能源消费的实物量，单位为万 t 或亿 m^3，数据来自地区能源平衡表。NCV 表示平均低位发热量，是指扣除烟气中水蒸气汽化的潜热量后，完全燃烧的单位质量燃料所发出的热量，单位为 kJ/kg 或 kJ/m^3。CC 表示碳含量，表示单位热量的含碳水平，单位为 kg/10^6 kJ。COF 表示碳氧化因子，即能源燃烧时的碳氧化率。44 和 12 分别为二氧化碳和碳的分子量。其中，平均低位发热量、碳含量和碳氧化因子数据来源于《中国能源统计年鉴》、国家发改委编制的《中国温室气体清单研究》和《省级温室气体清单编制指南》，以及联合国政府间气候变化专门委员会 IPCC（2006）。原煤、其他洗煤的平均低位发热量、折标准煤系数、碳氧化率、单位热值的计算方法参考了钱志权（2018）的方法。“其他能源”单位为吨标准煤，按照国家发改委、日本经济能研究所和美国能源部能源信息署（EIA）等国际能源领域的权威机构所推荐的系数进行折算，本章取三个机构折算系数的平均值 0.68 进行换算。如表 9.4 所示为各种能源的二氧化碳排放系数。

表 9.4　各种能源的二氧化碳排放系数

终端能源种类	平均低位发热量 NCV	单位热值含碳量 CC	碳氧化率 COF	二氧化碳排放系数	折标准煤系数
1. 原煤	20 908.0	26.41	0.93	1.889 0	0.714 3
2. 洗精煤	26 344.0	25.80	0.98	2.442 3	0.900 0
3. 其他洗煤	10 590.5	27.35	0.98	1.040 8	0.321 4
4. 焦炭	28 435.0	29.20	0.93	2.825 2	0.971 4
5. 焦炉煤气	17 353.5	12.10	0.93	0.714 5	0.592 9
6. 其他煤气	18 273.6	12.10	0.93	0.752 4	0.579 8
7. 其他焦化产品	33 453.0	29.50	0.93	3.358 0	1.142 9

续表

终端能源种类	平均低位发热量 NCV	单位热值含碳量 CC	碳氧化率 COF	二氧化碳排放系数	折标准煤系数
8. 原油	41 816.0	20.00	0.98	3.002 1	1.428 6
9. 汽油	43 070.0	19.10	0.98	2.956 0	1.428 6
10. 煤油	43 070.0	19.60	0.99	3.052 0	1.471 4
11. 柴油	42 652.0	20.20	0.98	3.102 2	1.471 4
12. 燃料油	41 816.0	21.10	0.99	3.186 6	1.457 1
13. 液化石油气	50 719.0	17.20	0.99	3.163 5	1.714 3
14. 炼厂干气	45 998.0	15.70	0.99	2.618 8	1.571 4
15. 其他石油制品	40 979.7	20.00	0.98	2.945 1	1.400 0
16. 天然气	38 931.0	15.30	0.99	2.162 2	1.330 0
17. 煤矸石	8 372	25.8	0.98	0.776 2	0.178
18. 高炉煤气	3 767.4	70.80	0.98	0.958 5	1.286 0
19. 转炉煤气	7 953.4	46.90	0.98	1.340 4	2.714 0
20. 石脑油	43 953.0	20.00	0.98	3.158 8	1.400 0
21. 润滑油	41 441.4	20.0	0.98	2.978 3	1.414 3
22. 石蜡	39 976.3	20.00	0.98	2.873 0	1.364 8
23. 溶剂油	42 990.2	20.00	0.98	3.089 6	1.467 2
24. 石油沥青	38 971.7	22.0	0.98	3.080 8	1.330 7
25. 石油焦	31 981.0	27.5	0.98	3.160 3	1.091 8
26. 液化天然气	51 433.7			3.135 2	1.757 2

注：依据 IPCC《国家温室气体排放清单指南》（2006）提供的原始数据以及《中国能源统计年鉴》提供的制造业细分行业的终端能源消费计算得来。固体和液体形态的化石能源标准碳排放系数的单位为 kg 碳 /kg 能源；气体形态的化石能源标准碳排放系数的单位为 kg 碳 /m^3 能源；NCV 为平均低位发热量，单位为 kJ/kg 或 kJ/m^3；CC 为碳含量，表示单位热量的含碳水平，单位为 kg/10^6kJ；COF 为碳氧化因子，即能源燃烧时的碳氧化率。

根据钱志权（2018）的研究，如图 9.2、9.3 所示，“电力”和“热力”所导致的碳排放占工业行业高达 30% 以上。然而，在大量前期研究中并未对电力和热力所导致的二氧化碳排放量进行考虑。因此，本章纳入电力和热力，合理确定分省区市分行业二氧化碳排放量。不同于其他能源，电力和热力二氧化碳排放本章不采用固定系数测度其二氧化碳排放，因为固定系数法无法反映电力和热力能源生产和使用效率的时空差异。事实上，2000 年至 2018 年的《中国能源统计年鉴》提供了各省区市热力生产过程中的各种能源消耗数量。因此，本章试图从热力转化的角度构建一种热力生产所带来的二氧化碳排放量的测算方法。首先查阅历年《中国能源统计年鉴》的“地区能源平衡表”，获得当年各省区市热力生产数量以及所消耗的各种能源实物量。运用前文方法，可以求得热力生产所导致的二氧化碳排放数量。用二氧化碳排放量除以热力生产总量可得单位热力生产量所带来的二氧化碳排放量。30 个省区市这一变动的热力二氧化碳排放系数不仅可以反映热力生产活动的历史效率变动，还可以反映热量生产的省区市之间的区域差异，采用这一方法测算的各省区市热力生产所导致的二氧化碳排放量更加精准。

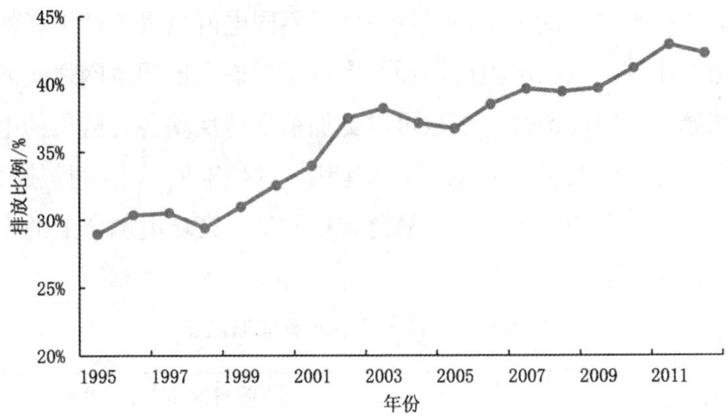

图 9.2　电力热力二氧化碳排放占中国工业排放比例

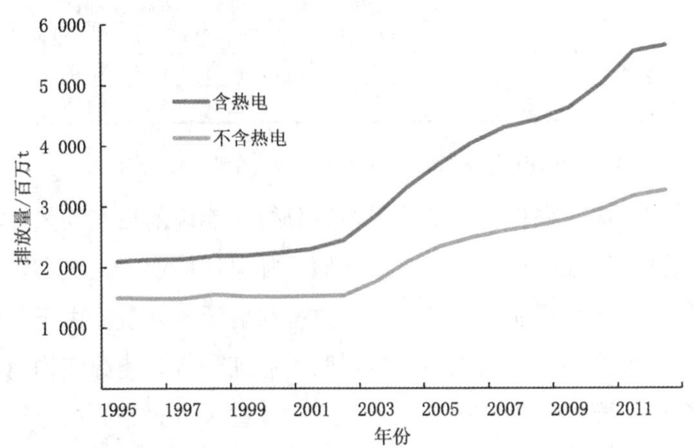

图 9.3　含热电与不含热电的工业二氧化碳排放量比较

数据来源：根据《中国能源统计年鉴》计算。

本章运用区域电网电力排放系数，测算各省区市的电力消耗所带来的二氧化碳排放量。与热力生产本地消费特点不同的是，电力消费不仅存在着省区市等省级行政单位之间电力的调出和调入，而且在电力远距离传输过程中，存在着相当大的损耗率和一定比例的厂用电。因此不能按照能源与电力的转化系数进行折算。事实上，为了推动中国清洁发展机制（clean development mechanism，CDM）和中国核证自愿减排额度（chinese certified emission reduction，CCER）项目发展，国家发展和改革委员会定期公布“区域电网基准线排放系数”。这一系数不仅考虑了不同电网电力生产消耗的能源数量、厂用电比例、电网电力传输损耗率，还考虑了不同电网之间的用电量的调入和调出。因此，这一系数可以更加精准地反映各省区市的电力生产效率和实际电力消费量。因此，本章运用“区域电网基准线排放系数”测算各省区市电力消费所导致的二氧化碳排放量。区域电网覆盖的省区市行政单位如表 9.5 所示。

表 9.5　中国区域电网覆盖省区市

电网名称	覆盖省区市
华北电网	北京、天津、河北、山西、山东、内蒙古
东北电网	辽宁、吉林、黑龙江
华东电网	上海、江苏、浙江、安徽、福建
华中电网	河南、湖北、湖南、江西、四川、重庆
西北电网	陕西、甘肃、青海、宁夏、新疆
南方电网	广东、广西、云南、贵州、海南

数据来源：《电力工业统计资料汇编》，不包括西藏、香港、澳门和台湾。

运用前文方法，根据地区能源平衡表分行业能源消耗实物量计算全国各省区市农业、工业、建筑业、交通仓储及邮电通信业、批发零售住宿餐饮业、其他行业 6 个行业的二氧化碳排放量和能源消耗量。由于《中国能源统计年鉴》地区能源平衡表中不报告服务业细分行业能源实物消耗量，考虑到服务业主要的能源消耗为电力，运用各省区市服务业细分行业全社会用电量拆分得到分省区市分行业二氧化碳排放量和能源消耗量。由于各省区市分行业与全国统计数据不一致，运用前文 GRAS 方法得到与全国一致的能源消耗和二氧化碳排放量。

三、实证结果分析

（一）总量分析

基于组群前沿，运用投入导向、组群自我参比至弱有效前沿最近距离函数对 2000—2017 年各省域 17 个行业的减排潜力进行了测度，并加总获得全国减排潜力，结果如图 9.3 所示。从图 9.3 中可以发现，2000 年至 2017 年中国二氧化碳排放及其减排潜力均有大幅度的上升，省域组群前沿生产前沿参比具有较大的减排空间，减排潜力绝对值从 5.8 亿 t，快速上升到 28.7 亿 t，增长了 394.35%，远高于同期中国二氧化碳排放 218.26% 的增速。生产侧减排潜力占二氧化碳排放的比例从 2000 年的 18.0% 迅速攀升至 2017 年的 28.0%。2000 年至 2002 年呈现了震荡走低的趋势，但 2003 年之后快速攀升，之后维持了 20% 的高位运行。2008 年达到 17.9% 的局部最低点之后，呈现了一种快速上升的趋势。尽管 2016 年减排潜力有所下降达到 23.3%，但 2017 年迅速反弹达到 28.0%。中国省域前沿参比的二氧化碳减排潜力逐渐攀升，说明中国东部、中部、西部、东北各地区内部的低碳生产技术进步不一，区域生产前沿面不断前移的过程中，并没有带动区域内的其他省域决策单元减排技术的进步，低碳技术在各省域组群中并没有很好地扩散。随着中国各省区市和各行业不断嵌入全球价值链，二氧化碳总量不断攀升但减排效率并没有得到同步提升，二氧化碳排放呈现了一种非效率性，进一步加剧了中国二氧化碳排放总量的快速增长。

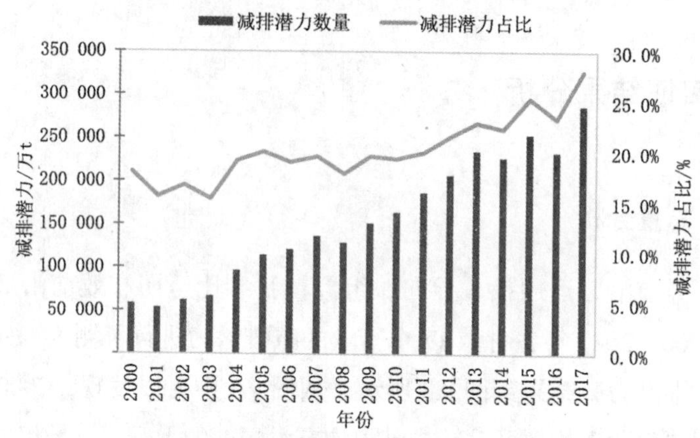

图 9.4 中国省域前沿面参比的减排潜力及其占比

数据来源：根据前文方法计算得到。

（二）区域比较

如表 9.6 所示，2000 年至 2017 年，分区域来看，中国东部地区减排潜力最大，从 2.46 亿 t 上升到 10.72 亿 t，占全国二氧化碳减排潜力的 53.8%。其次为西部地区，从 1.86 亿 t 上升到 13.80 亿 t，占全国二氧化碳减排潜力的 30.6%。中部地区也有较快增长，从 0.70 亿 t 上升至 3.92 亿 t，占全国减排潜力的 11.5%。东北地区减排潜力较小，除 2003 年至 2005 年，2016 年在 1 亿 t 以上，其余年份在 1 亿 t 以内，占全国减排潜力的 4.1%。从增速来看，中部地区、西部地区增速分别增长了 459.66%、640.73%，高于同期全国增速。值得注意的是，2017 年西部地区减排潜力超越东部地区，成为全国减排潜力最大的区域。东北地区的减排潜力波动较大，增长速度不稳定。

从减排潜力占本地区二氧化碳排放总量的比例来看，东部地区占比较稳定，2000 年至 2003 年在 20% 以下，2004 年以后持续上升，除 2015 年达到 33.4% 外，其余年份均维持在 25% 至 30% 之间。中西部地区维持着波动上升的趋势，增长速度较快。尤其是 2017 年西部地区从 2016 年的

23.4% 快速上升至 51.9%。中部地区的减排潜力从 10.0% 下降到 2008 年的 2%，之后快速上升至 2017 年的 19.5%。东北地区减排潜力维持低位运行，2000 年至 2005 年在 17% ~ 20% 之间，之后一直维持在 5% 左右。

表 9.6　中国各地区二氧化碳减排潜力

单位：万 t

年份	东部	东北	中部	西部	年份	东部	东北	中部	西部
2000	24 591	7 833	7 002	18 634	2009	97 108	3 437	16 924	34 159
2001	22 815	7 419	5 423	17 543	2010	96 000	2 287	18 551	47 527
2002	30 760	8 655	4 809	17 765	2011	104 949	5 060	20 193	56 761
2003	31 160	10 185	5 499	19 993	2012	107 287	4 104	25 258	70 628
2004	54 003	11 555	5 967	25 067	2013	113 811	3 382	33 646	84 054
2005	72 467	14 275	9 703	18 112	2014	110 091	3 163	36 653	77 291
2006	77 567	2 847	8 826	31 490	2015	148 155	2 023	37 229	66 650
2007	87 105	2 851	6 919	39 199	2016	117 831	19 437	36 420	59 773
2008	93 353	2 816	3 012	29 451	2017	107 224	2 634	39 189	138 030

数据来源：根据前文方法计算得到。

根据减排潜力占该省域的二氧化碳排放比例，可以将中国各省域划分为潜力较小、潜力中等、潜力巨大三类（见表 9.7）。东部地区的天津市、上海市、广东省和福建省；中部地区的河南省、江西省、安徽省、湖北省和湖南省；西部地区的重庆市、内蒙古自治区和陕西省；东北地区的辽宁省、吉林省和黑龙江省等三省，这些省区市的多数产业低碳生产技术较为先进，处于该区域生产技术前沿面，减排潜力较小。而东部地区的北京市、浙江省、江苏省、山东省以及海南省；中部地区的山西省；西部地区的广西壮族自治区、四川省、云南省、新疆维吾尔自治区等省区市，具有中度减排潜力。西部地区的贵州省、甘肃省、青海省、宁夏回族自治区等省区市的多数产业距离西部地区经济社会的宏观生产函数的前沿面较远，是减排的重点区域。

表 9.7　中国省域减排潜力分类

类型	标准	省区市
潜力较小	≤ 15%	东部：天津、上海、福建、广东 中部：安徽、江西、河南、湖北、湖南 西部：重庆、内蒙古、陕西 东北：辽宁、吉林、黑龙江
潜力中等	15% ~ 40%	东部：北京、江苏、浙江、山东、海南 中部：山西 西部：广西、四川、云南、新疆
潜力巨大	≥ 40%	西部：贵州、甘肃、青海、宁夏

数据来源：根据前文方法计算得到。

从增速来看，新疆维吾尔自治区、云南省、陕西省、浙江省、山西省、广西壮族自治区、湖南省、内蒙古自治区、青海省、四川省、黑龙江省、海南省、河北省、江西省、福建省等省区市的二氧化碳减排潜力增速高于全国平均速度。其中，新疆维吾尔自治区、云南省、陕西省、浙江省、山西省、广西壮族自治区和湖南省等的二氧化碳减排潜力增速远远高于全国平均速度。这些地区需要采取必要措施，加强低碳技术的研发和引进，使其不断接近而非远离区域生产技术前沿面，充分挖掘减排潜力，防止二氧化碳减排潜力过快增长。

（三）行业比较

如图 9.4 所示，从行业角度看，第二产业是最具二氧化碳减排潜力的主要行业，是节能减排的重点领域，减排潜力占全国减排潜力的 80% 左右。2000 年至 2017 年，工业减排潜力从 4.39 亿 t 上升至 23.8 亿 t，占全国减排潜力的比例从 75% 上升至 83%。因此，工业减排是减排行动能否取得成效的关键。其次是交通运输邮政仓储业，2017 年减排潜力为 1.8 亿 t。农业虽然二氧化碳排放不高，但减排潜力也有 0.72 亿 t。其他服务业，如批发零售业和金融业，减排潜力分别达到 0.58 亿 t 和 0.35 亿 t。从工业减排潜力的省域分布来看，2017 年河北居各省区市之首，工业减排潜力达到 4.54 亿 t，内蒙古 3.1 亿 t，山西 2.4 亿 t，新疆 2.3 亿 t，山东 1.6 亿 t，浙江 1.5

亿 t，宁夏 1.1 亿 t。深度挖掘这些省区市的工业减排潜力是减排取得成效的关键。

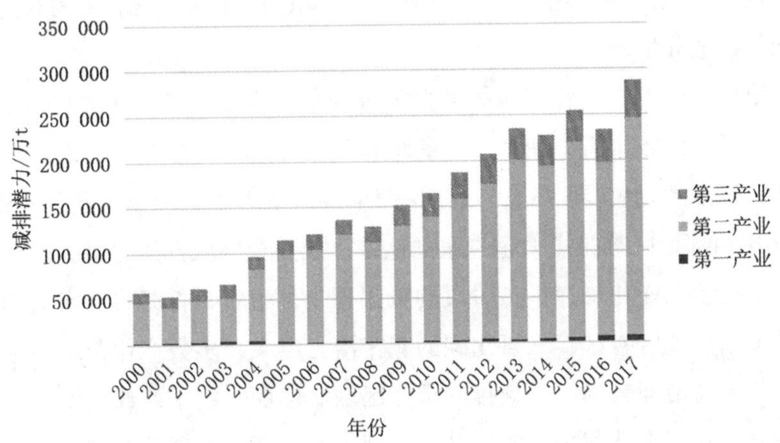

图 9.5　中国省域前沿面参比的分行业减排潜力

数据来源：根据前文方法计算得到。

四、本章小结

本章基于组群前沿，运用投入导向、组群自我参比的至弱有效前沿最近距离函数模型对 2000—2017 年各省域 17 个行业的减排潜力进行了测度。研究结果表明：

第一，在区域生产技术可行集的参照下，中国各省域仍存在较大的减排潜力。省域减排潜力从 5.8 亿 t 快速上升到 28.7 亿 t，绝对值远高于同期中国二氧化碳排放增速。然而，在区域生产前沿面不断前移的过程中，并没有带动其他省域减排技术的进步，低碳技术在各省域组群中并没有得到很好的扩散。随着中国各省区市以及各行业快速嵌入全球价值链，二氧化碳总量不断攀升，但减排效率并没有得到同步提升，呈现出非效率性，进一步加剧了中国二氧化碳排放总量的快速增长。因此，需要加强全国一盘棋的思想，在京津冀、长三角、中原崛起和粤港澳大湾区等各类区域发展规划制定和实施过程中，不断加强对生态文明建设、生态承载力相关指标的刚性约束，加强省际减排行动协同性，促进低碳生产技术在区域内和区域间的扩散和溢出。

第二，中国二氧化碳减排潜力区域分布不均衡，省际分布变动较大。中国东部地区减排潜力最大，占东部地区二氧化碳排放的25%左右。中西部地区减排潜力大幅度增长，远远高于同期全国增长速度。值得注意的是，2017年西部地区减排潜力超越东部地区，成为全国减排潜力最大的区域。特别是处于工业化加速推进阶段的贵州省、甘肃省、青海省、宁夏回族自治区等西部地区省区，二氧化碳的减排潜力巨大，多数产业距离该地区的生产技术前沿面较远，是减排的重点区域。然而，由于西部地区生态系统的脆弱性和生态承载力较弱，推动西部大开发区域发展战略实施过程中，需要同步引进绿色、低碳、循环经济等生产技术，持续提高能源资源的使用效率，避免走“先污染、后治理”传统发展道路，防止这些地区的二氧化碳减排潜力过快增长。

第三，重点挖掘工业、交通等行业的减排潜力，是减排行动取得实效的关键。工业是具有二氧化碳减排潜力的主要行业，是节能减排的重点领域，减排潜力占全国减排潜力的80%左右。河北省、内蒙古自治区、山西省、新疆维吾尔自治区、山东省、浙江省、宁夏回族自治区等能源资源型、工业型和开放型大省（自治区）的工业行业均有1亿t以上二氧化碳的减排潜力，需要深度挖掘这些省（自治区）的工业减排潜力。

第十章　全球价值链、中国的减排潜力与能力：国际比较视角

一、文献综述

（一）基于相对效率的减排潜力测度

相对效率的减排潜力测度方法主要运用环境生产函数，以环境生产技术前沿面为参照，对区域或行业投入要素或产出向量非效率值或冗余量进行测度，从而估计区域或行业的二氧化碳减排潜力，进而得到全国范围的减排潜力。史丹（2006）构建了能源效率趋同模型，分析了中国各省区市的节能潜力，研究表明东南沿海沿江地区能源效率较高，处于全国领先地位；其他各省区市均有不同程度的节能减排潜力，但地区间减排潜力差异巨大。曾贤刚（2010）运用数据包络方法（DEA）和 Tobit 模型估计了 30 个省区市的综合减排潜力。研究表明，全国 30 个省区市减排潜力存在五种不同的变化趋势，其中山东省减排潜力最大，山西省、河北省和辽宁省也有较大的减排空间。魏楚等（2010）对 2005 年至 2007 年中国 30 个省区市的节能减排潜力进行研究，发现中国 2006、2007 年平均可节约 10 亿 t 以上的标准煤，节能潜力高达 40% 左右；每年由于能源效率损失而过度

排放的二氧化硫高达 850 万 t，减排潜力在 30% 左右。Guo 等（2011）的研究表明，2007 年中国 29 个省区市的减排潜力为 5.88%，采取节能技术和提高可再生能源比例等措施可以有效减少二氧化碳排放，促进减排目标实现。余晓泓和张超（2012）引入方向距离函数对中国 2000 年至 2009 年的工业部门减排潜力进行测度，研究表明，中国工业部门总体减排潜力较大，但各行业减排潜力差异明显。王群伟等（2011）测度发现，天津市、辽宁省、上海市和福建省由于接近或位于生产技术前沿面，减排潜力相对较小。离生产技术前沿面较远的山西省和河南省碳排放效率低下，存在较大的减排潜力和空间。汪克亮等（2012）运用投入导向规模报酬不变的数据包络模型测算了中国东中西三个地区的节能减排潜力，并运用 Tobit 模型对碳排放减排潜力的影响因素进行了检验。研究表明，中国经济呈现粗放型经济增长特征，整体能源效率不高，减排潜力巨大，且减排潜力呈现西部大于中部大于东部的发展格局。科技进步、产业 – 能源结构优化等措施对节能减排潜力的充分发掘具有显著的促进作用，但市场化水平提升、能源价格变化的影响不显著。

范丹和王维国（2013）运用非径向、非角度的 SBM 模型测度中国节能减排潜力，表明中国不同省级行政单位的减排潜力差异较大，西部地区的减排潜力最大，其次为中部地区和东北地区，东部地区全要素能源效率较高，减排潜力最小。郭玲玲和武春友（2014）的研究表明，中国各省区市的整体节能减排潜力较大，山西省、贵州省、云南省、陕西省和甘肃省等中国中西部地区节能减排潜力较大；节能减排潜力呈明显的“西 – 中 – 东”阶梯状分布格局，中西部地区是节能减排的重点区域。康玉泉和孙庆兰（2016）运用共同前沿和组群前沿数据包络方法测度了 1995 年至 2012 年中国各地区工业碳减排潜力，研究表明西部地区工业碳减排潜力仍在不断增长，主要受技术差距影响，但地区间技术差距日渐缩小。由于 2003 年以来碳排放非效率逐渐改善，东中部地区工业碳减排潜力逐渐缩小，其减排潜力主要受管理非效率的影响。冯冬和李健（2017）运用包含非期望产出的 SBM 模型对京津冀 13 个城市 2005 年至 2014 年的碳排放效率及减排潜力指数进行测算。研究表明，京津冀城市整体碳排放效率呈现下降的趋势，各城市减排潜力指数存在差异且相对稳定，北京市的减排潜力最低而唐山市的减排潜力最高。

（二）基于情景模拟方法的减排潜力测度

Bernstein 等（2006）通过拓展 Solow-Swan 增长模型估算，发展中国家在 2006 年之后的 15 年内，通过改变技术获得的减排潜力与《京都议定书》附件 B 中所有国家要实现的碳减排幅度相近。王克等（2006）利用 LEAP 模型构建了中国钢铁行业 2000 年至 2030 年碳减排的基准情景、当前政策和新政策三种情景，并通过情景模拟表明，中国钢铁行业具有一定的二氧化碳减排潜力，行业结构和技术进步等措施是实现减排潜力的关键。Cai 等（2007）对中国电力行业的减排潜力进行了情景模拟，结果表明，到 2030 年，中国的能源消费量和碳排放量将持续增长，如果减排措施有效，以 2000 年为基准，二氧化碳排放强度可望下降 4.2% 至 19.4%。李忠民等（2011）以历史经验为基础，运用弹性脱钩方法等构建了中国 2020 年碳排放强度缺口的计算模型，研究表明，中国要在 2020 年实现减排承诺，压力巨大，经济发展方式转变势在必行。国涓等（2011）对 1994 年至 2007 年中国工业细分行业的二氧化碳排放影响因素及其差异进行了分析，研究表明，中国工业行业减排成效有限，不断挖掘石油、电力、煤炭、冶金等行业的碳减排潜力将是工业减排的关键。朱永彬等（2013）利用 Markov 模型预测表明，与美欧日等发达国家（地区）相比，中国三次产业能源强度的减排潜力为 24%、60% 和 53%；产业结构能源强度的减排潜力为 40%、32% 和 28%。郭朝先（2014）运用经济核算法测度了结构减排和强度减排的贡献度，并在此基础上分析了达峰前后的中国工业减排潜力，研究表明，在 2030 年前，2010 年至 2030 年工业累积二氧化碳减排潜力为 83.8 亿 t；在 2030 年达峰之后，2030 年至 2050 年为 65.9 亿 t。屈超和陈甜（2016）基于 IPAT 模型对中国 2030 年的二氧化碳排放强度减排潜力进行模拟，结果表明，2030 年中国碳排放强度有望在 2005 年的基础上下降 66.34%，能够如期实现《巴黎协议》的减排承诺。赵巧芝等（2017）运用投入产出方法对各行业碳减排效果进行了模拟，分析了不同情境下强度减排和绝对减排等不同的政策措施对全过程型、传导型和表观高碳型等不同类型行业减排效果。袁晓玲等（2020）基于STIRPAT模型和岭回归方法，对基准、低碳和高能耗三种情景下中国工业部门整体以及石油化工等八大工业细分行业的减排潜力进行了估计，研究表明工业行业整体碳减排潜力约为8.52亿t，但同时也存在15.85亿t的增排风险。

（三）基于学习曲线方法的减排潜力测度

韩亚芬等（2008）估计了28个省区市二氧化硫减排的环境学习曲线。研究表明，各省区市万元产值二氧化硫排放量和减排潜力均呈下降趋势，二氧化硫减排潜力空间分布大致以胡焕庸线为中轴，呈东减西增空间分布特征。此外，江苏省、浙江省和广东省的东南沿海地区，万元产值二氧化硫减排潜力最小，且二氧化硫环境负荷大与减排潜力正相关。孙根年等（2011）构建了中国30个省区市1995—2007年碳排放环境学习曲线（ELC），并预测了碳减排潜力。研究结果表明，2020年各省区市的碳减排潜力为15%至58%不等，全国碳减排总潜力为30.6%。李雷鸣和马小龙（2013）基于山东省2002年至2010年单位GDP碳排放量和人均GDP，建立单位GDP碳排放量随人均GDP变化的环境学习曲线，分析了在此期间的碳排放环境负荷变化及减排潜力。基于2000年至2009年产业、行业数据，构建了产业、行业碳排放环境学习曲线，计算各行业碳减排目标和分担率。陈怡等（2020）利用学习曲线工具综合评估了既有政策和强化政策两种情景下2035年前中国电力行业二氧化碳排放变化趋势，分析了两种情境下非化石能源对于减排量的贡献。

上述文献从不同的角度测度并分析了中国行业、区域和整体的二氧化碳等污染物的减排潜力。尽管研究方法、角度和假设各不相同，但都认为中国各行业、区域和全国范围内都存在着较大的减排潜力，但区域和行业的分布极不均衡。从研究方法来看，相对效率方法和环境学习曲线方法从二氧化碳及其他环境变量的历史数据的内在统计特征出发，研究行业或区域的减排潜力进而得出总体减排潜力。而情景模拟法则依赖于大量数据的外生假定或者预测，增加了研究结论的不确定性。从研究假设来看，相对效率方法运用国内决策主体的相对效率作为减排潜力的测度，将国内最高能源效率单位前沿生产面计算中国行业或区域的减排潜力更符合实际。但最高碳排放效率的决策主体的碳排放效率的减排潜力为零的假设不符合实际且存在减排潜力整体低估的问题。情景模拟法的缺陷在于经济增长率、产业结构、能源结构、技术进步率、排放强度等大量指标需要外生预测，增加了减排潜力计算的不确定性，且不同学者基于不同研究需要对经济发展的各项指标做出的假设各不相同，降低了研究的可比性。从数据处理方法来看，上述模型都是基于历史数据对于未来经济发展水平的平行外推。它们仅适用于经济发展相对稳定的情况。而在中国经济转型升级新常态下，经济结构突变异常激烈，上述模型的预测效度、信度都将受到较大的影响。

二、理论模型

（一）环境生产技术

对于一般的环境经济生产行为而言，劳动、资本、技术、土地和能源等要素的投入不仅会带来人们期望的合意的产出（desirable output），有时也不可避免地带来温室气体排放、废气、废水和雾霾等人们所厌恶的非合意产出（undesirable output）。因此，在环境经济生产行为中，生产函数构造过程中，生产可能集（production possibility set）不仅要纳入各种“好”的产出（合意产出），也必须纳入“坏”的产出（非合意产出）。这时，这种既包含合意产出，又包含非合意产出的生产可能集就可以称为环境生产技术。

对于某一环境生产行为，假设有M种要素投入$x=(x_1,x_2,\cdots,x_M)\in R_+^M$（$R$

为实数），生产出 S_1 种合意产出 $y=(y_1,y_2,\cdots,y_{S_1})\in R_+^{S_1}$ 和 S_2 种非合意产出 $b=(b_1,b_2,\cdots,b_{S_2})\in R_+^{S_2}$，则环境生产技术可以表示为：$T=[(x,y,b):x$ 可以生产 $(y,b)]$，也可以用集合的形式表示为：$P(x)=[(y,b):(x,y,b)\in T]$。

根据 Fare 等（1989）的研究，假设有 $k=1,2,\cdots,K$ 个经济决策主体（DMU）的投入要素和产出向量为 (x^k,y^k,b^k)，那么第 k' 个经济决策主体的环境生产技术可以用数据包络方法（data envelope analysis，DEA）来加以表达：

$$\left.\begin{aligned} P(x)=[(y,b):\sum_1^k \lambda_k y_k^{S_1}, S_1=1,2,\cdots,S_1;\\ \sum_1^k \lambda_k b_{S_2}^k \leqslant b_{S_2}^{k'}, S_2=1,2,\cdots,S_2;\\ \sum_1^k \lambda_k x_{S_2}^m \leqslant x_m^{k'}, m=1,2,\cdots,M;\\ \lambda_k \geqslant 0, k=1,2,\cdots,K] \end{aligned}\right\} \tag{10.1}$$

从上文描述可以看出，环境生产技术实际上是将环境要素纳入生产集，由 k 个经济决策主体共同形成环境生产技术前沿面。环境生产技术前沿面意味着，给定最大投入时，最大的合意产出 y 和最小的非合意产出 b 的合集；或者给定合意产出 y 时，最小的投入 x 和最小的非合意产出 b 的合集；又或者给定非合意产出 b 时，最大的合意产出 y 和最小的投入 x 的合集。环境生产技术是全要素环境技术经济效率测度的基础。

为了定量测度各经济决策主体距离生产技术前沿面的距离，也可称为全要素环境技术经济效率，这时引入方向距离函数（directional distance function，DDF）：

$$\boldsymbol{D}_k(x,y,b:-g_x,g_y,-g_b)=\mathrm{Sup}[\beta:(y+\beta g_y,b-\beta g_b)\in P(x-\beta g_x)]$$

其中：$\boldsymbol{g}=(-g_x,g_y,-g_b)$ 表示方向向量，β 表示按照方向向量 $\boldsymbol{g}$ 增加合意产出、减少要素投入和非合意产出的最大比例。当 $\boldsymbol{D}_k=0$ 时，说明第 k 个经济决策主体处于环境生产技术前沿面，是环境经济技术有效的。如果

$\boldsymbol{D}_k > 0$，则说明该经济决策主体环境生产技术是非有效的，存在技术改进的空间。

各经济决策主体的方向距离函数 DDF 可以通过求解线性规划获得：

$$\left.\begin{aligned}
&\boldsymbol{D}_k(x,y,b:-g_x,g_y,-g_b)=\max\beta\\
&\text{s.t.}\\
&\sum_1^k \lambda_k x_{S_2}^m \leqslant x_m^{k'}-\beta g_x, m=1,2,\cdots,M;\\
&\sum_1^k \lambda_k y_k^{S_1} \geqslant y_k^{S_1}+\beta g_y, S_1=1,2,\cdots,S_1;\\
&\sum_1^k \lambda_k b_{S_2}^k \geqslant b_{S_2}^k-\beta g_b, S_2=1,2,\cdots,S_2;\\
&\lambda_k \geqslant 0 \text{ 或者} \sum_1^k \lambda_k = 1
\end{aligned}\right\} \tag{10.2}$$

这一模型虽然考虑了投入和产出的缩减和扩张的方向，但它仍然属于径向（directional）的 DEA 模型，即假定投入和产出同比例变化。这一假设显然与现实环境生产技术行为不符。

（二）SBM 模型

为了克服传统的径向数据包络模型的缺点，Tone（2001）构建了基于松弛变量（slack based measure，SBM）的非径向、非角度的 SBM 模型：

$$\left.\begin{aligned}
&\rho=\min\frac{1-\dfrac{1}{m}\sum_{i=1}^{m}\dfrac{S_i^-}{x_{ik'}}}{1+\dfrac{1}{S_1+S_2}\left(\sum_{r=1}^{S_1}\dfrac{S_r^y}{y_{rk'}}+\sum_{r=1}^{S_2}\dfrac{S_r^b}{b_{rk'}}\right)}\\
&\text{s.t.}\\
&x_{mk'}=\sum_{k=1}^{K}\lambda_k x_{mk}+S_m^-, m=1,2,\cdots,M;\\
&y_{S_1k'}=\sum_{k=1}^{K}\lambda_k y_{S_1k}-S_{S_1}^y, S_1=1,2,\cdots,S_1;\\
&b_{S_2k'}=\sum_{k=1}^{K}\lambda_k b_{S_2k}-S_{S_2}^b, S_2=1,2,\cdots,S_2;\\
&\lambda_k \geqslant 0, S_m^- \geqslant 0, S_{s1}^y \geqslant 0, S_{s2}^y \geqslant 0
\end{aligned}\right\} \tag{10.3}$$

其中，$\boldsymbol{S}^-,\boldsymbol{S}^y,\boldsymbol{S}^b$ 是松弛向量，分别表示投入要素 x 冗余或者说过剩，合意产出 y 不足和非合意产出 b 冗余或者过剩。$\boldsymbol{\lambda}=(\lambda_1,\lambda_2,\cdots,\lambda_1)$ 是强度向量，表示各经济决策主体的权重。当 $\rho=1$ 且 $S^-=0,S^y=0,S^b=0$ 时，表明经济决策主体是环境经济技术有效的，当 $0<\rho<1$ 时，表明经济决策主体是环境经济技术非有效的，存在着技术改进的空间，可以通过消除投入和产出的松弛达到技术有效。可以利用 $\frac{S_i^-}{x_{ik'}}$、$\frac{S_r^y}{y_{rk'}}$、$\frac{S_r^b}{b_{rk'}}$ 进一步求解合意产出 y 不足和非合意产出 b 冗余过剩。不同于传统数据包络模型，SBM 模型把松弛变量直接放到目标函数中，可以直接计算投入过剩、合意产出不足以及非合意产出冗余带来的距离最优生产技术前沿面的非效率。

（三）ML 指数

为了反映全要素环境生产技术效率随着时间推移的动态变化，根据钱志权和杨来科（2015）的研究，本章将依据数据包络模型的 Malmquist-Luenberg（ML）指数测算二氧化碳排放效率。ML 指数模型首先假设对时期 t，第 k 个决策主体的投入和产出为 $(x^{t,k},y^{t,k},b^{t,k})$，其中：$x^{t,k}$ 为 k 经济体单位 t 时期的投入；$y^{t,k}$ 为合意产出，$b^{t,k}$ 为非合意产出。z_k^t 表示每一个横截面观测数值的权重，权重变量为非负即假定生产技术规模报酬不变。式（10.4）中合意产出和投入变量的约束条件意味着合意产出和投入的强可处置性（strong disposability）。非合意产出的约束条件表明合意产出和非合意产出的联合弱处置性（weak disposability）。

$$\left.\begin{aligned} \vec{D}_0^t(x^{t,k'},y^{t,k'},b^{t,k'}) &= \max\beta \\ \text{s.t.}\sum_{k=1}^{K} z_k^t y_{km}^t &\geqslant (1+\beta)y_{k'm}^t, m=1,\cdots,M \\ \sum_{k=1}^{K} z_k^t b_{ki}^t &= (1+\beta)b_{k'i}^t, i=1,\cdots,I \\ \sum_{k=1}^{K} z_k^t x_{kn}^t &\leqslant (1+\beta)x_{k'n}^t, n=1,\cdots,N \\ z_k^t &\geqslant 0, k=1,\cdots,K \end{aligned}\right\} \tag{10.4}$$

为了计算随时间变化的环境生产技术效率，引入基于产出的方向距离函数，方向向量为（g，$-b$）。如果方向距离函数的值为 0，则表明该经济体生产在生产可能集前沿，具有技术效率；否则表示技术无效率。在基于产出的方向性距离函数的基础上，为衡量考虑了 GDP 产出的环境生产效率，Chung 等（1997）还构造了产出导向的 ML 指数，从 t 期到 t+1 期的全要素环境生产率指数为 7.5。

$$\mathrm{ML}^{t+1}=\left\{\frac{[1+\boldsymbol{D}_0^t(x^t,y^t,b^t;g^t)]}{[1+\boldsymbol{D}_0^t(x^{t+1},y^{t+1},b^{t+1};g^{t+1})]}\times\frac{[1+\boldsymbol{D}_0^{t+1}(x^t,y^t,b^t;g^t)]}{[1+\boldsymbol{D}_0^{t+1}(x^{t+1},y^{t+1},b^{t+1};g^{t+1})]}\right\}^{\frac{1}{2}} \quad (10.5)$$

ML 指数代表了经济体决策主体投入与产出的组合从 t 到 t+1 时期全要素环境技术经济效率的变动情况。ML 指数方法近年来常被用于碳排放有关效率的测算和比较，如果 ML 指数大于 1 的值代表从 t 到 t+1 时期碳排放效率有所提升，反之，则意味着碳排放效率有所下降。对于本章而言，ML 指数大于 1，表明碳排放效率有所提升，与 t 时期相比，t+1 时期中等量劳动、资本等要素投入，获得了较多的 GDP 以及产生了较少的二氧化碳排放。

三、数据来源与说明

本章借助数据包络分析软件 MaxDEA 6.1，根据数据可得性以及各国经济体量，选取中国及全球 72 个主要经济体作为研究对象。基于全球生产技术前沿面，运用投入导向型 SBM-DDF 模型测度 1990 年至 2017 年中国及全球主要经济体的二氧化碳减排潜力。在投入向量中，本书考虑实物资本存量、人力资本增强型就业人数和能源消耗总量。在产出向量中则采用实际 GDP 和二氧化碳排放量。选取的各主要经济体如表 10.1 所示。

表 10.1　全球减排潜力测度的 73 个国家（地区）

区域	国家（地区）
发达经济体（29 个）	加拿大、美国、奥地利、比利时、塞浦路斯、丹麦、芬兰、法国、德国、冰岛、爱尔兰、意大利、卢森堡、荷兰、挪威、葡萄牙、斯洛伐克、斯洛文尼亚、西班牙、瑞典、瑞士、英国、以色列、澳大利亚、中国香港、日本、新西兰、新加坡、韩国
新兴经济体（23）	墨西哥、阿根廷、巴西、智利、哥伦比亚、秘鲁、捷克、希腊、匈牙利、波兰、土耳其、俄罗斯、埃及、摩洛哥、南非、中国、印度、印度尼西亚、马来西亚、菲律宾、中国台湾省、泰国、越南
发展中经济体（21）	厄瓜多尔、特立尼达和多巴哥、委内瑞拉、保加利亚、克罗地亚、爱沙尼亚、拉脱维亚、立陶宛、罗马尼亚、乌克兰、哈萨克斯坦、伊朗、伊拉克、科威特、卡塔尔、沙特、阿联酋、阿尔及利亚、孟加拉国、巴基斯坦、斯里兰卡

实际 GDP 是以 2011 年为基期购买力平价的生产法实际 GDP（output-side real GDP at chained PPPs）；资本存量是以 2011 年为基期的本国可比价格实物资本存量（capital stock at constant 2011 national prices），单位均为百万美元。就业人数为各国实际就业人数（number of persons engaged），单位为百万人。为了反映各国就业人员的素质差异，运用人力资本指数对就业人数进行调整，人力资本指数反映了人均受教育年限和回报。调整后的人力资本强化型就业数量为就业人数与人力资本指数的乘积。上述实际 GDP、资本存量、就业人数和人力资本指数均来自宾夕法尼亚大学世界数据库 Penn World Table 9.1（Feenstra et al.，2015）。二氧化碳排放量和能源使用数据来自英国石油公司（BP）。二氧化碳排放量单位为百万吨，是根据各国石油、天然气和煤炭的消费数据和 IPCC（2006）国家温室气体排放清单指南（Guidelines for National Greenhouse Gas Inventories）计算的。能源消耗量的单位为百万吨石油当量。各变量描述性统计分析如表 10.2 所示。

表 10.2 全球减排潜力测度变量描述性统计

变量名称	平均值	标准差	最小值	最大值	样本量
CO_2	353	964	2	9238	2 044
GDP	912 791	2 082 936	7 152	18 383 838	2 044
资本	3 833 818	7 901 424	29 707	94 903 728	2 044
劳动	80	223	0	2 032	2 044
能源	138	345	2	3 139	2 044

数据来源：作者根据前文数据来源计算得到。

四、实证结果分析

（一）中国减排潜力总量分析

运用MaxDEA 6.1，基于投入导向的松弛变量方向距离函数模型（SBM-DDF），假定规模报酬不变，以二氧化碳为非合意产出，可以计算得到在全球生产技术前沿面参比的各国二氧化碳排放量冗余（slack），即二氧化碳减排潜力。其结果如图 10.1 所示。从图中可以看出，1990 年以来，中国二氧化碳减排潜力有较大的变化，体现了一定的阶段性特征。1990 年至 1995 年中国二氧化碳减排潜力基本上维持在 20% 上下。1996 年至 2000 年，中国二氧化碳排放迅速上升至 53.4%，之后缓慢下降至 48.5%。2000 年达到局部最低点 27.7% 并迅速反弹，2010 年达到最高值 66.4%。2011 年之后呈现波动型趋势，维持在 60% 左右。

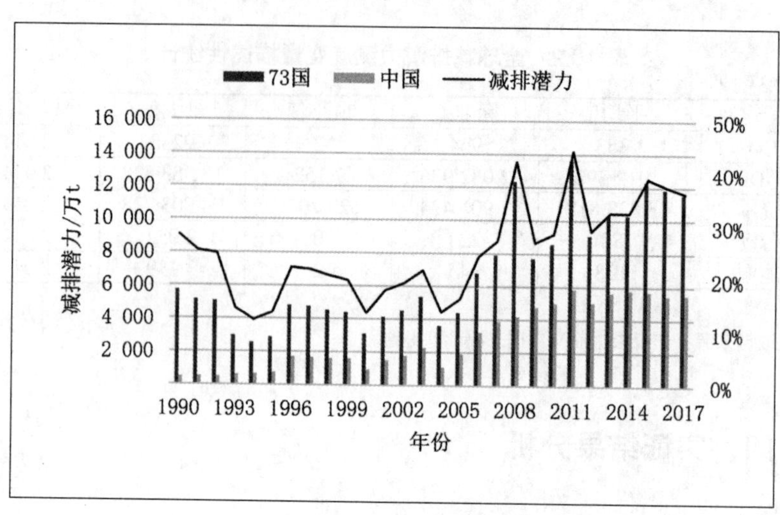

图 10.1 中国二氧化碳排放量与减排潜力

数据来源：CO_2 排放量来自英国石油公司 BP，减排潜力根据 MaxDEA 6.1 软件计算得到。

如图 10.2 所示，从增速来看，1990—2017 年中国二氧化碳排放增加了 2.97 倍，而二氧化碳减排潜力则增长了 10.57 倍。二氧化碳减排潜力的增长速度远远高于二氧化碳排放量的增长。中国从占 73 国减排潜力的 8.32% 快速增长至 2017 年的 47.63%。从平均减排潜力来看，1990—2017 年中国减排潜力为 50.82%，几乎是全球 73 个主要经济体 26.36% 的减排潜力的两倍。从增速、占比和平均减排潜力都可以发现，与全球生产技术前沿面相比，中国存在着巨大的减排空间。这一方面固然与中国以煤炭为主的能源结构、能源使用效率较低都密不可分，但是不可否认，嵌入全球价值链在给中国带来了较为明显的贸易利益的同时，也给中国造成了能源效率降低、减排潜力增大，加剧了中国二氧化碳排放量的过快增长。

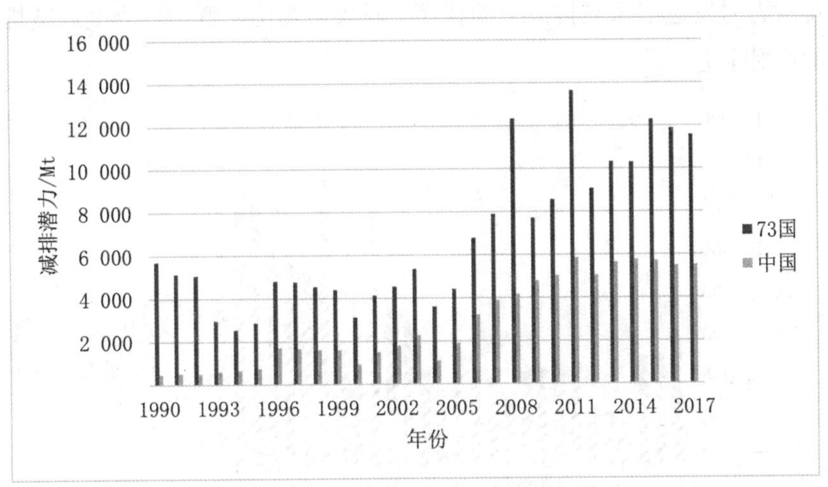

图 10.2　中国与 73 国二氧化碳减排潜力

数据来源：根据前文方法运用 MaxDEA 6.1 软件计算得到。

（二）中国与主要国家减排潜力比较

如图 10.3 所示，分组别来看，除 2008、2011 年等个别年份以外，以中国为主要代表的新兴市场国家成为全球减排潜力的主要贡献者，并呈现了较快的增长速度，从 2 111.68Mt（百万吨）增长到 8 001.98Mt，增速为 2.89 倍，同期全球减排潜力从 1990 年的 5 720.1Mt 增长到 2017 年的 11 562.7Mt，增速为 1.02 倍，新兴市场国家增速远高于 73 国。新兴市场国家减排潜力从 1990 年占全球减排潜力的 36.92% 上升至 2017 年的 69.21%，2009 年一度达到全球减排潜力的 86.35%。新兴市场国家成为全球二氧化碳减排潜力的主要贡献者。2008、2011 年发达国家减排潜力大幅度增长主要是由于美欧等主要发达国家减排潜力快速增长，其中美国增长最快，从生产技术前沿面减排潜力为 0，分别增长为 2 269.3Mt，2 290.4Mt。发展中经济体二氧化碳减排潜力则保持下降的趋势，从占全球的 15.63% 下降至 6.83%。这是因为发展中经济体产业结构以初级产品为主，化石能源使用相对较少，二氧化碳排放也较低。发达国家二氧化碳减排潜力则从 47.48% 下降为 23.96%。从全球减排潜力来看，呈现了一种以中国为主的新兴市场国家的减排潜力对发达国家减排潜力的替代，新兴市场国家逐渐成为全球减排潜力的绝对主力。

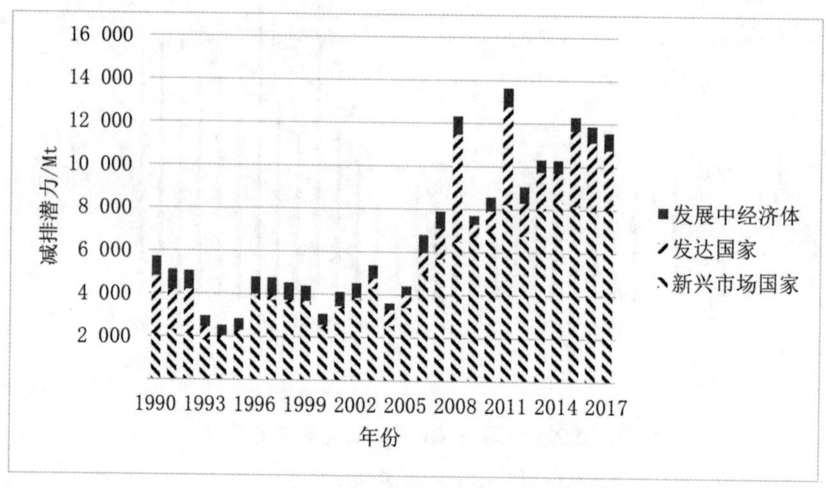

图 10.3　主要国家组别二氧化碳减排潜力

数据来源：根据前文方法运用 MaxDEA 软件计算得到。

（三）减排潜力原因分析

本部分运用 ML 指数对在全球生产技术前沿面的参比下存在巨大的减排潜力空间的原因进行分析。基于 MaxDEA 软件运用前述 1990—2017 年投入向量（资本、人力资本增强型劳动、能源）、合意产出向量实际 GDP、非合意产出向量二氧化碳排放量的面板数据可以计算出 1990—2017 年中国及全球主要国家的二氧化碳排放的效率。本书选取的模型为全局参比的投入导向的 SBM-Malmquist 指数，并转换为以 1990 年为基期的 ML 指数，结果参见图 10.4。将 Malmquist 指数分解为技术进步（technology change）和效率变动（technology change），并转换为 1990 年为基期，结果参见图 10.5 和图 10.6。

从图 10.4 的 ML 指数可以看出，全球主要国家的碳排放效率均有大幅度提升，全球 73 个国家比 1990 年提升了 40.45%，而中国仅提升了 6.29%。

与此同时，发达经济体提升了 42.59%，发展中经济体提升了 41.88%，新兴市场经济体提升了 36.51%。中国二氧化碳排放效率不仅低于全球主要发达经济体，也低于主要发展中经济体，甚至远低于新兴市场经济体。

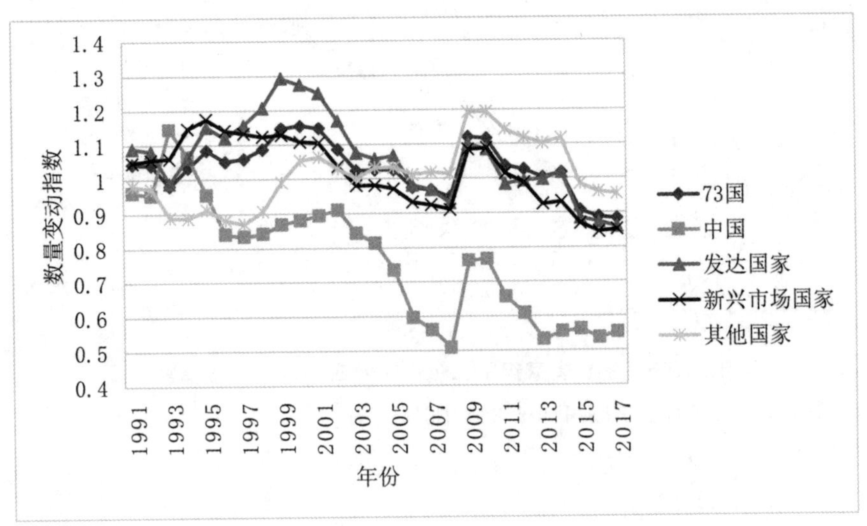

图 10.4　主要国家组别二氧化碳效率 ML 指数

数据来源：根据前文方法运用 MaxDEA 软件计算得到。

从 ML 指数分解为技术进步（technology change）和效率变动（technology change）来看，尽管 1990 年至 2017 年中国二氧化碳排放技术进步远高于全球主要国家，比 1990 年提升了 92.57%，远高于发达经济体的 66.05%，发展中经济体的 48.62%，新兴市场国家的 60.46%，然而，效率变动指数降低了 44.78%，降幅远高于发达国家（14.13%）和新兴市场经济体（14.92%）、发展经济体（4.53%）。效率指数大幅度降低限制了综合效率 Malmquist 指数的下降，这也是中国碳排放潜力维持高位的主要原因。

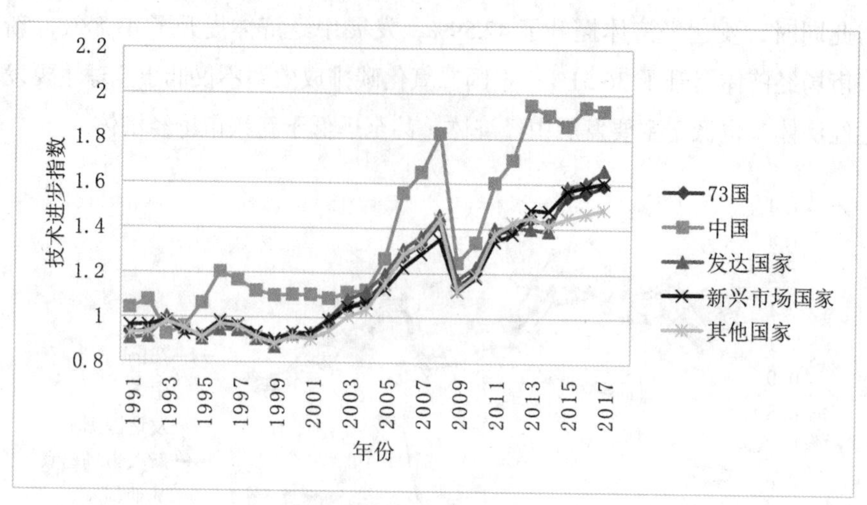

图 10.5　主要国家组别二氧化碳效率的技术进步指数

数据来源：根据前文方法运用 MaxDEA 软件计算得到。

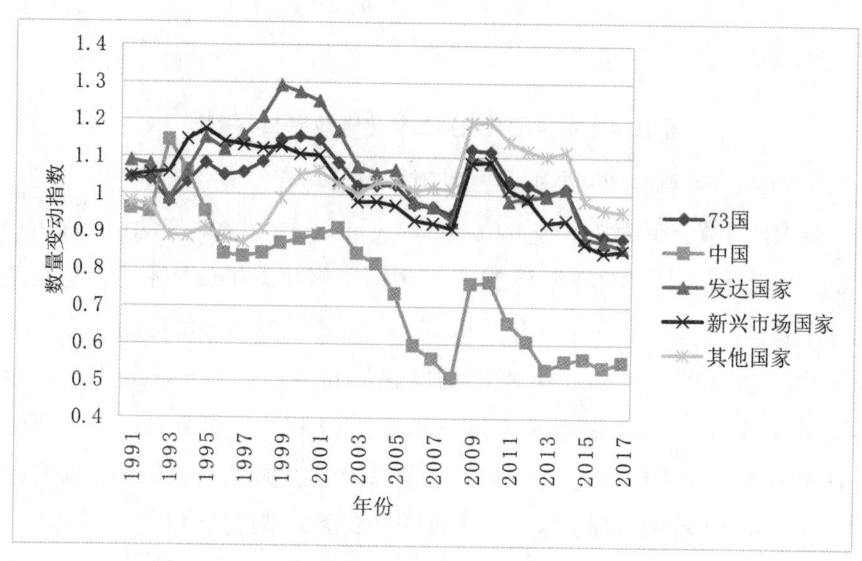

图 10.6　主要国家组别二氧化碳效率的效率变动指数

数据来源：根据前文方法运用 MaxDEA 6.1 软件计算得到。

五、本章小结

本章运用 MaxDEA 6.1，基于投入导向的松弛变量方向距离函数模型（SBM-DDF）对全球 73 个主要经济体的减排潜力进行了测度，并运用 ML 指数对中国减排潜力进行了原因分析。结果表明：

（1）与全球生产技术前沿面相比，中国具有较大的减排潜力，且体现了很强的阶段性。1990—2017 年间中国二氧化碳减排潜力的增长速度远远高于同期二氧化碳排放量的增长。中国减排潜力为 50.82%，几乎是全球 73 个主要经济体 26.36% 减排潜力的两倍。中国存在着巨大的减排潜力，一方面是由于中国以煤炭为主的能源结构和能源使用效率较低，另一方面嵌入全球价值链给中国造成了能源效率降低、减排潜力增大，加剧了中国二氧化碳排放量的过快增长，使中国成为全球主要的二氧化碳减排重点区域。中国应当加大减排控碳的力度，不仅要加大单位 GDP 二氧化碳排放的考核和控制，也需要关注二氧化碳排放总量的控制，加强以能源密集型产业为主的产业结构转型，避免成为全球价值链上污染产业和工序的目的地。

（2）国别比较结果表明，新兴市场国家尤其是中国对全球减排具有重要意义。新兴市场经济体的减排潜力从占全球减排潜力的 36.92% 上升至 2017 年的 69.21%，中国占 73 个主要经济体减排潜力的 8.32% 快速增长至 2017 年的 47.63%，这与新兴市场经济体快速工业化、日益成为全球主要的制造业中心密不可分。以中国为代表的新兴市场国家减排潜力快速增长是全球减排能否实现的关键，作为负责任的新兴市场国家，中国应当采取有效措施，积极促进经济结构转型，改变以煤炭为主的能源消费结构，加快低碳技术的引进和研发，提高二氧化碳排放的综合效率，为全球减排做出更大的贡献。

（3）减排原因分解结果表明，中国二氧化碳排放综合效率远低于全球平均水平，甚至远低于新兴市场国家，这是中国二氧化碳排放减排潜力居高不下的主要原因。尽管技术进步带动了碳排放效率的快速增长，但效率变动的大幅度降低抑制了中国二氧化碳排放效率的提升。中国需要不断加快低碳技术进步促进生产技术前沿面的前移，并注意提升低碳技术的国内配置效率，使得中国不断逼近全球生产技术前沿面，从而将巨大的减排潜力从理论变为现实。

第十一章　碳交易背景下区域协同减排机制与政策评估

一、引言

联合国政府间气候变化专门委员会发布的第五次评估报告显示，化石能源消耗和工业生产过程的温室气体排放是导致全球气候变暖的主要成因（IPCC，2014）。为了遏制全球气候变暖，必须控制以二氧化碳为主的温室气体排放，并构建绿色低碳、可持续发展的全球治理体系，这已成为国际社会的共识。然而，中国过去采用高污染、高排放的粗放型发展模式，消耗了大量资源和能源，由此产生的大量二氧化碳排放等一系列问题亟待解决。自党的十八大以来，习近平总书记提出并不断完善生态文明建设思想并将之上升到战略高度，为中国实现绿色、可持续转型发展提供了根本遵循和行动指南。然而，中国要尽早实现碳达峰的发展目标仍面临着巨大的挑战。一方面，中国产业结构转型与经济结构升级的矛盾日益尖锐，经济发展新旧动能转换动力不足，产业结构不合理、低端化，这些因素导致了能源消耗增加，二氧化碳排放大幅上升。另一方面，各地区低碳技术发展存在较大差异，各地区的经济发展水平和自然环境禀赋分异，使得技术创新对于碳减排的作用不明显。为实现经济增长与碳减排协同发展，中国建立了碳交易体系，通过市场机制以较低的成本实现减排目标。2011 年，国家发展和改革委员会确定北京市、天津市、上海市、重庆市、广东省、湖北省和深圳市等 7 个省市为碳交易试点，2020 年 2 月全国碳排放交易市场正式运行，促进中国减排目标的实现。因此，本章从碳交易的经济增长效应角度出发，深入研究碳交易政策对于碳减排的影响机制，分析产业结构转型和技术创新的中介效应，对于深化我国碳排放交易研究、走可持续发展道路提供一定的理论依据和决策参考。

二、文献综述

碳市场具有重要的价格发现功能。碳排放交易是将碳排放权以商品化方式进行交易买卖，从而达到碳减排的目的。因此，碳排放权交易是被学术界和实务界广泛认可的成本有效的减排控碳的主要市场机制，是碳排放有效控制的减排政策工具之一。近年来，国内外学术界对碳排放交易的研究主要集中在三个方面。

一是碳交易的碳减排效应研究。这方面研究主要检验碳交易对二氧化碳减排的影响和效应，其中以二氧化碳排放为主，其他温室气体为辅。张伟伟等（2014）基于面板数据可行广义最小二乘估计方法，利用跨国公司数据进行检验，证实了国际碳市场机制对全球碳排放总量具有积极抑制作用。李广明和张维洁（2017）运用 DID 和 PSM-DID 方法，基于中国 30 个省域工业碳排放面板数据，研究发现碳交易机制能够显著抑制试点地区的二氧化碳排放量和强度。Ralf 等（2016）综合考察了欧盟碳交易体系（European Union Emissions Trading Scheme，EU ETS）对污染物排放、经济增长与竞争力以及创新等方面的影响，研究表明一、二阶段欧盟碳交易体系分别使企业排放量减少 3% 和 10%~26%。还有一些学者深入分析碳交易政策的环境效应（涂正革 等，2015）、技术创新效应（王班班 等，2016）、政策效应（范丹 等，2017）、协同效应（Chen et al.，2015，任亚运和傅京燕，2019）以及社会福利效应（Fujimori et al.，2015）。通过上述文献梳理可以发现，关于碳交易的碳减排效应的研究主要聚焦于二氧化碳这一单一污染物的研究，关于其他温室气体的减排效应有待进一步加强。二是对碳交易运行机制及其影响的研究。这方面的研究方法主要有可计算一般均衡 CGE 政策模拟、政策效应评估的双重差分方法以及合成控制法等。Wang 等（2015）构建了广东省可计算一般均衡（GD-CGE）模型，运用该模型对广东省碳强度约束下碳交易政策的实施效果进行了评估，研究结果表明广东省碳交易的减排效果显著。Jiang 等（2016）构建了中国碳交易政策模拟的 agent 模型，研究表明，碳交易政策能够有效地促进碳减排。黄志平（2018）基于 2004 年至 2015 年中国 30 个省区市面板数据，运用双重差分方法检验了碳交易机制能够显著且持续推动碳减排。沈洪涛等（2017）基于 2012—2015 年上市公司面板数据，运用双重差分方法发现企业碳交易短期内可以通过减少产量来达到减排的目的。谭静和张建华（2018）运用合成控制法研究了碳交易对产业结构转型升级的影响。Cheng 和 Zhang（2011）、Zhang 等（2014）从完善碳交易相关法律法规、提升监管能力等方面探讨了完善碳交易运行机制的方法。三是在碳交易条件下探讨碳排放权配额分配、碳排放定价以及碳排放税收等方面问题。Brink 等（2016）以欧盟碳交易体系为研究对象，分析不同碳税下碳价波动的情况，并发现这两者呈负相关关系。王文举和陈真玲（2019）基于区域间零和博弈的数据包络模型，运用空间面板联立模型甄选出兼顾责任与目标、公平与效率的省级碳排放初始配额分配方案。易兰等（2017）运用 MIV-BP 神经网络模型研究了欧盟碳价的变动因素，以此为基点探讨了完善核证抵消机制、建立配额分配机制等方面对全国碳市场建设的借鉴意义。

综上所述，国内外学术界对碳交易展开了广泛而深入的研究，形成了较为丰富的研究成果。然而，仍有以下方面需要进一步完善：首先，文献研究主要关注碳交易对环境效应的影响，但碳交易对经济增长的相关研究相对较少；其次，研究方法偏重于可计算一般均衡模型的政策模拟，该方法需要大量数据需要外生设定，这给研究结果带来了很大的不确定性；第三，对碳交易的影响机制和区域减排的途径和潜力的相关研究较少，同时也缺乏从生产要素投入和非合意产出的角度来探讨碳减排的潜力和途径。因此，本书尝试在以下方面进行探索：首先，进一步细化了碳交易对碳减排作用的途径，检验了碳交易通过产业结构高级化、合理化等产业结构调整以及技术创新对碳减排的中介作用；其次，研究方法基于2005年至2017年中国30个省区市面板数据，区分试点和非试点地区，采用双重差分模型（DID）全面评估了碳交易对区域减排的政策效应，并深入探究了碳交易对区域减排的影响机制。

三、研究方法和数据来源

（一）政策评估模型

近年来，评估公共政策实施效果已成为计量经济学中一个重要的研究领域。双重差分方法（DID）是一种被广泛应用的研究方法，其主要是选择一个实施该项政策的实验组和未实施该项政策的控制组，通过比较实施政策前后的某些具体指标的改变量进而确定该政策的实际影响。这种研究方法可以较大程度地减少内生性，因而在政策评估领域得到广泛的使用（宋弘 等，2019）。因此，本书拟采用双重差分方法探讨碳交易政策下中国各地区的区域减排潜力和路径。

根据中国目前碳交易实施情况，全国共有北京市、天津市、重庆市、上海市、湖北省、广东省和深圳市。考虑到本书的研究对象为省级行政区域，因此将深圳市相关数据合并到广东省。参考李广明和张维洁（2017）的研究方法，以2014年作为试点时期的分界线，2014年及之后为试点期，之前为非试点期，构建如下模型：

$$\mathrm{CO}_{2it} = \alpha_0 + \alpha_1 C_i + \alpha_2 Y_t + \alpha_3 \left(C_i \times Y_t\right) + \lambda_i + \gamma_t + \mu_{it} \tag{11.1}$$

$$\mathrm{ICO}_{2it} = \beta_0 + \beta_1 C_i + \beta_2 Y_t + \beta_3 \left(C_i \times Y_t\right) + \lambda_i + \gamma_t + \mu_{it} \tag{11.2}$$

其中，CO_{2it} 表示二氧化碳排放量；ICO_{2it} 表示二氧化碳排放强度；i 表示地区；t 表示时间；C_i 表示城市虚拟变量，如果第 i 个省区市是碳交易试点省区市，则 $C_i=1$，代表实验组，否则为 0，代表控制组；Y_t 表示年份虚拟变量。同时将 2014 年作为碳交易政策的实施年份，当 $t\geqslant 2014$，$Y_t=1$，否则为 0。交乘项 $C_i \cdot Y_t$ 的系数估计值 α_1、α_2、α_3 就是双重差分估计量，代表碳交易政策的净影响。λ_i 表示省区市个体固定效应，γ_t 表示时间固定效应，μ_{it} 表示随机扰动项。

如果单纯使用（11.1）、（11.2）模型来解释各省区市的二氧化碳排放及其强度，可能会遗漏重要解释变量。因此，考虑到一些客观因素对二氧化碳排放及其强度等被解释变量的影响，需在模型中加入若干控制变量。本书借鉴涂正革和谌仁俊（2015）、陈超凡（2016）以及任亚运和傅京燕（2019）相关研究，结合 Kaya 公式和 IPAT 模型，选择人均 GDP、能源结构、污染治理投资额以及人口数量作为控制变量，因此基本模型可以转换为

$$\mathrm{CO}_{2it}=\alpha_0+\alpha_1 C_i+\alpha_2 Y_t+\alpha_3\left(C_i \times Y_t\right)+\sum \alpha_j X_j+\lambda_i+\gamma_t+\mu_{it} \quad (11.3)$$

$$\mathrm{ICO}_{2it}=\beta_0+\beta_1 C_i+\beta_2 Y_t+\beta_3\left(C_i \times Y_t\right)+\beta_j X_j+\lambda_i+\gamma_t+\mu_{it} \quad (11.4)$$

其中，X_j 表示控制变量，包括人均 GDP、能源结构、污染治理投资额以及人口数量，其他变量的含义跟上文相同。

（二）影响机制分析模型

仅从宏观角度考虑碳排放权交易政策对二氧化碳排放量及强度的影响，缺乏理论深度，需要进一步探讨碳交易政策相关效应背后的影响机理。近年来，国家大力推进供给侧结构性改革，大力淘汰落后产能，这表明产业结构调整对于提升能源使用效率至关重要；另一方面，为了提高区域减排能力，必须加快技术创新的进程，改进低碳生产技术并提高清洁能源的使用比例，这表明技术创新在碳交易政策效应显现的过程中异常重要。因此，本章进一步探讨产业结构调整和技术创新对于碳交易政策效应的中介传导作用。参考干春晖等（2011）的做法，将产业结构调整分为产业结构高级化和合理化两种类型。运用随机前沿分析法（stochastic frontier analysis，SFA）测算技术创新效率的大小，以反映各地区技术创新能力的高低，具

体如下文所示：

（1）产业结构高级化（ISU）。这一变量反映产业结构从低级结构向高级结构演化的过程，根据文献中常用的方法，本书运用第三产业与第二产业的比值进行刻画。

（2）产业结构合理化（ISO）。这一变量侧重于考察产业部门间的耦合、协同作用，本章采用泰尔指数来表示，计算公式如下：

$$\mathrm{ISO}=\sum_{i=1}^{n}\left(\frac{Y_i}{Y}\right)\ln\left(\frac{Y_i}{L_i}\cdot\frac{L}{Y}\right) \tag{11.5}$$

其中：ISO 表示产业结构合理化指数，Y 表示产业产值，L 表示就业人数，i 表示产业数量，n 表示产业部门数，ISO 值越接近于 0，说明产业结构越趋于均衡状态，并且产业结构更加合理。

（3）技术创新效率（TIE）。本章采用随机前沿分析方法（Battese，1995）测度技术创新效率，随机前沿模型的基本形式如下：

$$Y_{it}=\beta_i X_{it}+\left(v_{it}-\mu_{it}\right) \tag{11.6}$$

$$\mu_{it}=\delta_i Z_{it}+\omega_{it} \tag{11.7}$$

其中，Y_{it} 表示产出；β 为待估参数；X_{it} 表示投入变量；v_{it} 代表随机误差项，为不可控制的影响因素，v_{it}~$iidN$（0，σ_v^2）；u_{it} 代表创新无效率项，反映企业技术效率水平，为可控制的影响因素，u_{it}~$iidN$（$Z_{it}\delta_i$，$\delta^2\mu$），v_{it} 与 u_{it} 相互独立。Z_{it} 为效率因子，反映技术效率的影响因素，δ 为待估参数，w_{it} 为创新无效率项回归模型的随机干扰项，w_{it}~$iidN$（0，$\delta^2\mu$）。考虑到计算结果的准确性，故本书以超越对数函数为基础，建立随机前沿模型，突破技术中性、投入产出弹性固定等假设，更符合研究的实际情况（肖文和林高榜，2014）。参考张凡（2019）的做法，建立如下模型：

$$\begin{aligned}\ln Y_{it}=&\beta_0+\beta_1\ln K_{i(t-1)}+\beta_2\ln L_{i(t-1)}+\beta_3(\ln K_{i(t-1)})^2+\beta_4\left(\ln L_{i(t-1)}\right)^2\\&+\beta_5\ln K_{i(t-1)}\ln L_{i(t-1)}+v_{it}+\mu_{it}\end{aligned} \tag{11.8}$$

其中，Y_{it} 代表省域 i 在第 t 年的技术创新产出，以专利申请授权量表示；$K_{i(t-1)}$ 代表省域 i 在第 t−1 年的研究与开发的资金投入，$L_{i(t-1)}$ 代表省域 i

在第 t–1 年的劳动力投入（研发人员数量）。在此基础上，采用式（11.9）测算 i 省域 t 年的技术创新效率：

$$\text{TIE}_i = \frac{Y_i}{\exp\left(X_i\beta + v_i\right)} = \frac{\exp\left(X\beta + v_i - \mu_i\right)}{\exp\left(X_i\beta + v_i\right)} \tag{11.9}$$

（三）变量定义与数据说明

1. 被解释变量的测算

（1）碳排放量（CO_2）。本书选取碳排放量（CO_2）这一指标用来评价省域碳交易政策实施效果。除了自然界自身产生之外，二氧化碳等温室气体主要来源于人类对化石燃料的燃烧。如表 11.1 所示，本书选取煤炭等 8 种能源消费量，参照师应来和胡晟明（2017）所确定的二氧化碳排放系数来计算碳排放量，碳排放的计算公式为

$$C_{it} = \sum_{j=1}^{8} \text{En}_{itj} \times \theta_j \tag{11.10}$$

公式中各字母的含义分别如下：

C_{it} 表示第 i 个省域的碳排放量，En_{itj} 表示第 i 个省域第 t 年第 j 种能源消耗的实物量，θ_j 表示第 j 种能源的碳排放系数，各种能源的排放系数如表 11.1 所示。

（2）碳排放强度（ICO_2），用地区二氧化碳排放量与该地区生产总值的比值来表示。

表 11.1　能源折标系数和碳排放系数

能源种类	煤炭	焦炭	原油	汽油	煤油	柴油	燃料油	天然气
折标系数（kg 标准煤 /kg）	0.714 3	0.971 4	1.428 6	1.471 4	1.471 4	1.457 1	1.426 8	1.215 0
碳排放系数（t/t 标准煤）	0.755 9	0.855 0	0.585 7	0.553 8	0.571 4	0.592 1	0.618 5	0.448 3

注：①标准煤数据来源于《2017 年中国统计年鉴》，碳排放数据来源于《2006 IPCC guidelines for national greenhouse gas inventories》。②这里的系数是碳排放系数而不是二氧化碳排放系数，而且与前文二氧化碳排放测算方法不一致。

2. 解释变量及控制变量的测算

（1）解释变量。$C_i \times Y_t$ 是核心解释变量，对某一省域而言，当 $Y \geqslant 2014$ 且省城为该碳交易试点时，该省域对应的虚拟变量 $C_i \times Y_t$ 为 1。其系数表示碳交易政策的净效应，即反映碳交易政策的二氧化碳减排效应的强弱。

（2）控制变量。控制变量主要包括人均 GDP（AGDP）、污染治理投资额（IPC）、能源结构（ES）和人口规模（POP）。运用地区生产总值与该地区年末常住人口的比值来衡量人均 GDP。运用地区污染治理投资额与该地区生产总值的比值来衡量污染治理投资额。运用煤炭使用量占该地区能源消耗总量的比值来衡量能源结构。运用年末常住人口数来衡量人口规模。

鉴于数据可得性，本书选取 2005 年至 2017 年省级行政单位的面板数据，各变量的原始数据来源于历年《中国统计年鉴》《中国环境统计年鉴》和《中国城市统计年鉴》，各变量含义及衡量方法如表 11.2 所示。

表 11.2　变量符号及定义描述

变量名称		符号	指标衡量方法
被解释变量	碳排放量	CO_2	地区碳排放量总量
	碳排放强度	ICO_2	地区碳排放量 / 地区 GDP
解释变量	时间虚拟变量	Y_t	0/1
	地区虚拟变量	C_i	0/1
	人均 GDP	AGDP	地区 GDP/ 地区总人口
控制变量	污染治理投资额	IPC	污染治理投资额 / 地区 GDP
	能源结构	ES	煤炭消费量 / 能源消费总量
	人口规模	POP	地区年末常住人口数

四、实证结果分析

（一）变量间简单比较

本章在进行政策效应评估之前，先对试点前后各变量的均值变化进行分析，直观地反映试点和非试点地区碳交易实施前后各变量的均值变化情况。按照前文分析，本章以碳交易政策实施的时间2014年为界限，将样本分为两个阶段。其中，2005年至2013年为非试点时期，2014年至2017年为试点时期。分别计算试点与非试点地区两个阶段解释变量和非解释变量的样本均值，如表11.3所示。具体来说，首先计算两阶段试点与非试点地区各个变量的样本均值，计算非试点时期试点地区与非试点地区各变量的样本均值的比值。同理，计算试点时期试点地区与非试点地区各变量的样本均值的比值，最后将两个阶段的比值相减。如果这一差值为正，则可初步说明碳交易政策使得试点和非试点地区差异变大；反之，若这一差值为负，则可说明碳交易试点政策使得上述两类地区的差异变小。

表11.3　试点前后各变量的均值变化情况

变量	试点前均值（2005年至2013年）			试点后均值（2014年至2017年）			比值变化
	非试点	试点	比值	非试点	试点	比值	
	（1）	（2）	（3）=（2）/（1）	（4）	（5）	（6）=（5）/（4）	（7）=（6）-（3）
CO_2	28 670.447	21 704.114	0.757	36 129.975	24 353.841	0.674	-0.083
ICO_2	3.528	1.709	0.484	2.482	0.964	0.388	-0.096
人均GDP	2.175	4.606	2.117	4.141	7.819	1.888	-0.229
能源结构	0.670	0.536	0.800	0.619	0.407	0.658	-0.142
人口规模	4 538.275	4 097.717	0.901	4 670.807	4 357.710	0.933	0.030
污染投资	0.002	0.001	0.582	0.001 9	0.001	0.441	-0.141

对于被解释变量而言，试点之后试点和非试点地区二氧化碳排放总量上升，但碳排放强度下降，且试点地区的上升幅度小于非试点地区。总体而言，无论是碳排放总量和碳排放强度，试点地区在碳交易政策实施前后均低于非试点地区。具体而言，碳交易政策试点之前，试点地区的碳排放

总量比非试点地区低 24.3%，而政策试点之后，比非试点地区低 32.59%，扩大了 8.3%。与此同时，碳交易政策试点之前，试点地区碳排放强度比非试点地区低 51.56%，而政策试点之后，比非试点地区低 61.17%，扩大了 9.6%。这可初步说明，碳交易政策降低了试点地区的碳排放强度，同时抑制了试点地区碳排放总量上升的趋势。当然，这仅仅是没有考虑到碳排放、碳排放强度的其他影响因素的简单对比。这一效果是否直接来自碳交易政策的实施，碳交易政策是否显著促进了试点地区的协同减排作用，尚有待进一步的实证检验进行验证。

从控制变量来看，碳交易政策试点之后，试点与非试点地区的人均 GDP 和人口数量均有所上升，而能源结构和污染治理投资额下降。进一步来看，碳交易政策试点之后，除人口规模以外，试点地区与非试点地区的控制变量的差距均有所缩小。

（二）政策评估分析

1. 全国层面总体回归结果

本章拟运用双重差分模型对中国 2005 年至 2017 年 30 个省域（除西藏）的碳排放总量以及碳排放强度进行回归分析，从而对碳排放交易政策实施的碳减排效果进行深入的评估。为此，本章按照不加控制变量、加入控制变量、加入控制变量和地区效应以及时间效应双向固定效应的顺序对碳排放、碳排放强度及其影响变量进行回归，从而比较不同情况下各变量之间的相互影响，结果如表 11.4 所示。

表 11.4　碳交易政策对 CO_2 排放量及碳强度的影响

变量	碳排放量			碳排放强度		
	（1）	（2）	（3）	（4）	（5）	（6）
$C_i \times Y_t$	0.118** （0.057）	−0.097** （0.039）	−0.104** （0.041）	−0.550*** （0.035）	−0.128** （0.049）	−0.134*** （0.051）
人均 GDP		0.475 5** （0.039 0）	0.342 （0.124）		−0.570** （0.026）	0.691 （0.148）
能源结构		−0.519 7* （0.124 7）	0.529** （0.125）		0.291** （0.070）	0.300** （0.202）
人口规模		1.396 8* （0.341 64）	1.234* （0.291）		0.449** （0.223）	0.303 （0.376）
污染治理投资额		−0.045 4* （0.017 9）	−0.042** （0.016）		−0.038* （0.017）	−0.035** （0.017）
控制变量	无	有	有	无	有	有
省域固定	YES	YES	YES	YES	YES	YES
年份固定	NO	NO	YES	NO	NO	YES
常数项	9.187** （0.014）	−5.567** （2.455）	−3.112 （2.724）	−0.056*** （0.011）	3.419** （1.734）	5.711 （3.716）

注：*、** 和 *** 分别表示在 10%、5% 和 1% 水平上显著，括号中为 t 统计量。

表 11.4 所示是运用双重差分方法对碳交易政策对于二氧化碳排放及碳排放强度影响评估的实证结果。模型（1）为不含任何控制变量的基准模型，模型（2）是加入了人均地区生产总值、能源结构、人口数量和污染治理投资额等控制变量以后的模型，模型（3）是在模型（2）基础上控制了时间效应的模型。通过同样的方法可以得到碳排放强度的各回归方程（4）（5）（6）。整体而言，控制变量和固定效应的加入对于核心解释变量的显著性和回归系数的符号影响不大，说明模型的实证结果较为稳健。模型（3）中核心解释变量交叉项的回归系数在 5% 的显著性水平上为负，且使得碳排放总量下降 10.4%，说明碳交易政策能够显著地抑制碳排放总量。模型（6）中核心解释变量交叉项系数在 1% 的显著性水平上为负，且使得碳排放强度平均下降 13.4%，说明碳交易政策能够显著地降低碳排放强度。控制变量中人口规模、人均 GDP 对二氧化碳排放总量和二氧化碳排放强度虽有正向影响，但不显著；治理污染投资无论是对碳排放强度还是碳排放

总量均有显著的减排作用，而能源结构等因素对碳排放量均有正向的显著影响，说明高耗能、高污染粗放型发展方式仍然是省域碳减排的主要障碍。

因此，整体而言，一方面，碳交易政策试点的实施将电力、水泥、钢铁等传统的高能耗、高排放、高污染企业纳入减排控碳监管范围，充分挖掘能源结构调整优化、产业升级等对于促进二氧化碳减排的重要作用；另一方面，碳交易政策通过提升企业低碳技术创新水平、技术进步、产业升级等明显抑制了碳排放强度。同时，为了最大限度地发挥碳交易政策通过产业结构调整、技术创新等对碳减排的促进作用，需要进一步深入检验产业结构调整、技术创新对碳减排的中介效应。

2. 区域层面数据分析

考虑到不同地区要素禀赋和区域经济发展水平差异会影响碳交易政策的碳减排效应，因此本书运用固定效应模型对中国东、中、西三个地区的面板数据进行回归分析，具体结果如表 11.5 所示。

表 11.5　不同地区各相关变量对 CO_2 排放量及碳排放强度的影响

变量	东部地区		中部地区		西部地区	
	CO_2	ICO_2	CO_2	ICO_2	CO_2	ICO_2
$C_i \times Y_t$	-0.035^{**}（0.034）	-0.072^{**}（0.035）	−0.012（0.072）	−0.301（0.183）	0.020（0.083）	0.020（0.083）
人均 GDP	-0.463^{**}（0.030）	-0.566^{***}（0.031）	-0.296^{**}（0.026）	0.606（0.068）	0.546^{**}（0.032）	0.453^{**}（0.032）
能源结构	0.414^{**}（0.045）	0.307^{**}（0.048）	0.483^{***}（0.127）	−0.474（0.324）	0.666^{***}（0.111 6）	0.666^{***}（0.111）
人口规模	0.695（0.178）	0.001（0.188）	2.607^{**}（0.439）	1.127^{*}（1.123）	2.429^{***}（0.375）	1.429^{***}（0.375）
污染治理投资额	-0.021^{*}（0.013）	-0.019^{*}（0.014）	−0.013（0.027）	−0.019（0.069）	−0.073（0.021）	−0.073（0.020 9）
控制变量	有	有	有	有	有	有
省域固定	控制	控制	控制	控制	控制	控制
常数项	4.141^{**}（1.413）	1.640（1.488）	-14.747^{***}（3.690）	16.211^{**}（9.425）	-14.004^{**}（2.824）	-4.793^{*}（2.824）
F 统计量	68.48	66.96	97.39	13.9	0.832	0.824
R^2	0.812	0.903	0.733	0.566	33.77	33.77

表 11.5 结果表明，东部地区碳交易政策对二氧化碳排放总量和碳排放强度均呈现显著负相关关系。这主要是因为东部地区经济发展水平较高，有能力推动产业结构调整和技术创新能力提升，这为碳交易政策试点提供了强大的经济和制度基础，从而大大提升了碳交易政策对于促进区域减排潜力发挥的重要作用。表明碳交易试点政策出台后，东部地区积极落实碳交易试点政策的要求，在技术创新和产业结构调整方面取得了明显进展。人均地区生产总值、污染治理投资额等因素对二氧化碳排放总量和碳排放强度均具有较为显著的负向影响，而能源结构与二氧化碳排放总量和碳排放强度之间在 5% 显著性水平上为正。人口规模虽然对二氧化碳排放和碳排放强度均有正向影响，但不显著。综上所述，碳交易试点政策的实施有利于促进东部地区更好地发挥碳交易政策对于区域碳减排的作用，为全国碳市场建立奠定了良好的基础。

中部地区碳交易政策对二氧化碳排放总量和碳排放强度虽然呈现负相关关系，但结果并不显著。可能是因为中部地区产业结构处于中低端水平，技术创新能力较弱，难以激发碳交易试点政策的碳减排潜力。其他控制变量检验表明，人均地区生产总值虽能显著减少二氧化碳排放总量，但却导致二氧化碳强度的增加；污染治理投资额能够显著地减少二氧化碳排放和碳排放强度。而能源结构和人口规模虽然会增加二氧化碳排放及其强度，但不显著。综上所述，为了增强碳交易政策对碳减排的抑制作用，中部地区更应有效地提升经济发展水平，充分发挥碳交易政策的碳减排潜力。

就西部地区而言，碳交易政策增加了西部地区的碳排放总量和碳排放强度，但是结果不显著。人均地区生产总值、人口规模和能源结构等控制变量对二氧化碳排放量和碳排放强度均具有显著的正相关关系，而污染治理投资额则主要起到碳减排的作用。这可能是因为西部地区经济水平发展水平低下，清洁生产技术创新缓慢，技术转化效率低下，因此碳交易政策的减排效果并不明显。此外，污染治理投资额对碳减排起到作用，说明了西部地区产业结构调整及提升清洁能源生产技术水平对碳减排的重要性。

综上所述，为了提升碳交易政策在西部地区的碳减排能力，除了依赖政府、企业的协同参与外，还需要以较强的经济实力为基础，充分发挥碳交易试点政策对于区域减排能力提升的作用，并积极探索低碳、可持续的发展模式。

（三）政策影响的作用机制分析

1.DID 回归结果分析

碳市场具有有效的价格发现功能。碳交易作为一种新型的环境管理政策工具，通过构建“环境 – 经济”交易平台，通过市场化手段提升碳减排的经济激励，增加碳排放行为的环境成本，从而达到抑制碳排放总量的目的。为了进一步探索碳交易对区域碳减排潜力实现的内在机制和作用路径，本部分从产业结构调整（包括产业结构高级化和合理化）和提升技术创新效率这两个角度出发，深入探究碳交易政策能否通过产业结构调整和技术创新的中介作用，从而有效实现区域碳减排潜力。结果参见表 11.6 所示。

表 11.6　政策作用机制的回归结果

变量	产业结构高级化		产业结构合理化		技术创新效率	
	（1）	（2）	（3）	（4）	（5）	（6）
$C_i \times Y_t$	0.292^{***} （0.046）	0.035 （0.075）	-0.099^{***} （0.018）	0.021^{**} （0.075）	0.086^{***} （0.029）	0.251^{*} （0.068）
控制变量	NO	YES	NO	YES	NO	YES
省域固定	YES	YES	YES	YES	YES	YES
年份固定	NO	YES	NO	YES	NO	YES
常数项	1.128^{***} （0.014）	−3.277 （4.847）	-0.462^{***} （0.005）	0.145 （0.365）	-0.071^{***} （0.009）	-6.200^{*} （3.155）
R^2	0.689	0.344	0.934	0.978	0.743	0.426

注：（）中的数值为稳健标准误差，*、**、*** 分别表示 10%、5%、1% 的显著水平。

（1）如表 11.6 模型（1）和（2）所示，在加入控制变量和不加入控制变量，同时分别控制时间固定效应的情况下，产业结构高级化的回归系数对碳交易政策分别在 1% 的显著性水平上显著为正和不显著为正。由此可见，碳交易政策提升了产业结构高级化水平。碳交易制度通过对企业发放碳排放配额的方式，根据碳排放交易规则给予企业一定的免费碳排放额度，当企业碳排放超过该额度后需要购买排放额度。对于减排成本较低的服务业细分行业，设置碳排放配额对其减排成本影响不大。但对于减排成本较高的高能耗工业企业来说，势必会增加企业减排成本，提高了企业生存的门槛。因此，碳交易政策有助于抑制高能耗高排放工业企业的发展，促进低排放的高新技术产业和现代服务业的发展，从而降低高排放行业在全部国民经济行业中所占比例，实现“结构红利效应”，从而促进我国区域减排目标的实现，同时改善省域经济发展和生态环境。

（2）如表 11.6 模型（3）和（4）所示，在不加入控制变量和不控制时间固定效应的情况下，产业结构合理化的回归系数在 1% 的水平上显著为负。但在加入控制变量和控制时间固定效应的情况下，产业结构合理化的回归系数在 5% 的水平下显著为正。说明产业结构合理化的系数估计不稳健，产业结构合理化受到控制变量和时间固定效应影响较大。碳交易政策试点以来，淘汰落后产业和生产。由于这一政策清洁能源使用量增加，并且政府给予补贴。然而，一些高能耗企业尚未一次性摆脱能源与化石燃料的依赖，因此导致碳交易政策对产业结构合理化的效应不明显。这说明中国省域各产业间耦合协同质量较低，资源使用效率不高。

（3）如表 11.6 模型（5）和（6）所示，在不加入控制变量和不控制时间固定效应的情况下，技术创新的系数在 1% 的水平上显著为正。加入控制变量和控制时间固定效应的情况下，技术创新的系数在 10% 的水平下显著为正。这反映了碳交易政策可以显著提高省域技术创新水平。在碳交易政策下，高排放企业的生产与减排压力增大，进而倒逼企业淘汰落后的、高排放的生产工艺和流程，不断促进企业技术创新。技术创新主要通过两个途径降低企业的碳排放水平。首先，提高企业能源使用效率。由于技术创新，生产等量产品消耗的能源减少，从而提高了能源的使用效率。因此，技术创新可以有效降低能源消耗量，从而减少碳排放量。其次，促进新型清洁能源的使用。随着低碳技术和清洁能源的不断发展，清洁能源的成本不断降低，这促进了清洁能源的使用和应用范围的不断推广，进而不断地替代化石能源。因此，碳交易政策可以通过刺激技术创新改善能源结构，从而降低碳排放强度。

2.PSM-DID 回归结果分析

由于现实经济社会的复杂性和区域的溢出效应，碳交易政策试点可能无法满足随机事件、随机分组、对照组不受影响、样本的同质性以及实验处理的唯一性等双重差分方法的基本条件，因此参数估计可能存在一定的偏误。为此，本章将进一步运用双重差分倾向性得分匹配进行回归，验证实证结果的稳健性。具体步骤如下：首先运用 Logit 模型和核匹配法（kernel matching），通过人均 GDP、能源结构、人口规模、污染治理投资额等 4 个可观测变量进行样本匹配，剔除未匹配成功的 12 个样本。基于匹配后的面板数据进行回归，回归结果如表 11.7 所示。

表 11.7 碳交易对产业结构和技术创新效率的影响

变量	产业结构高级化		产业结构合理化		技术创新效率	
	匹配前	匹配后	匹配前	匹配后	匹配前	匹配后
$C_i \times Y_t$	0.035 （0.075）	0.122* （0.123）	0.022** （0.075）	0.015** （0.028）	0.251* （0.068）	0.191** （0.154）
人均 GDP	−0.472 （0.290）	−0.187 （0.167）	0.051 （0.028）	0.048* （0.021）	0.307*** （0.101）	0.341* （0.177）
能源结构	0.088 （0.072）	0.276 （0.211）	0.024 （0.022）	−0.002 （0.015）	0.035 （0.151）	0.342* （0.198）
人口规模	0.152* （483）	0.594 （1.276）	0.057 （0.902）	0.051 （0.221）	0.211 （0.330）	0.7438* （0.416）
治污投入	−0.019 （0.015）	−0.030 （0.024）	0.008 （0.005）	0.003 （0.007）	−0.006 （0.029）	0.078** （0.248）
控制变量	YES	YES	YES	YES	YES	YES
省域固定	YES	YES	YES	YES	YES	YES
年份固定	YES	YES	YES	YES	YES	YES
常数项	−3.277 （4.847）	−5.058 （10.644）	−0.462*** （0.005）	−0.176 （0.850）	−6.2002* （3.155）	−6.195* （3.485）
R^2	0.344	0.238	0.978	0.677	0.426	0.534

注：（ ）中的数值为稳健标准误差，*、**、*** 分别表示 10%、5%、1% 的显著水平。

从表 11.7 的回归结果可知，匹配后的产业结构高级化、产业结构合理化和技术创新的回归结果均较为稳健。具体而言，匹配后的产业结构高级化的回归系数变为显著，且增加了 0.08 个单位，这进一步说明碳交易政策显著促进了产业结构高级化，通过淘汰落后产能、鼓励低碳生产技术的推广，进而减少区域二氧化碳排放。匹配后产业结构合理化的回归系数减少了 0.06 个单位，但其显著性未发生明显改变，碳交易政策使得高排放的工业企业逐渐实现服务化，高排放、高能耗的工业产业结构不断被清洁和高能效技术产业所取代，产业结构不断趋于合理化。匹配后的技术创新效率回归系数减少了 0.06 个单位，显著性水平由 10% 增加至 5%，说明碳交易政策对技术创新的推动和碳减排的促进作用更加显著。创新作为当代社会重要的生产要素，技术创新对于区域环保和碳减排的作用至为关键，各行业技术创新活动均能不同程度地提升能源效率，从而降低二氧化排放。

五、本章小结

本章运用双重差分法以及双重差分倾向性得分匹配方法（PSM-DID），基于 2005 年至 2017 年中国 30 个省域单位的面板数据，对碳交易政策对中国区域减排及其作用机制进行了实证检验，并运用固定效应模型对中国东中西地区的碳交易政策的异质性进行了检验，得到如下结论：

第一，碳交易政策对试点地区和非试点地区均具有协同减排作用。碳交易政策通过市场化手段和碳交易价格产生激励作用，对于试点地区而言，碳交易政策通过价格杠杆作用提升了试点地区能源结构优化和产业结构调整的积极性，增强低碳技术的推广和应用，提高了技术创新效率，从而促进了区域减排目标的实现。对于非试点地区而言，由于二氧化碳排放具有空间流动性的特点，碳交易政策通过区域溢出效应促使非试点地区充分发掘地区碳减排潜力，从而促进地区整体低碳转型和绿色发展。

第二，碳交易政策的碳减排存在着较大的区域异质性。对于东部地区而言，碳交易政策能够同时减少碳排放总量和碳排放强度。对于中部地区而言，碳交易政策能够有效减少碳排放总量，但对于碳排放强度减少的效应不明显。西部地区则需要营造碳交易政策的实施环境，促进区域减排潜力的挖掘。

第三，碳交易政策通过产业结构调整和技术创新等中介机制影响区域碳减排。在产业结构调整的减排作用方面，碳交易政策通过产业结构高级化的途径实现碳减排，但产业结构合理化作用不明显。在技术创新方面，碳交易政策通过提高技术创新效率可以显著促进碳减排。

第十二章　结论与政策建议

（一）全书结论

基于不同视角、不同方法的研究与分析，本书得出如下结论：

第一，随着全球贸易模式转变和中国制造业的外贸结构优化，中国制造业在全球价值链中的地位有明显提升，已经从价值链低附加值、高排放的“高碳锁定”困境向低碳化方向发展。这有利于中国外贸的可持续发展和全球价值链位置的进一步改进。中国还应进一步优化制造业外贸结构，促进价值链向设计、营销、服务等生产性服务环节延伸，在提高出口技术复杂度的同时，实现制造业外贸结构的高端化、低碳化。

第二，中国对主要贸易伙伴国的贸易增加值隐含碳排放量逐年增长的同时，中国各行业的贸易增加值隐含碳也逐年增长。伴随中国各产业尤其是制造业的大量出口，中国贸易增加值环境成本逐年增高。从国别分布来看，中国对于发展中国家尤其是东亚地区的出口贸易增加值隐含碳远高于对发达国家的出口贸易增加值隐含碳，中国出口东亚国家的贸易增加值环境成本高于对发达国家的出口。从行业分布来看，中国的资本密集型制造业和知识密集型制造业，不仅贸易增加值隐含碳排放量位居最前列而且增长速度也领先其他行业；我国的公共服务业和劳动密集型服务业由于其竞争力限制和行业的低碳性特点，其出口贸易增加值隐含碳排放量低于其他行业且增长缓慢。中国以相对上游位置嵌入以东亚为主的发展中国家价值链，以相对下游位置嵌入发达国家制造业价值链。中国为主要进口国提供制造业中间品和零部件，在获得较高贸易增加值的同时付出了较大的环境代价。

第三，行业异质性、出口复杂度及能源结构的提升对于不同行业的排放具有不同的影响。行业开放度、资本密集度、能源结构对于出口技术复杂度提升的减排效应具有促进作用，但产业内贸易和环境规制对于减排效果具有抑制作用，劳动密集型行业对于减排效果的影响不明显。中国应制定有效的产业政策鼓励制造业企业积累资本、升级技术。能源结构的减排加强效应显示中国制造业以煤炭为主的能源结构减排潜力巨大，应加强对于这些行业的技术引进、改造升级以及环境规制，促进节能减排效果更好地实现。这同时说明，为了提升节能减排效果，中国应更注重外贸政策、产业政策、环境保护政策的协调配合，以实现各种政策综合减排效果最优。

第四，中国各行业对四大区域价值链的简单嵌入度与复杂嵌入度有明显的差异。中国出口欧盟的复杂嵌入度均高于其简单嵌入度，中国各行业的竞争力逐渐增强；中国出口北美的简单嵌入度均高于复杂度嵌入，并且制造业嵌入均小于服务业，在中国大量出口北美地区的表象下中国产业尤其制造业只嵌入北美价值链相对下游位置；中国部分高端制造业深度嵌入了东亚区域价值链，在东亚区域价值链的各个环节发挥重要作用；中国制造业以相对上游位置嵌入金砖地区价值链，而农业和服务业以相对下游位置嵌入。

中国对四大区域价值链的贸易增加值隐含碳排放中，制造业出口贸易隐含碳较高的环境成本是我国整体贸易增加值隐含碳显著较高的主要原因。中国制造业出口贸易增加值隐含碳排放较大的来源为东亚和金砖等发展中国家（地区），服务业对于四大区域价值链的贸易增加值隐含碳虽行业异质性较大，但贸易增加值隐含碳排放的最大来源为东亚。

从区域价值链嵌入度和中国制造业的贸易增加值隐含碳排放量关系来看，提升区域价值链的简单嵌入度，整体上增加了中国制造业的增加值境内碳排放成本，欧盟和东亚地区的影响效应显著。提升区域价值链的复杂嵌入度，整体上有利于降低中国制造业的增加值境内碳排放成本，但金砖地区并不显著。

第五，对于我国目前制造业嵌入全球价值链来说，总体看来出口结构转型带来碳排放量增加，但对于中低能耗行业来说，出口结构转型可以减少行业碳排放。总体碳排放量增加是由于制造业参与国际分工主要集中于高碳排行业以及高端技术行业的组装加工等环节。

对于制造业而言，行业技术研发具有显著的碳减排效应，然而就中低技术、中高技术和碳排放密集型行业而言，该结论具有明显差异。另外，政府需注重引导外商资本流入中高技术行业带来技术溢出效应促进碳减排的积极影响，也应该注重中低技术行业以及高能耗行业高新技术和清洁能源的使用。对于目前的制造行业来说，虽然产业结构调整对行业整体碳减排效果不明显，但对于高技术行业和中高技术行业来说，产业结构变动、调整高碳排和低碳排产品的生产比例，对碳排放有显著抑制作用。总之，通过优化产业结构转型升级，加大行业企业的技术研发强度，提高高端技术行业参与全球价值链分工的地位和位置，有利于实现减排目标。

第六，降低中间品关税可以深化参与价值链的程度。当产品更频繁地越过边境时，同一产品在其生产过程中可能多次遇到贸易壁垒，中间品关税阻碍了生产的进一步分散。可以通过实施贸易促进措施，例如签订区域贸易协定、简化港口和海关程序，在提高贸易效率的同时降低贸易成本。同中间品关税一样，这些因素也对 GVC 贸易产生影响。随着全球价值链不断累积，这些贸易成本不仅影响最终消费者，还削弱了国内产业在国际市场上的竞争力，降低了出口导向型战略的有效性。

第七，在区域生产技术可行集的参照下，中国各省域仍有较大的减排潜力。省域在减排潜力大幅度上升，绝对值从 5.8 亿 t 快速上升到 28.7 亿 t，远高于同期中国二氧化碳排放增速。区域生产前沿面不断前移的过程中，并没有带动区域内的其他省域决策单元减排技术的进步，低碳技术在各省域组群中并没有得到很好的扩散。随着中国各省区市以及各行业快速嵌入全球价值链，二氧化碳总量不断攀升但减排效率并没有得到同步提升，二氧化碳排放呈现出非效率性，进一步加剧了中国二氧化碳排放总量的快速增长。应加强全国一盘棋的思想，在京津冀、长三角、中原崛起和粤港澳大湾区等各类区域发展规划的制定和实施过程中，不断加强对生态文明建设、生态承载力相关指标的刚性约束，加强省际减排行动的协同性，促进低碳生产技术在区域内和区域间的扩散和溢出。

第八，与全球生产技术前沿相比，中国具有较大的减排潜力，并且展现了很强的阶段性。1990 年至 2017 年期间，中国二氧化碳减排潜力的增长速度远高于同期二氧化碳排放量的增长速度。中国的减排潜力为 50.82%，是全球 73 个主要经济体 26.36% 减排潜力的两倍。中国存在着巨大的减排潜力，一方面是由于中国以煤炭为主的能源结构和能源使用效率较低，另一方面是因为中国嵌入了全球价值链，这导致中国的能源效率降低，减排潜力增大，加剧了中国二氧化碳排放量的过快增长，使中国成为全球主要的二氧化碳减排重点区域。中国应当加大减排控碳的力度，不仅要加大单位 GDP 二氧化碳排放的考核和控制，也需要关注二氧化碳排放总量的控制，加强以能源密集型产业为主的产业结构转型，避免成为全球价值链上污染产业和工序的目的地。

第九，中国二氧化碳减排潜力区域分布不均衡，省际分布变动较大。中国东部地区减排潜力最大，占全国二氧化碳排放的 25% 左右。中西部地区减排潜力大幅度增长，远高于同期全国增长速度。值得注意的是，2017 年西部地区减排潜力超越东部地区，成为全国减排潜力最大的区域。需要特别注意的是，处于工业化加速推进阶段的贵州省、甘肃省、青海省、宁夏回族自治区等西部地区省区二氧化碳的减排潜力巨大，多数产业距离该地区的生产技术前沿面较远，是减排的重点区域。

第十，国别比较表明，新兴市场国家尤其是中国对全球减排具有重要意义。新兴市场经济体的减排潜力从 1990 年占全球减排潜力的 36.92% 上升至 2017 年的 69.21%，中国 1990 年占 73 个主要经济体减排潜力的 8.32% 快速增长至 2017 年的 47.63%，这与新兴市场经济体快速工业化，日益成为全球主要的制造业中心密不可分。以中国为代表的新兴市场国家减排潜力快速增长是全球减排能否实现的关键，作为负责任的新兴市场国家，中国应当采取有效措施，积极促进经济结构转型，改变以煤炭为主的能源消费结构，加快低碳技术引进和研发，提高二氧化碳排放的综合效率，为全球减排做出更大的贡献。

（二）政策建议

基于以上分析与结论，我们提出以下建议与启示：

（1）虽然对外开放对于技术复杂度的减排有一定的加强效果，但随着中国制造业各行业开放程度的提升，更深度地参与国际分工体系以及融入全球生产网络，存在一定程度的“污染避难所”和“碳泄漏”效应，一些污染工业或者污染工序正在向中国制造业的特定行业转移。因此，中国在进一步推进制造业对外开放的同时，应加强细分行业的环境规制，加强对污染型产品出口的监管，防止中国成为国际环境倾销的目的地。

（2）中国应制定有效的产业政策，鼓励制造业企业积累资本和升级技术。能源结构的减排加强效应显示，以煤炭为主的能源结构下，中国制造业减排潜力巨大。应加强对这些行业的技术引进、改造升级以及环境规制，促进节能减排效果更好地实现。同时，为提升节能减排效果，中国应注重外贸政策、产业政策和环境保护政策的协调配合，以实现各种政策综合减排效果最优。

（3）外商直接投资、技术研发和环境规制有助于中国制造业的节能减排。中国应积极吸收外商直接投资，充分利用其技术溢出。通过外资企业在节能减排的技术实力和示范作用，促进本土企业的节能减排技术的改造与升级。技术研发对于节能减排效果明显，意味着中国政府应加大对节能减排技术的公益性开发资助力度。同时，还应重视节能减排技术开发的制度环境和市场基础设施建设，通过政策引导、知识产权保护和节能减排技术的市场化，激发企业研发的内在动力，使节能减排技术研发活动内生化。不断探索加强环境规制力度的财税等手段，提升环境规制的综合效果。

（4）碳交易政策不仅可以通过倒逼产业结构调整，持续促进产业结构高级化、合理化，而且还可以通过提升技术创新效率来达到促进区域碳减排、绿色转型发展的目的。因此，需要不断完善企业碳排放内部控制管理，通过合理分配配额、碳交易定价等，提升企业碳减排行动的积极性，充分发挥政策引导企业和公众协同减排的作用，不断推动区域实现低碳转型和高质量发展。

（5）加快制造业的高端化和服务业化，提升技术创新水平。技术进步和结构调整是区域碳减排的基本途径，产业结构高级化、合理化和技术创新均能起到区域碳减排作用。因此，应通过投资人力资本、鼓励创新和研发等技术增强措施，切实提升“硬科技”水平，提高中间产品的出口能力，提升出口的技术复杂度。

（6）重点挖掘工业、交通等行业的减排潜力，是减排行动取得实效的关键。工业是具有二氧化碳减排潜力的主要行业，是节能减排的重点领域，减排潜力占全国减排潜力的80%左右。河北省、内蒙古自治区、山西省、新疆维吾尔自治区、山东省、浙江省、宁夏回族自治区等能源资源型、工业型和开放型大省（自治区）的工业行业均有1亿t以上二氧化碳的减排潜力，需要深度挖掘这些省（自治区）的工业减排潜力。

（7）减排原因分解表明，中国二氧化碳排放综合效率远低于全球平均水平，甚至低于新兴市场国家，这是中国二氧化碳排放减排潜力居高不下的主要原因。尽管技术进步带动了碳排放效率的快速增长，但效率变动的大幅度降低抑制了中国二氧化碳排放效率的提升。中国需要不断加快低碳技术进步，促进生产技术前沿面的前移，同时注意提高低碳技术的国内配置效率，使得中国不断逼近全球生产技术前沿面，从而将巨大的减排潜力从理论变为现实。

（8）由于中国的减排潜力存在很大的省际差异，中西部地区相比东部沿海地区有更大的减排空间和政策余地，因此在制定产业政策时，要重视区域间的协调与合作。中西部地区应与东部地区的产业重点存在一定的差异性和梯度性，在碳排放交易方面也存在相当大的合作可能。但同时，也要充分意识到，由于西部地区生态系统的脆弱性和生态承载力较弱，在推动西部大开发区域发展战略的实施过程中，要注意同步引进绿色、低碳、循环经济等生产技术，持续提高能源资源的使用效率，避免走“先污染、后治理”的传统发展道路，防止这些地区的二氧化碳减排潜力过快增长。

参考文献

1. 英文参考文献

ACHARYYA J. FDI，2009. Growth and the Environment：Evidence from India on CO_2 Emission during the last two Decades［J］. Journal of Economic Development，34（1）：43–58.

ACKERBERG D，CAVES K，FRAZER G，2015. Identification Properties of Recent Production Function Estimators［J］. Econometrica，83（6）：2411–2451.

ALFARO L，ANTRÀS P，CHOR D，2019. Internalizing Global Value Chains：A Firm-Level Analysis［J］. Journal of Political Economy，127（2）：508–559.

AMITI M，KONINGS J，2007. Trade Liberalization，Intermediate Inputs，And Productivity：Evidence from Indonesia［J］. American Economic Review，97（5）：1611–1638.

ANG B W，ZHANG F Q，1999. Inter-regional Comparisons of Energy-related CO_2 Emissions Using the Decomposition Technique［J］. Energy，24（4）：297–305.

ANTRÀS P，CHOR D，1993. Organizing the Global Value Chain［J］. Econometrica，81（6）：2127–2204.

ANTRÀS P，CHOR D，FALLY T，2012. Measuring the Upstreamness of

production and trade flows [J] . The American Economic Review, 102 (3) : 412–416.

ARELLANO M, BOND S, 1991. Some Tests of Specification for Panel Data: Monte Carlo Evidence and an Application to Employment Equations [J] . The Review of Economic Studies, 58 (2) : 277–297.

ARELLANO M, BOVER O, 1995. Another look at the Instrumental Variable Estimation of Error-Components Models [J] . Journal of Econometrics, 68 (1) : 29–51.

BACKER K D, LOMBAERDE P D, Iapadre L, 2018. Analyzing Global and Regional Value Chains [J] . International Economics, (153) : 3–10.

BALDWIN R, 2012. Trade and Industrialization After Globalization's 2nd Unbundling: How Building and Joining a Supply Chain are Different and Why it Matters [D] . NBER Working Paper Series.

BALDWIN R, ROBERT-NICOUD F, 2014. Trade-in-goods and trade-in-tasks: An integrating framework [J] . Journal of International Economics, 92 (1) : 51–62.

BAO Q, TANG L, ZHANG Z X. et al, 2012. Impacts of Border Carbon Adjustments on China's Sectoral Emissions: Simulations with a Dynamic Computable General Equilibrium Model [J] . China Economic Review, 24 (1) : 77-94.

BARRO R J. , LEE J W, 2010. A New Data Set of Educational Attainment in the World: 1950–2010 [D] . NBER Working Paper No.15902.

BAS M, STRAUSS-KAHN V, 2015. Input-Trade Liberalization, Export Prices and Quality Upgrading [J] . Journal of International Economics, 95 (2) : 250–62.

BATTSE G E, COELLI T J, 1995. A model for technical inefficiency effects in a stochastic frontier production function for panel data [J] . Empirical Economics, 20 (2) : 325–332.

BATTESE G E，RAO D S P，2002. Technology gap，Efficiency and a Stochastic Metafrontier Function［J］. International Journal of Business & Economics，1（2）：87–93.

BEMS R，JOHNSON R，YI K M，2011. Vertical linkages and the collapse of global trade［J］. The American Economic Review，101（3）：308–312.

BERNSTEIN P M，MONTGOMERY W D，TULADHAR S D，2006. Potential for reducing carbon emissions from non-Annex B countries through changes in technology［J］. Energy Economics，28（5–6）：742–762.

BLUNDELL R，BOND S，1998. Initial Conditions and Moment Restrictions in Dynamic Panel Data Models［J］. Journal of Econometrics，87（1）：115–143.

BRANDT L，VAN BIESEBROECK J，Zhang Y，2012. Creative Accounting or Creative Destruction? Firm-Level Productivity Growth in Chinese Manufacturing［J］. Journal of Development Economics，97（2）：339–351.

BRETSCHGER L，RAMER R，SCHWARK F，2011. Growth effects of carbon policies：Applying a fully dynamic CGE model with heterogeneous capital［J］. Resource and Energy Economics，33：963–980.

BRIEC W，1999. Hölder Distance Function and Measurement of Technical Efficiency［J］. Journal of Productivity Analysis，11（2）：111–131.

BRINK C，VOLLEBERGH H R，WERF E V D，2016. Carbon pricing in the EU：evaluation of different EU ETS reform options［J］. Energy policy，97（8）：603–617.

BUREAU J-C，GUIMBARD H，JEAN S，2019. Competing liberalizations：tariffs and trade in the twenty-first century［J］. Review of World Economics，155（4）：707–753.

CAI W，WANG C，WANG K，et al，2007. Scenario Analysis on CO_2 Emissions Reduction Potential in China's Electricity Sector [J]. Energy Policy，35（12）：6445–6456.

CHARNES A，ROUSSEAU J J，SEMPLE J H，1996. Sensitivity and Stability of Efficiency Classifications in Data Envelopment Analysis [J]. Journal of Productivity Analysis，7（1）：5–18.

CHEN X，CHENG L K，AND FUNG K C，2012. Domestic value added and employment generated by Chinese exports：A quantitative estimation [J]. China Economic Review，23（4）：850–864.

CHENG B，DAI H，WANG P，et al，2015. Impacts of carbon trading scheme on air pollutant emissions in Guangdong Province of China [J]. Energy for sustainable development，27：174–185.

CHENG C P，ZHANG X，2011. A study on the construction of China's carbon emissions trading system [J]. Energy procedia，（5）：1037–1043.

CHOR D，MANOVA K，YU Z，2014. The Global Production Line Position of Chinese Firms [C]. Industrial Upgrading and Urbanization Conference.

CHUANWANG SUN，ZHI LI，TIEMENG MA，RUNYONG HE，2019. Carbon efficiency and international specialization position：Evidence from global value chain position index of manufacture [J]. Energy Policy，128：235–242.

CIURIAK，DAN，AND J. XIAO，2014. Should Canada Unilaterally Adopt Global Free Trade [M]. Social Science Electronic Publishing.

DEAN J M，LOVELY M E，2008. Trade Growth，Production Fragmentation，and China's Environment [D]. NBER Working Papers，No.13860.

DEARDORFF A V，2001. Fragmentation：New Production Patterns in the World Economy [J]. Fragmentation Across Cones，35–51.

DIAKANTONI A，ESCAITH H，2014. Trade in Tasks，Tariff Policy and Effective Protection Rates [M] . Social Science Electronic Publishing.

DIAKANTONI A，ESCAITH H，ROBERTS M，et al，2017. Accumulating Trade Costs and Competitiveness in Global Value Chains [M] . Social Science Electronic Publishing，（2）.

DIETZ T，ROSA E A，1994. Rethinking the Environmental Impacts of Population，Affluence and Technology [J] . Human Ecology Review，（1）：277–300.

DIETZENBACHER E，LOS B，2000. Structural decomposition analyses with dependent determinants [J] . Economic Systems Research，2（4）：497–514.

DIETZENBACHER E，LUNA I R，BOSMA N S，2005. Using Average Propagation Lengths to Identify Production Chains in The Andalusian Economy [J] . Estudios De Economía Aplicada，23（2）：405–422.

DIETZENBACHER E，MUKHOPADHYAY K，2007. An Empirical Examination of the Pollution Haven Hypothesis for India：Towards a Green Leontief Paradox? [J] . Environmental and Resource Economics，36（4）：427–449.

DONG Y，WHALLEY J，2009. Carbon Motivated Regional Trade Arrangements：Analytics and Simulations [D] . NBER Working Paper，No.14880.

DU L，WEI C，CAI S，2012. Economic development and carbon dioxide emissions in China：Provincial panel data analysis [J] . China Economic Review，23（2）：371–384.

ERICKSON P，ALLAWAY D，LAZARUS M，2012. A Consumption-based GHG Inventory for the US State of Oregon [J] . Environmental Science& Technology，46（7）：3679–3686.

FALLY T，2011. On the Fragmentation of Production in the US [J] .

University of Colorado-Boulder，（7）：1–49.

FALLY T，2012. Production Staging：Measurement and Facts. Boulder，Colorado［J］. University of Colorado Boulder，（5）：155–168.

FAN H，LI Y A，YEAPLE S R，2015. Trade Liberalization，Quality，and Export Prices［J］. The Review of Economics and Statistics，97（5）：1033–051.

FEENSTRA R C，JENSEN J B，2012. Evaluating estimates of materials offshoring from US manufacturing［J］. Economics Letters，117（1）：170–173.

FEENSTRA R C，ROBERT INKLAAR，TIMMER M P，2015. The Next Generation of the Penn World Table［J］. American Economic Review，105（10）：3150–3182.

FUJIMORI S，MASUI T，MATSUOKA Y，2015. Gains from emission trading under multiple stabilization targets and technological constraints［J］. Energy economics，48：306–315.

GARBELLINI N，MARELLI E，WIRKIERMAN A L，2014. Domestic demand and global production in the Eurozone：A multi-regional input-output assessment of the global crisis［J］. International Review of Applied Economics，28（3）：336–364.

GARY GEREFFI，1999. A Commodity Chains Framework for Analyzing Global Industries［J］. Institute of Development Studies，1999，8（12）：1–9.

GOLDBERG P K，KHANDELWAL A K，PAVCNIK N，et al，2010. Imported Intermediate Inputs and Domestic Product Growth：Evidence from India［J］. The Quarterly Journal of Economics，125（4）：1727–1767.

GROSSMAN G，KRUEGER A，1991. Environmental Impacts of a North American Free Trade Agreement［J］. Social Science Electronic

Publishing，8（2）：223–250.

GRUBEL H G，LLOYD P J，1975．Intra-industry Trade：The Theory and Measurement of International Trade in Differentiated Products［J］．The Economic Journal，85（339）：646–648.

GUO X D，ZHU L，FAN Y，et al，2011．Evaluation of Potential Reductions in Carbon Emissions in Chinese Provinces Based on Environmental DEA［J］．Energy Policy，39（5）：2352–2360.

GUTIERREZ L，2003．On the Power of Panel Cointegration Tests：A Monte Carlo Comparison［J］．Economics Letters，80（1）：105–111.

HAUSMANN R，HWANG J，RODRIK D，2007．What You Export Matters［J］．Journal of economic growth，12（1）：1–25.

HE J，2006．Pollution Haven Hypothesis and Environmental Impacts of Foreign Direct Investment：The Case of Industrial Emission of Sulfur Dioxide in Chinese Provinces［J］．Ecological Economics，60（1）：228–245.

HUMMELS D，ISHII J，YI K-M，2001．The Nature and Growth of Vertical Specialization in World Trade［J］．Journal of International Economics，54（1）：75–6.

HUMPHERY J，SCHMITZ H，2000．Governance and Upgrading：Linking Industrial Cluster and Global Value Chain Research［M］．DS Working Paper.

IEA，2013．CO_2 Emissions from Fuel Combustion［M］．Paris：International Energy Agency.

IPCC，2014．Climate Change 2014：Synthesis Report［R］．Contribution of Working Groups I，II and III to the Fifth Assessment Report of the Intergovernmental Panel on Climate Change［R］．Geneva：IPCC，40–1，45–6.

JIANG W，LIU J，LIU X，et al，2016．Impact of Carbon Quota Allocation

Mechanism on Emissions Trading: An Agent-Based Simulation [J]. Sustainability, 8 (8): 826.

JIANG X, GUAN D, ZHANG J. et al, 2015. Firm Ownership, China's Export Related Emissions, and the Responsibility Issue [J]. Energy Economics, 51: 466–474.

JOHNSON R C, NOGUERA G, 2012. Accounting for intermediates: production sharing and trade in value added [J]. Journal of international economics, 86 (2): 224–236.

GEREFFI G, KORZENIEWICZ M, 1994. Commodity Chains and Global Capitalism [J]. Westport CT: Praeger, 73 (3): 1170–1171.

JU J, YU X, 2015. Productivity, Profitability, Production and Export Structures Along the Value Chain in China [J]. Journal of Comparative Economics, 43 (1): 33–54.

JUNIUS T, OOSTERHAVEN J, 2003. The Solution of Updating or Regionalizing a Matrix with both Positive and Negative Entries [J]. Economic Systems Research, (15): 87–96.

KAO C, 1999. Spurious Regression and Residual-based Tests for Co-integration in Panel Data [J]. Journal of Econometrics, 90 (1): 1–44.

KHEDER S B, ZUGRAVU N, 2008. The Pollution Haven Hypothesis: A Geographic Economy Model in a Comparative Study [J]. Documents de Travail du Centre d'Economie de la Sorbonne, (73): 1–31

KOOPMAN R, POWERS W, WANG Z, et al, 2010. Give Credit to Where Credit is Due: Tracing Value Added in Global Production Chains [D]. NBER Working Paper, NO.16426.

KOOPMAN R, WANG Z, WEI S-J, 2008. How Much of Chinese Exports is Really Made In China? Assessing Domestic Value-Added When Processing Trade is Pervasive [D]. NBER Working Papers, NO.14109.

KOOPMAN R, WANG Z, WEI S J, 2008. How much of chinese exports is really made in china? Assessing domestic value-added when processing trade is pervasive [D] . NBER Working Papers, NO.14109.

KOOPMAN R, WANG Z, WEI S-J, 2014. Tracing Value-Added and Double Counting in Gross Exports [J] . American Economic Review, 104 (2) : 459 - 494.

KRUGMAN P. INCREASING RETURNS, 1995. Imperfect Competition, and the Positive Theory of International Trade [J] . Handbook of International Economics, 3 (1475) : 1243–1277.

LALL S, WEISS J, ZHANG J K, 2005. Regional and Country Sophistication Performance [M] . Asian Development Bank Institution Discussion Paper.

LARSSON R, LYHAGEN J, LÖTHGREN M (2001. Likelihood-based Co-integration Tests in Heterogeneous Panels [J] . The Econometrics Journal, 4 (1) : 109–142.

LENZEN M., R. WOOD AND B (2007. Gallego Some Comments on the GRAS Method [J] . Economic Systems Research, (19) : 461–465.

LEONTIEF W, A STROUT, 1963. Multiregional Input-Output Analysis [M] // T Barna, ed. Structural Interdependence and Economic Development. New York: St-Martin's Press, 119–150.

LEVINSOHN J, PETRIN A, 2003. Estimating Production Functions Using Inputs to Control for Unobservables [J] . The Review of Economic Studies, 70 (2) : 317–41.

LIZBETH NAVAS-ALEMAN, 2010. The Impact of Operating in Multiple Value Chains for Upgrading: The Case of the Brazilian Furniture and Footwear Industries [J] . World Development, 39 (8) : 1386–1397.

LONG N V, RAFF H, STAHLER F, 2011. Innovation and trade with heterogeneous firms [J] . Journal of International Economics, 84 (2) : 149–159.

LÓPEZ L A，ARCE G，ZAFRILLA J，2014．Financial crisis，virtual carbon in global value chains，and the importance of linkage effects，the Spain-China case [J]．Environmental Science & Technology，（1）：36–44.

LOS B，TIMMER M P，DE VRIES G J，2016．Tracing value-added and double counting in gross exports：comment [J]．American economic review，106（7）：1958–1966.

MACKINNON D P，LOCKWOOD C M，HOFFMAN J M，et al，2002．A Comparison of Methods to Test Mediation and Other Intervening Variable Effects [J]．Psychological methods，7（1）：83.

MENG B，PETERS G P，WANG Z，et al，2018．Tracing CO_2 Emissions in Global Value Chains [J]．Energy Economics，（5）：24–42.

MERICAN Y，YUSOP Z，LAW S H，2007．Foreign Direct Investment and the Pollution in Five ASEAN Nations [J]．International Journal of Economics and Management，1（2）：245–261.

MICHAELY M，1984．Trade，Income Levels，and Dependence [M]．Amsterdam：orth-Holland.

OBASAJU B O，OLAYIWOLA W K，OKODUA H，et al，2019．Intermediate tariffs and intraregional intermediate exports：Implications for regional value chains in ECOWAS [J]．Cogent Economics & Finance，7（1）：1622179.

OLLEY G S，PAKES A，1996．The Dynamics of Productivity in The Telecommunications Equipment Industry [J]．Econometrica，64（6）：1263–297.

PARRY I W H，2003．Fiscal Interactions and the Case for Carbon Taxes over Grandfathered Carbon Permits [J]．Oxford Review of Economic Policy，19（3）：385–399.

PEDRONI P，1999．Critical values for Cointegration Tests in Heterogeneous

Panels with Multiple Regressors［J］. Oxford Bulletin of Economics and statistics，61（S1）：653–670.

POMFRET R，SOURDIN P，2018. Value chains in Europe and Asia：Which countries participate?［J］. International Economics，（153）：34–41.

PORTER M，1990. The Competitive Advantage of Nations［M］. London：Macmillan Press.

RALF M，MUULS M，WAGNER U J，2016. The impact of the European Union emissions trading scheme on regulated firms：what is the evidence after ten years［J］. Review of environmental economics and policy，10（1）：129–148.

ROMERO I，DIETZENBACHER E，HEWINGS GJD，2009. Fragmentation and Complexity：Analyzing Structural Change in the Chicago Regional Economy［J］. Economy Revista De Economia Mundial，（23）：15–23.

SHAMEL AZMEH，KHALID NADVI，2014. Asian Firms and the Restructuring of Global Value Chains［J］. International Business Review，23（4）：708–717.

SHOHEI TOKITO，2018. Environmentally-Targeted Sectors and Linkages in the Global Supply-Chain Complexity of Transport Equipment［J］. Ecological Economics，150：177–183.

SHUI B，HARRISS R C，2006. The role of CO_2 Embodiment in US-China Trade［J］. Energy Policy，34（18）：4063–4068.

SINN H W，2008. Public Policies Against Global Warming：A Supply Side Approach［J］. International Tax Public Finance，15：360–394.

STEFANO P，JOACHIM E，2009. Which way is “up” in Upgrading? Trajectories of Change in the Value Chain for South African Wine［J］. World Development，37（10）：1637–1650.

STENHRER R，FOSTER N，VRIRS G，2010. Value Added and Factors

in Trade：A Comprehensive Approach [J]. The Vienna Institute for International Economic Studies Working Paper，（7）：23.

TAN H，SUN A，LAU H，2013. CO_2 Embodiment in China-Australia Trade：The Drivers and Implications [J]. Energy Policy，（61）：1212–1220.

TEMURSHOEV U，MILLER R E，BOUWMEESTER M C，2013. A Note on the GRAS method [J]. Economic Systems Research，（25）：361–367.

TIMMER M，ERUMBAN A A，GOUMA R，et al，2012. The World Input-Output Database（WIOD）：Contents，Sources and Methods [D]. WIOD Working Paper，NO.10.

TOPALOVA P，KHANDELWAL A，2010. Trade Liberalization and Firm Productivity：The Case of India [J]. The Review of Economics and Statistics，93（3）：009–995.

TOYOTA，2014. The MIRAI LCA Report [EB/OL]. https:/www.oyota.o.p/jpn/sustai-nability/environment/low_carbon/lca_and_eco_actions/pdf/life_cycle_assessment_report.

WANG P，DAII H C，REN S Y，et al，2015. Achieving Copenhagen target through carbon emission trading：economic impacts assement in Guangdong Province of China [J]. Energy，79（1）：212–227.

WANG Z，WEI S J，YU X，et al，2017. Measures of Participation in Global Value Chains and Global Business Cycles [D]. NBER Working Paper，No.23222.

WANG Z，WEI S J，YU X，et al，2017. Characterizing Global Value Chains：Production Length and Upstreamness [R]. National Bureau of Economic Research.

WANG Z H，ZENG H L，WEI Y M，2012. Regional total factor energy efficiency：an empirical analysis of industrial sector in China [J].

Applied Energy, 97 (9): 115–123.

WANG Z, WEI S J, 2008. What Accounts for the Rising Sophistication of China's Exports? [D]. NBER Working Paper, NO.13771.

WANGZ, WEI S J, ZHU K F, 2013. Quantifying International Production Sharing at the Bilateral and Sector Levels [D]. NBER Working Paper, NO.19677.

WIEBE K S, BRUCKNER M, GILJUM S, et al, 2012. Calculating Energy-Related CO_2 Emissions Embodied in International Trade Using a Global Input-Output Model [J]. Economic Systems Research, 24 (2): 113–139.

XIA Y, FAN Y, YANG C, 2015. Assessing the Impact of Foreign Content in China's Exports on the Carbon Outsourcing Hypothesis [J]. Applied Energy, 150: 296–307.

XU B, 2007. Measuring China's export sophistication [M]. China Europe International Business School Working Papers.

YAN SONG, MIN ZHANG, CHENG SHAN, 2019. Research on the decoupling trend and mitigation potential of CO_2 emission from China's transport sector [J]. Energy, 183: 837–843.

YAN Y F, YANG L K, 2010. China's Foreign Trade and Climate Change: A Case Study of CO2 Emissions [J]. Energy Policy, (38): 350–356.

YI K-M, 2010. Can multistage production explain the home bias in trade? [J]. American Economic Review, 100 (1): 364–93.

YU M, 2015. Processing Trade, Tariff Reductions and Firm Productivity: Evidence from Chinese Firms [J]. The Economic Journal, 125 (585): 943–988.

ZHANG D, KARPLUS V J, CASSISA C, et al, 2014. Emissions trading in China: progress and prospects [J]. Energy policy, 75 (12): 9–16.

ZHAO Y H, ZHANG Z H, WANG S, et al, 2014. CO_2 Emissions

Embodied in China's Foreign Trade：An Investigation from the Perspective of Global Vertical Specialization［J］. China & World Economy，（4）：102–120.

ZHANG Z，ZHU K，HEWINGS GJD，2017. A Multi-Regional Input-Output Analysis of the Pollution Haven Hypothesis from the Perspective of Global Production Fragmentation［J］. Energy Economics，64：13–23.

2. **中文参考文献**

陈超凡，2016. 中国工业绿色全要素生产率及其影响因素——基于 ML 生产率指数及动态面板模型的实证研究［J］. 统计研究，33（3）：53–62.

陈虹，徐阳，2019. 贸易自由化对出口国内增加值的影响研究——来自中国制造业的证据［J］. 国际经贸探索，（6）：16.

陈诗一，2011. 中国工业分行业统计数据估算：1980—2008［J］. 经济学（季刊），010（002）：735–776.

陈怡，田川，曹颖，等，2020. 中国电力行业碳排放达峰及减排潜力分析［J］. 气候变化研究进展，16（5）：9.

陈迎，潘家华，谢来辉，2008. 中国外贸进出口商品中的内涵能源及其政策含义［J］. 经济研究，（7）：15.

程大中，2015. 中国参与全球价值链分工的程度及演变趋势——基于跨国投入 – 产出分析［J］. 经济研究，50（9）：14.

程大中，2014. 中国增加值贸易隐含的要素流向扭曲程度分析［J］. 经济研究，49（9）：16.

戴翔，张二震，2016. 全球价值链分工演进与中国外贸失速之“谜”［J］. 经济学家，（1）：8.

丁唯佳，等，2012. 基于 STIRPAT 模型的我国制造业碳排放影响因素研究［J］. 数理统计与管理，31（3）：8.

董虹蔚，孔庆峰，2018. 区域价值链视角下的金砖国家合作机制研究［J］.

国际经贸探索，34（10）：16.

董敏杰，梁泳梅，李钢，2011. 环境规制对中国出口竞争力的影响——基于投入产出表的分析［J］. 中国工业经济，（3）：11.

樊海潮，张丽娜，2019. 贸易自由化、成本加成与企业内资源配置［J］. 财经研究，（5）：14.

樊茂清，黄薇，2014. 基于全球价值链分解的中国贸易产业结构演进研究［J］. 世界经济，（2）：21.

范丹，王维国，2013. 中国区域全要素能源效率及节能减排潜力分析——基于非期望产出的 SBM 模型［J］. 数学的实践与认识，43（7）：10.

范丹，王维国，梁佩凤，2017. 中国碳排放交易权机制的政策效果分析——基于双重差分模型的估计［J］. 中国环境科学，37（6）：2383–2392.

冯冬，李健，2017. 京津冀区域城市二氧化碳排放效率及减排潜力研究［J］. 资源科学，39（5）：9.

傅京燕，裴前丽，2012. 中国对外贸易对碳排放量的影响及其驱动因素的实证分析［J］. 财贸经济，（5）：7.

干春晖，郑若谷，余典范，2011. 中国产业结构变迁对经济增长和波动的影响［J］. 经济研究，46（5）：4–16，31.

巩爱凌，刘廷瑞，2012. 全球价值链视角下外贸出口与能源消耗及其影响因素分析［J］. 经济经纬，（5）：5.

关志雄，2002. 从美国市场看“中国制造”的实力——以信息技术产品为中心［J］. 国际经济评论，（4）：8.

郭朝先，2014. 中国工业碳减排潜力估算［J］. 中国人口 · 资源与环境，24（9）：8.

郭红燕，韩立岩，2008. 外商直接投资，环境管制与环境污染［C］. 国际贸易问题.

郭沛，秦晋霞，2017. 价值链长度对工资差距的影响——基于世界投入产出数据库的实证研究［J］. 东北师大学报（哲学社会科学版），（6）：6.

国涓，刘长信，2011. 中国工业部门的碳排放：影响因素及减排潜力［J］.

资源科学，33（9）：1630–1640.
韩亚芬，孙根年，李琦，2008．中国省际 SO_2 排放的环境学习曲线及减排潜力［J］．环境科学研究，21（3）：6.
侯方淼，蔡婷，杨怡心，2018．嵌入全球价值链对我国贸易隐含碳排放的影响机制及实证研究［J］．南京财经大学学报，（6）：13.
胡昭玲，宋佳，2013．基于出口价格的中国国际分工地位研究［J］．国际贸易问题，（3）：11.
黄先海，杨高举，2010．中国高技术产业的国际分工地位研究：基于非竞争型投入占用产出模型的跨国分析［J］．世界经济，（5）：19.
黄志平，2018．碳排放权交易有利于碳减排吗？——基于双重差分法的研究［J］．干旱区资源与环境，32（9）：32–36.
IPCC，2006．2006 年 IPCC 国家温室气体清单指南［M］．日本全球环境战略研究所.
江洪，2016．金砖国家对外贸易隐含碳的测算与比较——基于投入产出模型和结构分解的实证分析［J］．资源科学，38（12）：12.
金雪军，卢佳，张学勇，2008．两种典型贸易模式下的环境成本研究－基于浙，粤两省数据的对比分析［J］．国际贸易问题，（1）：7.
鞠建东，余心玎，2014．全球价值链上的中国角色——基于中国行业上游度和海关数据的研究［J］．南开经济研究，（3）：14.
康玉泉，孙庆兰，2016．工业碳减排潜力及来源分析——基于共同前沿和组前沿的研究［J］．软科学，30（6）：5.
李斌，彭星，2011．中国对外贸易影响环境的碳排放效应研究—引入全球价值链视角的实证分析［J］．经济与管理研究，（7）：9.
李广明，张维洁，2017．中国碳交易下的工业碳排放与减排机制研究［J］．中国人口·资源与环境，27（10）：141–148.
李坤望，蒋为，宋立刚，2014．中国出口产品品质变动之谜：基于市场进入的微观解释［J］．中国社会科学，（3）：24.
李雷鸣，马小龙，2013．基于环境学习曲线的山东省碳排放减排潜力研究［J］．河南科学，31（7）：6.

李强，郑江淮，2013．基于产品内分工的我国制造业价值链攀升：理论假设与实证分析［J］．财贸经济，（9）：8.

李小平，卢现祥，2010．国际贸易、污染产业转移和中国工业 CO_2 排放［J］．经济研究，（1）：15-26.

李小平，周记顺，王树柏，2015．中国制造业出口复杂度的提升和制造业增长［J］．世界经济，（2）：27.

李新运，吴学锰，马俏俏，2014．我国行业碳排放量测算及影响因素的结构分解分析［J］．统计研究，（1）：7.

李忠民，陈向涛，姚宇，2011．基于弹性脱钩的中国减排目标缺口分析［J］．中国人口·资源与环境，21（1）：7.

李子豪，代迪尔，2011．外商直接投资与中国二氧化碳排放——基于省际经验的实证研究［J］．经济问题探索，（9）：7.

林基，杨来科，2013．外商直接投资、出口贸易与二氧化碳排放——基于东亚发展中经济体与发达经济体的比较研究［J］．国际贸易问题，（10）：9.

林正静，2019．中间品贸易自由化与中国制造业企业出口产品质量升级［J］．国际经贸探索，35（2）：22.

刘斌，王乃嘉，魏倩，2015．中间品关税减让与企业价值链参与［J］．中国软科学，（8）：11.

刘斌，魏倩，吕越，等，2016．制造业服务化与价值链升级［J］．经济学研究，51（3）：12.

刘会政，宗喆，李国正，2018．嵌入全球价值链对出口贸易碳排放的影响——基于中国制造业行业层面数据的实证研究［J］．广西社会科学，（7）：7.

刘庆林，高越，韩军伟，2010．国际生产分割的生产率效应［J］．经济研究，（2）：13.

刘维林，李兰冰，刘玉海，2014．全球价值链嵌入对中国出口技术复杂度的影响［J］．中国工业经济，（6）：13.

吕延方，崔兴华，王冬，2019．全球价值链参与度与贸易隐含碳［J］．数量经济技术经济研究，36（2）：21．

吕越，包雅楠，2019．国内价值链长度与制造业企业创新［J］．中南财经政法大学学报，（3）：10．

吕越，陈帅，盛斌，2018．嵌入全球价值链会导致中国制造的“低端锁定”吗？［J］．管理世界，34（8）：19．

吕越，黄艳希，陈勇兵，2017．全球价值链嵌入的生产率效应：影响与机制分析［J］．世界经济，（7）：24．

马风涛，2015．中国制造业全球价值链长度和上游度的测算及其影响因素分析——基于世界投入产出表的研究［J］．世界经济研究，（8）：8．

马广程，许坚，2020．全球价值链嵌入与制造业转移——基于贸易增加值的实证分析［J］．技术经济，39（7）：8．

马涛，2012．垂直分工下中国对外贸易中的内涵 CO_2 及其结构研究［J］．世界经济，（10）：19．

马晓明，孙璐，胡广晓，等，2016．中国制造业碳排放因素分解——基于制造业内部结构变化的研究［J］．现代管理科学，（10）：3．

毛其淋，许家云，2019．贸易自由化与中国企业出口的国内附加值［J］．世界经济，（1）：23．

孟渤，格林·皮特斯，王直，2016．追溯全球价值链里的中国二氧化碳排放［J］．环境经济研究，1（1）：16．

倪红福，龚六堂，夏杰长，2016．生产分割的演进路径及其影响因素——基于生产阶段数的考察［J］．管理世界，（4）：14．

倪红福，2016．全球价值链中产业“微笑曲线”存在吗？——基于增加值平均传递步长方法［J］．数量经济技术经济研究，33（11）：17．

牛海霞，罗希晨，2009．我国加工贸易污染排放实证分析［J］．国际贸易问题，（2）：6．

潘安，吴肖丽，2018．全球价值链分工下的中日贸易隐含碳排放研究［J］．现代日本经济，37（2）：13．

潘安，2017．全球价值链分工对中国对外贸易隐含碳排放的影响［J］．国际经贸探索，33（3）：13．

潘安，2018．全球价值链视角下的中美贸易隐含碳研究［J］．统计研究，35（1）：12．

潘文卿，赵颖异，2019．中国制造业嵌入国家价值链和全球价值链的产业－区域特征［J］．技术经济，38（3）：11．

彭星，李斌，2013．全球价值链视角下中国嵌入制造环节的经济碳排放效应研究［J］．财贸研究，（6）：9．

柒江艺，许和连，2012．行业异质性，适度知识产权保护与出口技术进步［J］．中国工业经济，（2）：10．

齐晔，李惠民，徐明，2008．中国进出口贸易中的隐含能估算［J］．中国人口·资源与环境，18（3）：7．

钱志权，杨来科，林基，2014．东亚生产网络，产业内贸易与二氧化碳排放——基于中国与东亚经济体间面板数据分析［J］．国际贸易问题，（4）：110–117．

钱志权，杨来科，2016．东亚垂直分工对中国对外贸易隐含碳的影响研究——基于 MRIO–SDA 方法跨期比较［J］．资源科学，38（9）：9．

钱志权，杨来科．东亚地区的经济增长，开放与碳排放效率——来自贸易部门的面板数据研究［J］．世界经济与政治论坛，2015（3）：16．

钱志权，2019．全球价值链背景下中国出口增加值隐含碳研究［M］．上海：上海交通大学出版社．

丘兆逸，2017．发达国家碳规制对发展中国家全球价值链升级的影响研究［J］．生态经济，33（1）：5．

丘兆逸，2012．国际垂直专业化中污染工序转移研究——以我国为例［J］．国际贸易问题，（4）：8．

邱斌，叶龙凤，孙少勤，2012．参与全球生产网络对我国制造业价值链提升影响的实证研究——基于出口复杂度的分析［J］．中国工业经济，（1）：11．

屈超，陈甜，2016. 中国2030年碳排放强度减排潜力测算［J］. 中国人口·资源与环境，26（7）：8.

任亚运，傅京燕，2019. 碳交易的减排及绿色发展效应研究［J］. 中国人口·资源与环境，29（5）：11-20.

邵帅，杨莉莉，曹建华，2010. 工业能源消费碳排放影响因素研究——基于STIRPAT模的上海分行业动态面板数据实证分析［J］. 财经研究，36（11）：12.

沈洪涛，黄楠，刘浪，2017. 碳排放权交易的微观效果及机制研究［J］. 厦门大学学报（哲学社会科学版），（1）：13-22.

沈梓鑫，贾根良，2015. 增加值贸易、累积关税与关税结构扭曲［J］. 当代经济研究，（11）：11.

盛斌，毛其淋，2017. 进口贸易自由化是否影响了中国制造业出口技术复杂度［J］. 世界经济，（12）：24.

施炳展，曾祥菲，2015. 中国企业进口产品质量测算与事实［J］. 世界经济，（3）：21.

石小霞，刘东，2019. 中间品贸易自由化，技能结构与出口产品质量升级［J］. 世界经济研究，（6）：14.

史丹，2006. 中国能源效率的地区差异与节能潜力分析［J］. 中国工业经济，（10）：10.

师应来，胡晟明，2017. 技术进步、经济增长对二氧化碳排放的动态分析［J］. 统计与决策，（16）：149-151.

宋弘，孙雅洁，陈登科，2019. 政府空气污染治理效应评估——来自中国“低碳城市”建设的经验研究［J］. 管理世界，35（6）：95-108，195.

孙根年，李静，魏艳旭，2011. 环境学习曲线与我国碳减排目标的地区分解［J］. 环境科学研究，（10）：9.

谭静，张建华，2018. 碳交易机制倒逼产业结构升级了吗？——基于合成控制法的分析［J］. 经济与管理研究，39（12）：104-119.

唐东波，2012. 垂直专业化贸易如何影响了中国的就业结构？[J]. 经济研究，（8）：14.

唐海燕，张会清，2009. 产品内国际分工与发展中国家的价值链提升 [J]. 经济研究，（9）：13.

陶涛，肖迎春，2019. 增加值视角的中美关税累积效应 [J]. 新视野，（4）：9.

陶长琪，徐志琴，2019. 融入全球价值链有利于实现贸易隐含碳减排吗？[J]. 数量经济研究，（1）：16.

田巍，余淼杰，2014. 中间品贸易自由化和企业研发：基于中国数据的经验分析 [J]. 世界经济，（6）：23.

涂正革，谌仁俊，2015. 排污权交易机制在中国能否实现波特效应？[J]. 经济研究，50（7）：160–173.

王班班，齐绍洲，2016. 市场型和命令型政策工具的节能减排技术创新效应——基于中国工业行业专利数据的实证 [J]. 中国工业经济，（6）：91–108.

汪克亮，杨宝臣，杨力，2012. 基于环境效应的中国能源效率与节能减排潜力分析 [J]. 管理评论，24（8）：11.

王克，王灿，吕学都，等，2006. 基于 LEAP 的中国钢铁行业 CO_2 减排潜力分析 [J]. 清华大学学报（自然科学版），46（12）：5.

王岚，李宏艳，2015. 中国制造业融入全球价值链路径研究——嵌入位置和增值能力的视角 [J]. 中国工业经济，（2）：13.

王群伟，周德群，周鹏，2011. 区域二氧化碳排放绩效及减排潜力研究——以我国主要工业省区为例 [J]. 科学学研究，29（6）：16.

王文举，陈真玲，2019. 中国省级区域初始碳配额分配方案研究——基于责任与目标，公平与效率的视角 [J]. 管理世界，35（3）：81–98.

王文举，向其凤，2011. 国际贸易中的隐含碳排放核算及责任分配 [J]. 中国工业经济，（10）：9.

王向进，杨来科，钱志权，2017. 出口结构转型，技术复杂度升级与中国制造业碳排放——从嵌入全球价值链的视角 [J]. 产经评论，8（3）：13.

王向进，杨来科，2018．制造业服务化，高端化与碳减排［J］．国际经贸探索，34（7）：14.

王玉燕，王建秀，阎俊爱，2015．球价值链嵌入的节能减排双重效应——来自中国工业面板数据的经验研究［J］．中国软科学，（8）：15.

王直，魏尚进，祝坤福，2015．总贸易核算法：官方贸易统计与全球价值链的度量［J］．中国社会科学，（9）：20.

魏楚，杜立民，沈满洪，2010．中国能否实现节能减排目标：基于 DEA 方法的评价与模拟［J］．世界经济，（3）：20.

魏悦羚，张洪胜，2019．口自由化会提升中国出口国内增加值率吗——基于总出口核算框架的重新估计［J］．中国工业经济，（3）：19.

温忠麟，叶宝娟，2014．中介效应分析：方法和模型发展［J］．心理科学进展，22（5）：731-745.

肖文，林高榜，2014．政府支持，研发管理与技术创新效率——基于中国工业行业的实证分析［J］．管理世界，（4）：71-80.

肖雁飞，万子捷，刘红光，2014．我国区域产业转移中“碳排放转移”及“碳泄漏”实证研究——基于 2002 年，2007 年区域间投入产出模型的分析［J］．财经研究，40（2）：10.

谢会强，黄凌云，刘冬冬，2018．全球价值链嵌入提高了中国制造业碳生产率吗［J］．国际贸易问题，（12）：13.

徐盈之，张赟，2013．中国区域碳减排责任及碳减排潜力研究［J］．财贸研究，（2）：10.

闫云凤，常荣平，2017．全球价值链下的中美贸易利益核算：基于隐含碳的视角［J］．国际商务（对外经济贸易大学学报），（3）：10.

闫云凤，黄灿，2015．全球价值链下我国碳排放的追踪与溯源——基于增加值贸易的研究［J］．大连理工大学学报（社会科学版），36（3）：7.

闫云凤，杨来科，2010．中国出口隐含碳增长的影响因素分析［J］．中国人口·资源与环境，20（8）：5.

闫云凤，赵忠秀，2018．中国在全球价值链中的嵌入机理与严谨路径研究：基于生产链长度的分析［J］．世界经济研究，（6）：11.

闫云凤，2015．中日韩在全球价值链中的地位和作用——基于贸易增加值的测度与比较［J］．世界经济研究，（1）：7.

杨飞，孙文远，张松林，2017．全球价值链嵌入、技术进步与污染排放—基于中国分行业数据的实证研究［J］．世界经济研究，（2）：9.

杨连星，罗玉辉，2017．中国对外直接投资与全球价值链升级［J］．数量经济技术经济研究，（7）：54–70.

杨汝岱，姚洋，2008．有限赶超与经济增长［J］．经济研究，（8）：29–41.

易兰，杨历，李朝鹏，等，2017．欧盟碳价影响因素研究及其对中国的启示［J］．中国人口·资源与环境，27（6）：42–48.

尹伟华，2017．全球价值链视角下中国制造业出口贸易分解分析——基于最新的 WIOD 数据［J］．经济学家，8（8）：33–39.

余淼杰，2010．中国的贸易自由化与制造业企业生产率［J］．经济研究，（12）：14.

余晓泓，张超，2012．中国工业部门的能源效率与减排潜力分析［J］．产经评论，3（2）：11.

余心玎，杨军，王苒，等，2016．全球价值链背景下中间品贸易政策的选择［J］．世界经济研究，（12）：13.

袁晓玲，郗继宏，李朝鹏，等，2020．中国工业部门碳排放峰值预测及减排潜力研究［J］．统计与信息论坛，35（9）：11.

袁媛，綦建红，2019．嵌入全球价值链对企业劳动收入份额的影响研究——基于前向生产链长度的测算［J］．产业经济研究，（5）：13.

张冰冰，李祎，2018．新附加值贸易视角下中日贸易隐含碳排放的再测算［J］．资源科学，40（2）：12.

张凡，2019．区域创新效率与经济增长实证研究［J］．中国软科学，（2）：155–162.

张红霞，张哲，盛科荣，2018．全球价值链分工地位对中国制造业碳排放的影响——基于STIRPAT模型的实证研究［J］．生态经济，34（4）：5.

张明志，2015．我国制造业细分行业的碳排放测算——兼论EKC在制造业的存在性［J］．软科学，29（9）：4.

张少华，陈浪南，2009．经济全球化对我国能源利用效率影响的实证研究——基于中国行业面板数据［J］．经济科学，（1）：10.

张伟伟，祝国平，张佳睿，2014．国际碳市场减排绩效经验研究［J］．财经问题研究，（12）：35-40.

张杨，欧阳峣，2016．基于全球价值链视角的金砖国家显性比较优势研究［J］．湖南师范大学社会科学学报，45（3）：8.

张友国，2010．中国贸易含碳量及其影响因素——基于（进口）非竞争型投入产出表的分析［J］．经济学（季刊），9（4）：1287-1310.

张云，杨来科，2012．中国工业部门出口贸易，国内 CO_2 排放与影响因素［J］．世界经济研究，（7）：7.

赵巧芝，闫庆友，何永贵，2017．基于投入产出方法的各行业碳减排效果模拟研究［J］．统计研究，34（8）：9.

赵玉焕，李洁，2013．基于技术异质性的中美贸易隐含碳问题研究［J］．中国人口·资源与环境，23（12）：7.

赵玉焕，刘娅，2015．基于投入产出分析的俄罗斯对外贸易隐含碳研究［J］．国际商务（对外经济贸易大学学报），（3）：11.

郑国姣，杨来科，2015．东亚地区产业垂直专业化，贸易细分与中国的贸易隐含碳［J］．产经评论，6（2）：10.

周升起，兰珍先，付华，2014．中国制造业在全球价值链国际分工地位再考察——基于Koopman等的“GVC地位指数”［J］．国际贸易问题，（2）：10.

朱永彬，刘昌新，王铮，等，2013．我国产业结构演变趋势及其减排潜力分析［J］．中国软科学，（2）：8.

祝树金，钟腾龙，李仁宇，2018．中间品贸易自由化与多产品出口企业的产品加成率［J］．中国工业经济，（1）：19．

曾贤刚，2010．环境规制，外商直接投资与“污染避难所”假说——基于中国30个省份面板数据的实证研究［J］．经济理论与经济管理，（11）：7．

后　记

本书是团队精诚合作的结晶，书稿的撰写凝聚了许多人的心血和努力。全书的内容框架和研究内容的安排、统筹，以及所有章节的内容审核、统稿和修订工作由杨来科教授负责。华东师范大学经济与管理学院国际经济与贸易专业的博士生们参与了书稿的讨论和撰写。全书的具体分工如下：

第一章：杨来科

第二章：杨来科，廖春

第三章：杨来科，赵凌云

第四章：常冉，廖春

第五章：杨来科，王向进

第六章：杨来科，王向进

第七章：徐博，杨来科

第八章：杨来科，徐博

第九章：钱志权，杨来科

第十章：钱志权

第十一章：钱志权

第十二章：杨来科，廖春

本书的研究及最终的出版要感谢国家社科基金委员会重点项目的资助（项目编号：22AGJ009），同时要感谢华东师范大学人文社科精品力作培育项目（A 类）（2020ECNU-JP004）的资助。